LA TRAVERSÉE DU MIROIR

Du même auteur

Le tarot psychologique, miroir de soi, Éditions de Mortagne, Boucherville, 1984.

Denise Roussel, Ph. D.

LA TRAVERSÉE DU MIROIR

LA P.I.S.T.E.

*Psycho-
   Imagerie en
      Santé
         Transpersonnelle
            Énergétique*

 Editions de Mortagne

Données de catalogage avant publication (Canada)

Roussel, Denise, 1934-
   La traversée du miroir : la P.I.S.T.E.
   Comprend des réf. bibliogr.
   ISBN 2-89074-814-6
   1. Tarot. 2. Tarot - Aspect psychologique. I. Titre.
BF1879.T2R692 1995   133.3'2424   C95-941367-7

Édition
Les Éditions de Mortagne
250, boul. Industriel, bureau 100
Boucherville (Québec)
J4B 2X4

Diffusion
Tél.: (514) 641-2387
Téléc.: (514) 655-6092

Tous droits réservés
Les Éditions de Mortagne
© Copyright Ottawa 1995

Dépôt légal
Bibliothèque nationale du Canada
Bibliothèque nationale du Québec
Bibliothèque Nationale de France

4e trimestre 1995

ISBN: 2-89074-814-6

1 2 3 4 5 - 95 - 99 98 97 96 95

Imprimé au Canada

LA TRAVERSÉE DU MIROIR

POURQUOI CE TITRE ?

1ᵉʳ sens : la traversée du miroir personnel

Traverser la surface, au-delà des apparences, pénétrer la personne. Grâce à l'analyse des descriptions et des thèmes présentés dans psychotarot, voir comment cela se passe intérieurement. C'est la prétention des tests psychologiques (T.A.T., Rorschach) de révéler plus que ce que l'individu, ce lecteur d'image, a eu conscience d'en dire. C'est percevoir que cette réalité de l'image habillée de mots renvoie à une réalité intérieure, celle du corps, du cœur de l'esprit, d'une certaine totalité organisée et personnalisée.

2ᵉ sens : la traversée du miroir interpersonnel

Aller au-delà de la psychologie de l'ego qui, ultimement, cherche dans le regard de ses pairs, dans le miroitement de ses réalisations, dans l'estime de la société, le renvoi d'une image interpersonnelle approbatrice. La technique de la *PISTE* vise à créer une présence qui amène à se départir des masques.

3ᵉ sens : la traversée du voyage intérieur transpersonnel

Dépasser l'illusion des choses. Toute quête de l'âme est une recherche de quintessence. En ce sens, la spiritualité n'est pas une addition de qualités, mais une soustraction, un dépouillement: le *neti, neti, neti* (ce n'est pas ceci... ni cela... ni...) des adeptes du bouddhisme ou le retour à l'essence de la tradition judéo-chrétienne qui reprend le *Je suis Celui qui est* du Créateur et qui ose réclamer pour l'humanité entière sa divinisation en disant : *Mon Père et Moi sommes Un.*

Au-delà du miroir, en bout de *PISTE,* il n'y a plus d'image. Il y a simplement la conscience de l'existence comme un point de lumière. L'être devient totalement présent à lui-même, uni au Tout. Les mots constituent désormais un faible reflet d'une réalité non limitée par le temps et l'espace.

REMERCIEMENTS

Un livre dont la quête des éléments s'étend sur vingt ans suscite une foule de souvenirs... trop même pour être spécifiquement nommés. Ma gratitude est cependant vive envers tous ceux et celles qui sont venus vers moi, ont partagé leurs souffrances, leurs joies et m'ont permis de les citer. Plusieurs ont abordé leur vie en incluant la dimension spirituelle et, ces dernières années, ont utilisé la méthode du tarot psychologique, cette approche psychospirituelle que je nomme **La PISTE**. Dans le deuxième volume, je citerai les noms de ceux qui m'ont aidée à développer le tarot psychologique. Ici, je veux rendre hommage à qui m'a guidée sur la voie transpersonnelle.

Je remercie tout particulièrement les Drs Stanley Kripper et Jean Dierkens qui, les premiers en 1974, ont fait la première brèche en démontrant qu'il existait une manière scientifique, légitime et pertinente d'aborder les phénomènes paranormaux. Par la suite, divers séjours aux États-Unis et spécialement en Californie m'ont mise en relation avec Paul Rebillot et le *Tarot Gestalt Process*, avec Jean Houston, Judith Skutch, Joan Halifax, trois femmes exceptionnelles qui ont légitimé l'accueil de la spiritualité dans le champ de la pratique anthropologique ou psychologique. Durant les dix dernières années se sont ajoutées, dans la panoplie de grandes figures, les influences de Fritjof Capra, Stanislav Grof, Marc-Alain Descamps, Barbara Marx Hubbard.

Plus près de moi, je dois remercier Colette Chabot pour m'avoir orientée vers la publication d'un tarot transpersonnel plutôt que d'un tarot psychologique et qui m'a appuyée par son amitié. Je veux aussi remercier mon comité de lecture qui, par sa confiance, a soutenu mon effort lorsque les doutes sur la qualité de mon œuvre risquaient de retarder indéfiniment cette publication. Il s'agit d'Ulric Aylwin, Roland Bourneuf, Claude Cossette, Doris Doré, Élise Galipeau, Normand Gagnon, Micheline Gérin-Lajoie, Yolande LaFerrière, Luce Larouche, Louise Leblanc, Lise Sansfaçon, Gilles Sénécal et Anne Van Burek. Je tiens à souligner la coopération et la disponibilité de Gilles Brouillette qui a fait une lecture finale de mon manuscrit.

Ce livre est étroitement lié à la fondation du Collège International du Transpersonnel qui en exprime les enseignements. Si vous êtes intéressés à une documentation complémentaire, vous pouvez l'obtenir en vous adressant au :

Collège International du Transpersonnel
5115, rue Hutchison, Montréal (Québec), H2V 4A8
Tél : (514) 670-6672

À Fernand Roussel
pour l'évolution que nous avons connue ensemble;

à notre fils Stéphane,
pour le chemin qu'il parcourt lui-même maintenant;

et à tous ceux et celles qui, en croisant ma vie,
ont contribué au sens créateur de la mienne.

TABLE DES MATIÈRES

Préface de Marc-Alain Descamps 17
Introduction :
  Mon odyssée : du psychologique au sacré 21
    Les buts de ce livre 23
Chapitre I
  Traditions scientifiques et imagerie du tarot 27
    Le choix d'imagerie : le jeu du psychotarot 32
Chapitre II
  L'image : un «révélateur de soi» 41
    Ouvrir l'imaginal 41
    De la perception à la projection 43
    L'image, un outil de base en psychologie 44
      1. l'approche cognitive/béhavioriste 45
      2. l'approche psychanalytique 46
      3. le courant humaniste 47
      4. la psychologie transpersonnelle 50
    Un outil inséré dans une stratégie d'intervention 51
    L'image comme cartographie de la conscience 53
    Le psychotarot comme métaphore de la conscience . . 56
      1. Une cartographie de la conscience 56
      2. Une source de métaphores 57
      3. Des images primordiales soutenant et activant
        la projection 57

4. Un révélateur de conscience agissant dans l'instant 58
  5. Une représentation structurée du périple humain . 58
  6. Une représentation du microcosme humain 58
  La structure du jeu 60
    les arcanes majeurs 61
    les lames de Cours 63
    les arcanes mineurs 65

Chapitre III
La technique du psychotarot 69
  Psycho-Imagerie. 70
  Santé. 71
  Transpersonnelle 72
  Énergétique 72
  Une conception globale de l'intervention 73
  La rencontre comme creuset de la transformation . . . 74
  Des rôles dans l'interaction: le guide et le consultant . 77
  L'intention de la démarche 79
  Choix de la démarche. 80
    1. Un tarot expressif 80
    2. Un tarot-créativité 80
    3. Un tarot décisionnel 80
    4. Un tarot de soutien émotif 81
    5. Un tarot thérapeutique 81
    6. Un tarot réflexif et contemplatif 81
  Quelques exemples 82
    Une première expérimentation de psychotarot
    par C. C. 82
    Un second exemple de psychotarot 89
    Un troisième exemple de psychotarot 98

Chapitre IV
L'image, matrice de la transformation 101
  Jung et les symboles de la libido 101
  Le voyage initiatique du héros : le voyage du soi . . . 104

La psychologie, une démarche d'intériorité,
de conscience 106
Les répercussions : valeurs et transcendance 107
Quelques exemples transpersonnels : la *P.I.S.T.E.* ... 111
    Premier exemple d'un tarot «bref» 111
    Second exemple 113
    Troisième exemple 117
    Quatrième exemple 120

Chapitre V
À la recherche d'un modèle pour la P.I.S.T.E 135
    La nature des modèles 135
    La conscience comme point central du modèle 136
    Une conscience mobile et changeante 141
    Quatre grands modèles psychologiques et leurs
    postulats 143
        - Le behaviorisme S-R 143
        - La psychanalyse 144
        - Le courant humaniste-existentiel 144
        - Le modèle transpersonnel 145
    La genèse historique du modèle transpersonnel 146
    Quelques modèles transpersonnels 154
        - un modèle freudien transpersonnel 154
        - la psychosynthèse d'Assagioli 156
        - la psychologie analytique de Carl Gustav Jung . 160
        - le modèle évolutif intégral de Wilber 162
        - la psychologie transpersonnelle européenne ... 166

Chapitre VI
Choix d'un modèle multidimensionnel évolutif 171
    Analyse fonctionnelle du modèle choisi 171
    Un modèle à sept niveaux 172
    Les sept niveaux du fonctionnement énergétique humain 176
    Un modèle de réalités psychologiques ou
    transpersonnelles 179
    Un modèle évolutif de la conscience par stades 182

Sept organisateurs à l'œuvre 185
L'accès à l'organisateur intérieur 188
Caractéristiques fonctionnelles du modèle 189
    a) Polarités en diade ou en triade 189
    b) Progrès intra-stade: ouverture / amplification / harmonisation 189
    c) Le passage à un plan supérieur 191
    d) La maîtrise d'un stade : la pleine rencontre de soi-même 193
    e) Franchissements d'un seuil : de précieux moments d'éveil 193
    Le focusing comme outil de conscientisation 194

Chapitre VII
Premiers niveaux de la conscience énergétique 199
    Niveau I : la sécurité, la conscience corporelle, la survie 201
    Niveau II : la sexualité, la vitalité, la sensualité, la conscience émotionnelle 207
    Niveau III : le pouvoir, l'ego, la conscience mentale . 214

Chapitre VIII
Niveaux supérieurs de conscience 219
    Niveau IV : l'amour, don et joie 219
    Niveau V : la communication, l'inspiration, la création dans l'instant 225
    Niveau VI : l'intelligence, l'intuition et la raison . . . 229
    Niveau VII : le transpersonnel, créativité et sens du sacré 237

Conclusion 247

Liste des tableaux 255

Liste des dessins 257

Liste des lames présentées 259

Bibliographie 261

PRÉFACE

Entrez dans **la Piste** que nous trace le docteur Denise Roussel. Le chemin va s'éclairer et tout ce qui était obscur ou incompréhensible pour vous va prendre sens. La grande révolution est de renoncer au Tarot divinatoire pour explorer le Tarot psychologique, ce qu'elle nomme le Psychotarot. Alors tout devient possible et, entre autres, la fonction de Miroir. Le Tarot se comporte comme un miroir dans lequel nous pouvons apercevoir notre image. Mais elle n'y est que parce que nous l'y avons mise, par un mécanisme de projection dont nous ne nous sommes pas rendu compte. Si nous en prenons conscience, il nous sera possible de nous réapproprier cette image, puis de traverser le miroir. Alors, nous entrons dans la dimension du Transpersonnel. Et voilà donc le grand mérite de cette **Piste** : unir le Tarot, la Psychologie et le Transpersonnel.

La fascination que provoquent les 78 cartes du jeu de tarot, et surtout celle de ses célèbres vingt-deux (22) Arcanes majeurs, n'est pas prête de s'éteindre. Le Tarot est à la fois le legs du Moyen âge et le don de la Renaissance. Il arrive à une époque charnière, alors que toute l'Antiquité gréco-romaine avait joué aux dés et aux osselets, mais n'avait jamais pu inventer les cartes. On dit qu'il nous vient de l'Orient, de Chine ou plutôt des Indes. Il existait, en effet, un jeu autour de cartes symboliques des dix avatars du dieu Vishnou. Et, en 1370, arrive en Italie un jeu de *naib* amené par les Sarrasins. Dans les *50 tarrochi* de Mategna, on trouve cinq séries de dix dessins : les métiers, Apollon et les neuf Muses, les sciences, les vertus, les planètes. On retrouve vingt-deux (22) de ces dessins en désordre dans les tarots de Visconti-Sforza, les plus anciens connus. Il s'est construit à l'époque des guerres célèbres entre le Pape et l'Empereur (d'Allemagne) et porte les traces de cette division dualiste, derrière laquelle se cache pour certains la religion dualiste des Manichéens, Patarins et Cathares. Quoi qu'il en soit, c'est parmi des centaines de formes différentes de tarots que celui de N. Conver, dit de Marseille, s'est imposé partout dans le monde. Pourquoi? Parce que, selon Denise Roussel, c'est celui qui permet le plus de projection. Mais la projection étant un concept psychologique, nous voici rapidement dans une tout autre dimension que la seule prédiction de l'avenir.

La psychologie rend compte de ce passage constant de l'extérieur vers l'intérieur et de l'intérieur vers l'extérieur. Et c'est par là qu'il faut commencer, en suivant cet ordre très exactement. Ces cartes sont des images, des représentations du réel (et aussi par-dessus le surréel, ou réel non matériel). Dans un monde exclusivement chrétien à l'époque, elles apparaissent comme étrangères, c'est-à-dire étranges. Elles viennent d'ailleurs et ont de relents païens avec le Soleil, la Lune, l'Étoile, le Verseau... Donc, ces singulières images vont soulever une nouvelle opposition des iconoclastes.

L'image, en psychologie, a longtemps été vécue comme appartenant au registre du leurre et de l'illusion. C'est le miroir de Narcisse, le reflet trouble du désir captateur, qui enferme dans la stérile contemplation de soi-même. Et dans la relation à l'autre, elle est ce quelque chose de factice qui s'oppose à la rencontre intersubjective et s'interpose en plaquant sur le visage de l'autre le reflet de mon désir et la projection imaginaire de ce que je ne peux pas arriver à reconnaître en moi. Cet imaginaire se retrouve aussi dans le registre du moi en ce qu'il contient de méconnaissance forcée.

L'image est en effet constitutive de ma personne en ce qu'elle inclut une reconnaissance tardive et incomplète. L'enfant n'accède à une première identification que dans ce premier miroir où il se voit sans se reconnaître totalement, alors qu'il y reconnaît bien l'image de l'autre qui s'y mire. Il ne peut qu'anticiper imaginairement la forme totale de son corps, mais n'arrive pas pendant longtemps à s'y identifier totalement. Comme sur une lame du tarot, il ne voit que l'autre du miroir, cet autre qui n'est pas tout à fait lui en sa structure inversée. Ainsi s'aperçoit pour le première fois l'aliénation essentielle qui me distancie de la vérité de l'être. Alors s'insinue la demande et le besoin de l'autre. L'enfant a besoin que sa découverte soit authentifiée et nommée par sa mère qui va dire «oui, là dans le miroir, c'est bien toi, X mon fils». Ce qui va lui permettre, en s'inscrivant dans le langage par cette nomination, d'entrer dans tout le réseau des relations familiales et sociales, et d'atteindre au registre symbolique signifiant.

Or, justement, les lames du tarot ne sont pas in-signifiantes ni même des images quelconques. Leur fascination et leur rayonnement vient de ce qu'elles sont ce que je nomme des «images-forces». Elles sont plus symboles qu'images et leur fonction est plus constitutive que représentative. Elles sont constitutives de fonctions (comme la fonction royale) ou de conditions (comme le Fou ou le Bateleur), mais aussi de situations (comme l'ambivalence de l'Amoureux ou l'échec de la Tour foudroyée). Les hommes ne sont hommes que parce que les images-forces les ont fait hommes. Les structures sont antérieures à leurs manifestations empiriques. Nul mieux que Rupert Sheldrake n'a mis en évidence, depuis les *Idées* de Platon, l'importance de la structure morphogénétique. Mais ceci nous mène déjà en plein Transpersonnel où se trouve finalement la clé de toutes ces énigmes.

Le Transpersonnel ne se mire plus dans le champ des images, mais il le traverse. Il atteint tout ce qui transparaît à travers ce qui apparaît. C'est l'ordre impliqué de David Bohm. Et justement le Tarot est ce qui nous permet d'atteindre l'autre côté et d'accéder à l'autre scène. C'est en cela qu'il va constituer une *cartographie de la conscience* selon la jolie expression de l'auteur. La psychologie transpersonnelle nous ouvre **la Piste du Voyage du Soi.** Il va commencer avec la question initiatique : *Qui suis-je?* À quoi répond instantanément la première méprise qui fait que l'on a entendu en fait : *Que suis-je ?* Ce qui est tout différent et nous fait sortir de la piste pour entrer dans un chemin de traverse. Il aboutit d'ailleurs à un labyrinthe-prison, car la réponse est interminable : Montaigne, Rousseau et Amiel en savent quelque chose, eux qui sont morts avant d'avoir pu écrire tout ce qu'ils étaient. Heureusement, la psychologie scientifique s'est sortie de cette psychologie littéraire des Mémoires et Autobiographies. Et elle a commencé à faire la distinction entre le «*Moi*» et le *Je* et, dans sa fonction objectivante, le *Je* qui veut se voir ne voit que le *Moi*. Ceci correspond à toute création des nouvelles psychothérapies et de la psychologie humaniste, si bien exposée ici.

Mais la psychologie transpersonnelle apporte un troisième niveau, comme l'a très bien vu son fondateur Abraham Maslow. Remonter de «que» à «qui», c'est échapper au Moi comme palais des mirages. La question que pose le Transpersonnel va encore au-delà : *Qui dit : Qui suis-je ?* Il faut remonter au sujet pur, actif et créateur. Et ce sujet est transpersonnel, c'est-à-dire au-delà de la personne, dans le dévouement aux valeurs qui dépassent infiniment l'homme.

La synthèse ici présentée par le Dr Denise Roussel ouvre d'immenses perspectives. Elle n'est possible que par le déplacement qu'elle a opéré du Tarot, instrument de prédiction et de divination de l'avenir, au Tarot psychologique, indicateur du présent. En fait, c'est ce qu'avait déjà voulu faire Freud pour le rêve, dans son livre de l'*Interprétation des rêves*, paru en 1900. Le rêve n'était à l'époque envisagé que dans la voyance et la prédiction, et c'est Freud qui a montré que son interprétation était la voie royale pour pénétrer dans l'inconscient. La tâche de XXe siècle va être de réaliser avec le surconscient ce que Freud a réussi avec l'inconscient. La voie nous est maintenant ouverte.

Marc-Alain Descamps
Université de Paris V

INTRODUCTION

Mon odyssée : du psychologique au sacré

Depuis mon retour de l'*Institut Esalen* de Californie, en 1975, j'ai peut-être ouvert des milliers de tarots psychologiques. Sur les traces du *Fou* qui découvre en toute fraîcheur, c'était chaque fois une première pour moi. Je me suis émerveillée en voyant ces images prendre un sens particulier d'après l'intelligence, la sensibilité, la vision personnelle de qui me les décrivait. J'ai pu accumuler ainsi les multiples sens symboliques de chaque image. Au fil des années, je crois avoir ainsi exploré les 360° de chacune tel un tableau ou un paysage mille fois visité. Et j'étais moi-même dans ma propre transformation, passant imperceptiblement d'une conception psychologique de l'existence à une vision psychique ou énergétique du rapport interpersonnel. Cette évolution s'est poursuivie jusqu'à ce que je parvienne à réaliser toute l'ampleur de la révolution transpersonnelle qui inclut la dimension spirituelle comme un créneau naturel de l'évolution humaine.

Un jour, j'ai décidé de transmettre la richesse de ces perceptions, de les réunir en un tout. Il m'apparaissait utile et important de faire connaître le sens de ces explorations psychologiques fort différentes des interprétations ésotériques. Résumer ce matériel me semblait une tâche énorme. Toutes ces notes accumulées depuis vingt ans s'entassaient dans des caisses et la seule pensée de les relire me pesait déjà.

Le démarrage de ce second livre sur l'imagerie du psychotarot m'a donc paru un défi plus complexe que le premier. J'avais déjà systématisé une méthode psychologique facilitant la lecture de ces images dans *Le tarot psychologique, Miroir de Soi*[1]. Ce livre fut écrit dans la fougue d'un seul été, mais comment synthétiser l'ensemble des réponses recueillies par la suite? Impossible d'en tirer une compilation statistique à partir d'un matériel incomparable parce qu'issu d'une méthodologie en constante évolution. Dresser un répertoire de cas cliniques me paraissait intéressant, mais incomplet et trop spécialisé. Dans cette recherche d'une forme de synthèse simple, large et utile, je m'impatientais. Au matin d'un 24 décembre, plongée dans le thème de la naissance, j'ai retrouvé par hasard une petite note de courrier de mon ex-compagnon de route, Fernand Roussel, note qu'il m'avait remise quelques jours avant sa mort (1933-1981). Je vous livre l'extrait de sa lettre qui m'a intuitivement servi de point de repère pour structurer cet immense matériel à partir de la rencontre entre deux êtres, rencontre vue comme un moment et un lieu de création ou de transformation :

Tu avais l'air bien dans ta peau l'autre jour. Ta vitalité dans les inquiétudes comme dans la joie était bonne à voir et surtout à ressentir. Sans trop savoir pourquoi, ça me fait plaisir que tu aies recommencé à écrire. Chacun a besoin de toute la tendresse du monde quand il fait froid à l'intérieur.

Ah! que la neige a neigé...[2] *depuis le début de ton chemin...*

Fernand Roussel

J'ai alors saisi qu'en ouvrant des tarots psychologiques, mon rôle principal était de mettre en œuvre une opération quasi-alchimique de changement[3]. Je me sers de ces images comme de stimulants pour éveiller l'intelligence, l'affectivité et l'imaginaire

---

1. Roussel, Denise. *Le tarot psychologique, miroir de soi*, éd. de Mortagne, Boucherville, 1984.
2. Allusion au poète québécois Émile Nelligan.
3. L'expression est de C.G. Jung.

du consultant, afin de l'aider à trouver de nouveaux parcours lorsque la neige a neigé sur ses anciens sentiers. Et ceci ne s'accomplit *qu'avec toute la tendresse du monde.*

De l'accumulation d'expérience à la transformation

J'ai ainsi mûri le plan de ce livre comme une synthèse des moyens qui s'avèrent les plus utiles pour aider chacun à transformer un peu plus, un peu mieux, son monde personnel. Au fil du temps, j'ai systématisé et enrichi la **technique humaniste du psychotarot** pour lui donner une forme transpersonnelle que je nomme ici la **PISTE**.

Comme chacun est invité à aborder ce livre par le chapitre qui lui convient, j'ai glissé quelques répétitions, ici et là, pour rendre l'information complète dans chaque partie.

Les buts de ce livre

Fondamentalement, à travers les trois volumes de *La Traversée du Miroir*, je systématise la méthode originale du psychotarot que j'ai déjà élaborée[1]. Je l'enracine au cœur de divers courants psychologiques spécialement dans le volet dernier-né, le transpersonnel. Je présente un modèle scientifique du développement humain transdisciplinaire, applicable par tous les utilisateurs de l'imagerie, quelle que soit leur formation. Cette présentation du modèle dans le volume I sera ensuite concrétisée et appliquée dans les volumes II et III.

Par-dessus tout, je désire faire saisir concrètement la valeur du transpersonnel, l'appliquer au matériel recueilli et faciliter l'analyse thématique de toute réponse obtenue grâce à ma technique.

Dans les deux volumes qui suivent, j'apporterai cette synthèse du sens des images du **Tarot Nouveau** ou psychotarot. J'espère ainsi témoigner de sa richesse étonnante. Je l'ai utilisé dans les situations les plus diverses : autodéveloppement et connaissance

---

1. Roussel, Denise. *Le tarot psychologique, miroir de soi*, éd. de Mortagne, Boucherville, 1984.

de soi, source d'inspiration artistique, soutien aux problèmes de gestion, support intuitif en thérapie individuelle, outil d'animation de groupe et même comme voie de concrétisation d'une interrogation existentielle ou d'une inquiétude spirituelle.

J'ai l'intime conviction qu'il reste encore énormément d'usages à développer. Ce travail de pionnière ne fait que préparer la voie à des utilisations inédites, vécues dans d'autres contextes. Je souhaite que les prochaines publications se fassent en collaboration transdisciplinaire, transculturelle et internationale. Je connais de mieux en mieux les réseaux des utilisateurs aux États-Unis, en Russie, en ex-Tchécoslovaquie, en Europe de l'Ouest (France, Angleterre, Suisse et Italie). Je considère donc cet ouvrage comme une bouteille jetée à la mer qui exprime mes acquis et appelle, en retour, le fruit d'autres compétences. J'ai fait un déblayage préliminaire. À chacun maintenant d'y ajouter sa touche complémentaire.

Je souhaite par là me joindre à ceux qui proposent une nouvelle façon de comprendre l'esprit humain d'en explorer un potentiel plus large et de favoriser des solutions inspirées par la créativité. Comme le disait si justement Denis Pelletier[1] : *Après avoir été pensée jouissante du réel, pensée qui aime, qui est en contact intime avec ce qui arrive, l'intelligence qui se réalise devient pensée contemplative.* L'approche du tarot psychologique peut servir d'initiation à la vision transpersonnelle et de soutien dans une quête du Soi. Réaliser son essence spirituelle me semble la forme de créativité la plus élevée qui soit.

En résumé :

1. J'aborde le tarot comme un matériel traditionnel qui transporte les richesses de l'inconscient collectif comme dans un livre d'images à la portée de tous.

2. J'offre une grille de lecture originale en y appliquant la connaissance des chakras ou centres de bio-énergie.

---

1. Pelletier, Denis. *L'Arc-en-soi*, Laffont-Stanké, Montréal, 1981.

3. Je systématise une méthode aisément applicable, quels que soient la culture, l'âge, l'occupation, le questionnement des utilisateurs.

4. Je facilite la compréhension des images en exposant le résultat de l'analyse des quatre-vingt lames du psychotarot.

Comme ce texte se présente en trois volumes, voici comment se fait la répartition du contenu :

– Volume I, **les fondements théoriques** : le transpersonnel, l'imagerie et la recherche d'un modèle humain qui offre une compréhension de la voie du dépassement, de la transformation comme besoin humain incontournable. «La **PISTE** ou la **P**sycho-**I**magerie en **S**anté **T**ranspersonnelle **É**nergétique» devient l'outil d'application de ce modèle.

– Volume II, **l'étude des arcanes majeurs** : l'explication détaillée de cet outil, la **Piste**, est suivie de la présentation des vingt-deux lames majeures du psychotarot vues comme autant de grandes forces psychiques avec lesquelles l'être humain est susceptible de se voir confronté dans sa vie. Exemples : l'amour, la mort, la justice, l'écroulement des bases de sa vie. Ce sont les grands enjeux humains sur la voie de la Réalisation.

– Volume III, **l'étude des lames mineures** : ces quarante lames mineures sont analysées comme les fluctuations de forces constamment à l'œuvre, modifiant insidieusement la vie personnelle et collective tels que le quotidien, les saisons, l'argent, la santé, les relations, le jeu des valeurs, les obstacles aux désirs, etc. Les seize lames de cour renvoient aux rôles sociaux, aux instances sociales ou gouvernementales qui organisent la communauté, la poussent et la contraignent dans un certain sens. C'est le lieu de la cocréativité collective autour de certains rôles-clés.

Chapitre I

TRADITIONS SCIENTIFIQUES ET IMAGERIE DU TAROT

Pourquoi publier de nouveau sur l'imagerie du psychotarot comme outil de compréhension de soi? Une première fois ne suffisait-elle pas? N'était-ce pas déjà une erreur et récidiver relève-t-il de l'entêtement? Je me suis interrogée plusieurs fois. Et pourtant j'y reviens, presque malgré moi. Pourquoi ? Je vais tenter de m'en expliquer ici à l'intention de mes collègues et lecteurs. Comme ce travail s'adresse d'abord aux psychothérapeutes, aux animateurs de groupes, aux créateurs de toute discipline, je sens le besoin de clarifier à quelle tradition ma contribution se rattache.

L'imagerie des tarots est réputée appartenir au monde magique, à l'univers religieux primitif ou païen et risque d'apparaître comme un outil archaïque, préscientifique, irrationnel, syncrétique. Son utilisation devient un choix risqué dans le contexte d'une psychologie scientifique. De toute évidence, cet outil n'appartient pas au mode rationnel-séculier qui domine actuellement la pensée universitaire, celle des médias, des corporations professionnelles, des décideurs politiques, du monde technologique. En somme, c'est un outil inconnu ou méprisé par l'intelligentsia des sociétés modernes. Veut-on réactiver la cosmogonie de la Renaissance où, grâce à une certaine conception spirituelle de l'univers, l'invisible, la nature, la société et l'individu vivaient en bonne intelligence? De nombreux artistes créateurs considèrent l'effervescence actuelle des idées et des arts comme une seconde

Renaissance. Les deux époques se ressemblent aussi par leur vif intérêt à vouloir comprendre le lien entre la terre et le cosmos, mais l'image alors contestée du télescope débouche maintenant sur de spectaculaires sorties sur la lune et une exploration de plus en plus précise de lieux encore plus lointains.

Malgré les vexations de l'autorité religieuse, la téméraire assurance de Galilée et l'éblouissement de Pascal sonnent comme une drôle d'anticipation de l'expérience mystique de l'astronaute Edgar Mitchell, regardant la terre à partir d'*Apollo XIV, cette bille bleue danser dans le ciel noir.* Par la suite, sa compréhension de la race humaine s'en est trouvée totalement modifiée et il a mis sur pied l'*Institut des sciences noétiques*[1] *axé sur la compréhension de la dimension spirituelle et paranormale de l'humain. Dans cette seconde Renaissance, la créativité collective s'inspire de toutes les cultures et connaît un renouveau spirituel hors des frontières fixées par les religions et s'épanouit «hors des murs*[2]*». Beaucoup d'intuitions de la première époque s'épanouissent maintenant avec une vigueur accrue. J'y vois un retour du spirituel refoulé enfin libéré des valeurs patriarcales, ouvert au féminin, secouant les positions dogmatiques de toutes sortes.*

Depuis que la raison a sécularisé l'univers occidental, des progrès d'une valeur inestimable ont été accomplis dans les industries grâce à des techniques ultra-complexes. Les gouvernements démocratiques ne remplacent pas toujours avec bonheur les régimes théocratiques, mais entraînent le sentiment de la responsabilité collective comme levier d'évolution sociale planétaire. Des inventions prolifiques permettent la multiplicité des biens de consommation et la diffusion instantanée des informations médiatisées. Y a-t-il un danger à ressusciter une imagerie à connotations magico-spirituelles?

---

1. Institut des sciences noétiques, 475, Gate Five Road, suite 300, Sausalito, Ca., U.S.A.
2. Gaboury, Placide. *Une religion sans murs,* éd. de Mortagne (Coll. Mortagne Poche), Boucherville, 1994.

La démarche collective de laïcisation s'avérait nécessaire pour dépouiller la société de sa compréhension infantile de l'esprit, la libérer de ses fixations parentales envers une Église figée dans ses traditions autocratiques-patriarcales. Il lui fallait démythifier son héritage antique qui baignait encore dans la terreur d'un Dieu judéo-chrétien culpabilisant. Il était nécessaire de dépoussiérer l'esprit rationnel, de le renforcer, de l'étendre avant de s'approcher de l'Esprit en tant qu'Absolu.

Ce pas est franchi, non pas encore par la masse, mais pour un bon nombre de scientifiques postmodernes parmi lesquels comptent les groupes d'orientation transpersonnelle. Pour les physiciens de pointe, le spirituel est l'énergie dont l'univers se compose. Quel que soit le nom qu'on lui donne, l'énergie devient le fondement même de la relativité depuis qu'Einstein a défini l'équation de la réalité générale comme étant essentiellement une interaction entre énergie, masse et vitesse. Selon cette proposition, l'énergie constitue la fibre au cœur de toute réalité, le tissu même de l'univers. La psychologie n'échappe donc pas à cette définition.

On peut lui donner une forme mathématique, comme l'a si bien démontré Roger Penrose dans *The Emperor's new mind* en illustrant la pénétration des mathématiques dans les concepts sociaux à partir des théories cognitivistes de la réalité. Le vocabulaire des métaphores devient celui «d'échantillons tirés au hasard», de «probabilités informatisées», «d'analyses de variantes comme critères décisionnels», de «performances algorithmiques», de «réalités virtuelles», etc. Après avoir connu *le corps habillé de mots et d'émotions* du psychanalyste Serge Leclaire, nous en sommes venus au corps social habillé d'équations abstraites. Il est temps d'en arriver au «corps de lumière», au «corps irradiant», au «corps superlumineux» de Brigitte et Régis Dutheil[1] qui appliquent le modèle de la physique nucléaire aux phénomènes humains.

---
1. Dutheil, Régis et Brigitte. *L'homme superlumineux,* Sand, Paris, 1990.

Dans ce filet d'abstractions jeté sur la réalité, toute notion d'esprit avait été bannie, et voilà bien un curieux paradoxe puisque c'est pourtant l'esprit qui œuvre pour créer ces multiples visions successives. L'esprit n'avait-il pas encore relevé le miroir assez haut pour se rencontrer lui-même? D'où ce problème est-il venu? Et comment réintroduire la notion d'énergie en psychologie sinon sous la forme de l'esprit comme le fait Ken Wilber[1], grand théoricien contemporain du transpersonnel, dans *Les trois yeux de la connaissance*? L'*œil de chair* enregistre la sensation, l'*œil de raison* discerne les opérations logiques tandis que l'*œil de l'esprit* contemple tout ce qui est, l'infinitésimal comme l'inconcevable infini.

Partant de considérations semblables, à son tour, le sociologue Edgar Morin, auteur de *La Méthode de la méthode* critiquait la position scientifique et soutenait que *la science repose sur le postulat d'enfermer le monde en lui-même, de l'expliquer par soi-même, par ses propres moyens, à la différence de la philosophie, par exemple* et du transpersonnel, ajouterions-nous. Morin plaide pour «ouvrir» l'esprit scientifique :

Que veut dire ce mot ouvert? *Ouvert vers l'infini, vers l'indéfini? Ma façon de concevoir la* Science Nuova *comporte cette ouverture. Dire qu'il faut expliquer le monde par lui-même, c'est dire qu'on peut le vivre en refermant le cercle, le cercle du champ de la pensée, du champ du savoir... Tout le mouvement qui m'intéresse, c'est ce que j'appelle la brèche.*[2]

Morin pose ainsi le problème des niveaux systémiques de la pensée. La *brèche* permet d'ouvrir sur un niveau supérieur. Mais quel niveau supérieur à la raison permet l'examen de la pensée rationnelle elle-même? En théorie transpersonnelle, ce niveau peut être formulé comme celui de l'intuition, de la sagesse et de la spiritualité. Comme nous le verrons bientôt, Sin-

---

1. Wilber, Ken. *Les trois yeux de la connaissance*, éd. du Rocher, Paris, 1987.
2. Morin, Edgar. *La méthode de la méthode*.

not[1] et ses collaborateurs postulent un niveau logique à multiples variantes de forme intuitive. Morin lui-même proposera cette formule dans *La mort transfigurée*[2]: *Opposer le rationnel et l'irrationnel est une vision très peu rationnelle. En fait, sous le terme de raison, on oppose des systèmes rationalisateurs clos à tout ce qui les conteste. (...) Finalement la rationalité, c'est le dialogue avec l'irrationalisé et l'irrationalisable. (...) Ces phénomènes non rationnels ne pourront être véritablement compris qu'à partir du moment où la science elle-même deviendra plus complexe, plus avancée, plus ouverte. Ce processus est d'ailleurs en cours.*

Une position similaire avait été soutenue par Einstein lorsqu'il disait : *Un problème ne se résout pas par le même niveau de conscience que celui qui l'a engendré.* Il faut donc le transcender. Devant le chaos moderne et l'impuissance des trois grandes approches psychologiques traditionnelles à le résoudre (behaviorisme, psychologie analytique et psychologie humaniste), le regard transpersonnel propose une vision du monde plus intégrée où l'on rétablit l'étude de l'âme (de l'essence/de l'absolu) comme une dimension supérieure nécessaire à la juste interprétation de la condition humaine.

Aux trois dimensions habituellement considérées chez l'humain (corps, émotions, intellect), il faut en ajouter une quatrième, l'esprit.

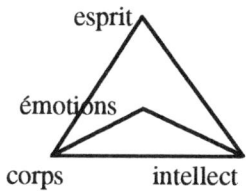

Au niveau transpersonnel, il est certain que la conception et l'expression de

---

1. Sinnott, Jan D. *Development and Yearning : Cognitive Aspects of Spiritual Development*, presented at the 1992 A.P.A.C. in Washington, D.C. as part of a symposium on Ego Transcendence and Spirituality ; The next 100 years in Psychology.

2. Mercier, Evelyne Sarah. *La mort transfigurée*, préface d'Edgar Morin, L'âge du Verseau, Paris, 1992.

l'identité humaine ne peuvent se retrouver que dans un analogue humain, dans une image ontologique de cette même identité plutôt qu'en référence à l'animal (ex. : le rat de laboratoire) ou à la mécanique (ex.: la plomberie instinctuelle freudienne). Cet analogue propre à l'expérience humaine existe déjà dans la collection des images transmises sous le nom du jeux de tarots où les métaphores sont puisées dans un niveau systémique supérieur soit celui du héros humain, des mythes collectifs créateurs et d'un univers vivant et intelligent.

Le choix de l'imagerie : le jeu du psychotarot

Reine de Deniers

J'ai découvert par hasard (?) cette série d'images transculturelles qui n'ont pas été créées artificiellement à la façon des tests projectifs modernes, mais qui proviennent d'une tradition sociologique séculaire, voire millénaire. Dès le premier moment où je l'ai employé en 1975, malgré mon regard incrédule et mes préjugés, ce jeu s'est révélé constituer un inégalable instrument de projection et de créativité. En stimulant une personne à décrire avec sensibilité et attention n'importe quelle image du psychotarot, l'observateur obtient d'emblée un échantillon permettant l'accès à son scénario de vie, à sa conception du monde, à ses valeurs et à la dynamique de ses émotions. Il y a là une curieuse similitude avec les taches d'encre qui ont longuement servi d'outils de divination avant de faire partie de la panoplie des instruments psychologiques professionnels. À mon sens, lorsque Hermann Rorschach s'avisa de la valeur projective des taches d'encre, il venait de découvrir comment ce qui était un instrument ésotérique jusque là pouvait prendre une valeur scientifique extraordinaire. Une reconnaissance semblable s'impose à l'égard des archétypes transmis par l'imagerie du psychotarot. Réussirai-je à la susciter? Comme on peut le voir dans la bibliographie, c'est une démarche entreprise par plusieurs professionnels de formations variées.

Je viens de mentionner *les archétypes* du tarot. C'est un terme proposé par Jung[1] pour désigner, au plan mental, l'équivalent de ce qu'est l'instinct au plan des dynamismes ou encore, au plan physique, la forme universelle du corps, quelles qu'en soient la race et la source génétique. Ceci présuppose une sorte de moule invisible, d'ADN, d'engrammes invisibles, engendrant des similitudes dans les formes visibles de pensée, d'images et de relations au monde. Ainsi les cultures varient dans leurs contenus, mais il n'est demeure pas moins que les anthropologues peuvent les comparer grâce à leurs composantes identiques, à leur «grammaire de base». L'imagerie du tarot s'est ainsi avérée porteuse d'un certain nombre d'expériences humaines fondamentales si universelles que, depuis des siècles, cette banque d'images a été redessinée, reprise par divers concepteurs, artistes, philosophes, psychologues et sages de cultures fort différentes. La bibliographie de Kaplan renvoie à plus de 4 000 titres.

L'instrument précis dont je me sers ici est particulier. Il provient de l'*Institut Esalen* de Californie, lieu d'avant-garde en psychologie, s'il en est un. Les représentants des grands courants psychologiques contemporains y ont enseigné : Michael Murphy, Fritz Perls, Barry et John Stevens, Abraham Maslow, Gregory Bateson, Joseph Campbell, Angeles Arrien, Jean Houston, Joan Halifax, Gabrielle Roth, Ida Rolf, Bernard Gunther, Virginia Satir, Fritjof Capra, Stan Grof, Michael Harner, Stanley Krippner, etc. Ceux-ci et tant d'autres grands novateurs y sont venus, non seulement pour y partager leurs idées avec des participants accourus du monde entier, mais aussi pour recevoir la consécration internationale de leur renommée. On peut y retrouver les sources de la Gestalt, de la psychosynthèse, de l'approche systémique, de la programmation neurolinguistique, de l'éveil sensoriel, de l'art-thérapie ainsi que des techniques chamaniques et transpersonnelles les plus actuelles. C'est le milieu novateur par excellence dont

---

1. Jung, C. G. *Psychologie de l'inconscient*, Université Georg, Genève, 1952.

les intuitions seront reprises comme sujet d'expérimentation par les milieux officiels de haut savoir.

C'est dans ce cadre que le **Tarot Nouveau** ou **psychotarot** a été conçu par Jack et Rae Hurley selon le design propre à la gestalt. Les auteurs se sont ingéniés à multiplier le potentiel du sens et de niveaux de décodage accolés à une même forme. Artiste d'origine canadienne au talent exceptionnel, le dessinateur John Horler a expérimenté le contraste maximal du blanc et du noir pour présenter des formes claires et précises dont la perception dépend totalement du sens que l'observateur lui attribue. Cette ambuiguïté féconde a permis d'en faire un outil projectif de première valeur. C'est aussi à l'Institut Esalen qu'a commencé l'utilisation de ce jeu dans des ateliers de groupes, notamment grâce à Paul Rebillot[1] qui a développé le *Tarot Gestalt Process,* en substituant à l'étude des rêves celle des images telles que vues, décrites et ressenties par le participant.

As de Coupes

Ce procédé a l'avantage d'être accessible à tous alors que beaucoup oublient leurs rêves ou répugnent à les dessiner. Il permet aussi au psychothérapeute et à l'animateur de groupes d'avoir une prise directe sur la source de la projection : l'image-clé étant présente, chacun peut se rendre compte des mutilations (oublis, fragmentations, déformations infligées au stimulus) ainsi que des transformations créatrices (regroupements significatifs, références poétiques, synthèses visuelles ou spatiales, etc.) opérées sur le même matériel. C'est une occasion de voir la créativité à l'œuvre dans un processus quasi-onirique où les ressources multiples d'une personnalité sont directement observables dans leurs interactions. Nous reviendrons sur cet aspect plus loin dans la présentation technique.

Cette utilisation psychologique entraînera le *tarot* traditionnel sur une PISTE imprévue. À partir du moment où il devient

---

1. Rebillot, Paul. *The Call to Adventure*, Harper, San Francisco, 1993.

IMAGERIE DU TAROT ET TRADITIONS SCIENTIFIQUES

La perception de «gestalts» ou de «touts signifiants»

D'après des recherches sur les processus perceptuels, l'hémisphère gauche du cerveau analyse un dessin en ses parties qu'il démonte pièce par pièce, tandis que l'hémisphère droit du cerveau saisit globalement, reconnaît une partie et glisse alors facilement sur le sens de l'ensemble.

Dans les illustrations réunies ici, notez le jeu de ces deux mécanismes qui vont influencer votre perception.

a) les illusions d'optique sur la longueur, la grosseur

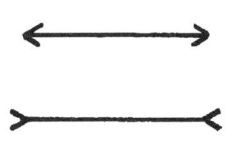  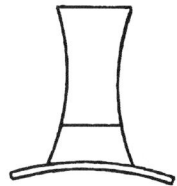

Les lignes sont-elles égales ?   Les cercles du milieu sont-il égaux ?   Ce chapeau est-il plus haut que large?

b) mobilité des formes

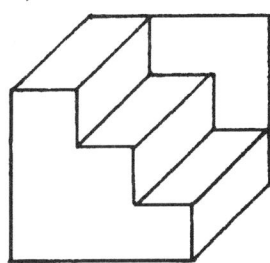 

Quand on regarde longtemps cet escalier, il se renverse, comme descendant du plafond.   Profils ou vase ? En fixant ce dessin, il change de sens.

c) multiplicité des sens autour des mêmes formes dans le design du psychotarot

 **8 de bâtons :** Que font-ils ? Les «barreaux» les unissent ou les séparent ? Ils se quittent ou se rapprochent ?

 **3 de deniers :** Observez le tout et racontez une histoire... puis changez le sens des éléments et recommencez !

possible de comparer et d'analyser les diverses réponses obtenues à partir d'un même matériel, les concepteurs ont du même coup créé un instrument projectif analogue au *Test d'aperception (TAT)* de Murray qui fut créé par de grands efforts d'études et d'expérimentations, tandis que le matériel du tarot s'est expérimenté naturellement. Il a été codé et retransmis de générations en générations, par-delà les frontières géographiques, linguistiques, idéologiques. Il n'y a pas d'âge limitant son application : l'enfant, l'adulte, la personne âgée peuvent également s'y retrouver. Cela en fait un instrument flexible, aisément adaptable, peut-être utile au Village Global.

Le monde académique aura peut-être quelques répugnances à s'approprier un outil d'origine populaire, mais des études fort sérieuses préparent cette voie. Nous pensons ici particulièrement aux recherches anthropologiques des Professeurs Gilbert Durand (Université de Grenoble, France), Angeles Arrien[1] (Institut de psychologie transpersonnelle, Californie) et Joan Halifax[2] (Californie). Au plan psychologique, il faut se référer d'abord à Jung, à Sallie Nichols[3], à Robert Wang[4] et Simone Berno[5]. Le tarot fait partie des instruments intuitifs proposés par Metzner et compte déjà plusieurs analyses symboliques (Wirth[6], Ziegler[7], Chevalier et Greerbrandt[8]). Ses images figurent parmi la gamme classique des symboles conscients et inconscients. Des analyses poussées de type initiatique sont devenues accessibles (René Guénon, Elisabeth Haigh, *Les méditations d'un auteur inconnu,* etc.).

---

1. Arrien, Angeles. *The Tarot Handbook*, Arcus, Californie, 1987. The Four-Fold Way, Harper, San Francisco, 1992.
2. Halifax, Joan. *La rencontre de l'homme avec la mort,* éd. du Rocher, Paris, 1982.
3. Nichols, Sallie. *Jung and Tarot - An archetypal Journey*, S. Weiser, N.Y., 1980.
4. Wang, Robert. *Tarot Psychologie, Manuel pour le Tarot jungien*, Durach-Bechen, Allemagne, 1988.
5. Berno, Simone. *Tarot et psychologie des profondeurs,* Dangles, Paris,1995.
6. Wirth, Oswald. *Le Tarot des imagiers du Moyen âge*. Tchou, Paris, 1966.
7. Ziegler, Gerd. *Tarot Miroir de tes relations*, Urania Verlags Ag, Suisse, 1988.
8. Chevalier, J. & Greebrandt, A. *Dictionnaire des symboles*, Laffont, Paris, 1982.

Au terme de ses études sur *Les structures anthropologiques de l'imaginaire* et sur *L'imagination symbolique,* Gilbert Durand s'insurge contre le traitement dévalorisant fait à l'imaginaire dans la culture française. Il s'exprime ainsi : *Bien loin d'être le résidu d'un déficit pragmatique, l'imaginaire nous est apparu (...) (une) activité qui transforme le monde, une imagination créatrice, mais surtout (...)* un intellectus sanctus, *(une) ordonnance de l'être aux ordres du meilleur. (...) La fonction fantasmatique... permet d'évaluer les états de conscience et de hiérarchiser les facultés de l'âme.*

C'est là une conclusion des plus audacieuses, mais étayée par une analyse serrée. La psychologie transpersonnelle s'attache précisément à vérifier toute piste qui peut scientifiquement cerner la dimension «âme», l'*intellectus sanctus,* cette intelligence qui s'approche du sacré. Les *états d'âme* ou états modifiés de conscience constitueront un objet privilégié d'études en psychologie transpersonnelle. Dans ce contexte, l'imagination n'est plus l'errante, «la folle du logis», mais plutôt la source créatrice qui engendre la réalité virtuelle des artistes, des concepteurs, des designers, des écologistes, des mathématiciens, des penseurs, des futurologues (ex. : le Club de Rome), des informaticiens travaillant sur l'intelligence articifielle, des administrateurs et autres personnalités du monde de la finance et de l'action sociopolitique pour qui les solutions possibles doivent devenir probables.

Ce contexte étant posé, Durand reconnaît au tarot la valeur d'une structure représentative de l'imaginaire et il en utilise lui-même certains éléments comme principes organisateurs des archétypes. Dans sa hiérarchie des grandes formes symboliques, Durand délimite certains axes en repérant des constellations d'images. À plusieurs reprises, les archétypes du tarot se retrouvent comme points de ces convergences. Sa symbolique apparaît dans des têtes de chapitre (ex. : *le sceptre et le glaive, la descente et la coupe, du denier au bâton*). Les symboles des lames majeures apparaissent fréquemment dans son analyse. Il s'en explique : *Les symboles constellent parce qu'ils sont des variations sur un archétype (...) les images convergent autour de ces noyaux organisateurs.* Justifiant sa méthode, Durand expose son hypothèse comme suit : *Il existe une étroite concomitance entre les gestes du corps, les centres nerveux et les représentations symboliques. Ces manifestations humaines de l'imagination, issues de l'expérience directe, évoqueront par analogie, une résonance similaire éprouvée chez celui qui la reçoit.* On ne peut mieux exprimer la démarche qui a été la mienne depuis le début, l'effet-miroir des représentations du tarot. Dans sa conclusion, Durand dénonce l'objectivisme à outrance, le matérialisme de notre époque qui se conduit... *comme le mythe dominant de notre société, mythe qui tire à sa fin et qui appelle sa contrepartie ignorée, celle de la voie symbolique*[1].

L'œuvre de Durand connaît un vif rayonnement. En présentant la quatrième édition de *L'imagination symbolique,* il fait le bilan suivant : *Tous ces fructueux efforts de restauration de la pensée symbolique convergent depuis vingt ans, de par le monde, en de nouvelles et vivaces institutions, en particulier dans ce «Centre de Recherche sur l'Imaginaire» (...) au C.N.R.S. dont la prégnance pluridisciplinaire et le rayonnement international sont de plus en plus considérables, (...) regroupant une vingtaine de formations scientifiques tant françaises qu'étrangères.*

Quant à moi, en proposant une méthode psychologique propre à analyser l'imagerie du psychotarot par la technique de la **Piste,** je vise à rendre à la psychologie une partie du patrimoine humain que notre mépris des formes ancestrales reléguait aux oubliettes. De plus, en l'abordant sous l'aspect transpersonnel, j'en souligne la dimension sacrée, ou pour utiliser les mots de Durand, j'ose porter un regard qui inclut *les structures mythiques et mystiques de l'imaginaire.* Cet objectif peut paraître osé, mais des années d'expérience atténuent les difficultés de l'entreprise. Je souhaite que cette méthode de projection et de réappropriation serve à l'exploration du matériel symbolique dans des contextes

---

1. Durand, Gilbert. *L'imagination symbolique,* Quadrige, PUF, 1964, 1984. *Les structures anthropologiques de l'imaginaire - Introduction à l'archétypologie générale,* Quadrige, PUF, 1963.

artistiques, pédagogiques, créatifs, expérientiels et psychothérapeutiques de plus en plus variés.

Quatre composantes majeures forment *La traversée du miroir* : la justification du choix de l'imagerie du psychotarot; la présentation de la technique d'une Psycho-Imagerie en Santé Transpersonnelle Énergétique (**la Piste**); le choix d'une grille transpersonnelle d'interprétation et, finalement, le Gros œuvre, c'est-à-dire les sens multiples de cet ensemble d'images, sens obtenus au cours d'années d'utilisation.

Chapitre II

L'IMAGE : UN «RÉVÉLATEUR DE SOI»

Ouvrir l'imaginal

J'ai déjà présenté la technique «d'imagerie projective» (ou «imagerie expressive» lorsqu'on veut éviter les termes spécialisés) du *Tarot psychologique, miroir de soi*. Effectivement, je me sers de lames du tarot, ces images archétypales venues du fond des siècles, comme support de l'imaginaire. Comme je viens de le mentionner, le jeu que j'ai choisi parmi les cinq cents jeux disponibles[1], provient de Californie où il a été dessiné par trois personnes reliées à l'Institut Esalen, Big Sur, pendant les années soixante-dix, époque où s'y sont illustrées la bioénergie, la psychosynthèse, l'analyse transactionnelle et la Gestalt. Voulant indiquer qu'ils ont repris la tradition séculaire de l'imagerie du Tarot de façon radicalement différente, les auteurs ont donné un nom modeste à leur jeu : le **Tarot Nouveau**. Je l'appelle aussi volontiers le **psychotarot** pour souligner son caractère essentiellement psychologique en tant qu'outil de projection personnelle et transpersonnelle.

Leur travail de représentation graphique des grandes théories alors en vogue a pu réussir grâce à une collaboration exceptionnelle échelonnée sur sept ans entre Jack Hurley, le concepteur innovateur, John Horler, le designer génial, et Rae Hurley, «l'impératrice» du groupe qui en acceptait la qualité finale.

---

1. Kaplan, Stuart. *La grande encyclopédie du tarot*, Tchou, Paris, 1978.

J'ai déjà raconté[1] comment ce jeu a fait irruption dans ma vie et s'est révélé comme un outil de travail particulièrement fructueux. Cette méthode amène chaque «lecteur d'images» à expérimenter sa capacité toute personnelle de nommer la réalité, de saisir le dynamisme sous-tendu par sa perception et de comprendre ainsi intuitivement combien chaque regard jeté sur les êtres et les choses traduit autant l'observateur que l'observé. Jung[2] exprimait ce phénomène d'une façon saisissante : *À proprement parler, on ne fait jamais une projection : elle se produit, elle est simplement là. Dans l'obscurité de quelque chose d'intérieur, je découvre, sans la reconnaître, ma propre vie intérieure ou psychique.*

Le miroir renvoie autant à l'observateur qu'à l'objet reflété. Au cours de l'initiation d'un groupe au psychotarot, chacun des participants peut constater que son décodage d'une image est unique. Il lui suffit d'entendre les autres nommer le personnage, son sentiment, l'action imaginée, le lieu, le résultat escompté de cette action pour comprendre, qu'à partir du même objet, une réalité fort différente se construit derrière le regard de chacun. C'est ce pouvoir évocateur de l'imagerie du **Tarot Nouveau** qui nous intéresse particulièrement. Comme ensemble d'images, il s'inspire des archétypes ou grandes formes traditionnelles de l'expérience humaine, mais son graphisme conçu selon les lois de la forme, de la *Gestalt*, facilite la projection d'un très large éventail de contenus. Le recours au noir et blanc – sans nuance de gris ni de couleur – augmente d'ailleurs cette ambiguïté féconde.

As de Deniers

À titre d'exemple, pour un même cercle de cette carte mascotte, on peut imaginer aussi bien «la lune», «le soleil», «un cercle de lumière», «une trouée dans la nuit», etc., alors qu'un jeu en couleur aurait fixé ou limité ce pouvoir d'évocation.

---

1. Roussel, Denise. *Le tarot, miroir de soi*, éd. de Mortagne, Boucherville, 1984.
2. Jung, Carl Gustav. *L'énergétique psychique*, Université Georg & S.A., Genève, 1981.

De la perception à la projection

«Moi, je projette ?» ou l'incontournable expérience de la projection

Au cours de cette démonstration, chaque participant saisit avec clarté cette notion de la perception comme impliquant nécessairement la projection. Ce concept constitue le pivot central du métier de psychologue ou de psychothérapeute et s'étend du normal au pathologique. À son insu, chacun fait constamment l'expérience de construire mentalement le monde à travers ses perceptions et ses projections. Et le découvrir, c'est attirer l'attention sur la caméra mentale et sur ce «Je», le photographe, qui manœuvre cette caméra. Au plan transpersonnel, on l'appelle le soi-témoin. C'est là que commence le jeu passionnant qui est à l'origine de ce livre. Que voient les gens quand ils regardent telle image ? Qui voit quoi ? Et pourquoi ? Quelles théories peuvent mettre en lumière ce que chacun perçoit ? Vouloir analyser la perception humaine, c'est donner à voir... comment on voit ! C'est donc changer de niveau, augmenter la perspective sur son monde intérieur, se «regarder voir» et découvrir la structure mentale qui organise ce regard. C'est là vraiment remonter aux sources, tenter de comprendre la perception de la perception, la psychologie des psychologues, comme l'a proposé Richard Coan en 1981.

Selon cet auteur, les psychologues se divisent en deux grands groupes : les *objectivistes* et les *subjectivistes, les uns qualifiés de restrictifs* et les autres de *fluides*. D'après son questionnaire, les objectivistes préfèrent une orientation factuelle, un *empirisme radical* et recherchent une causalité impersonnelle reflétée dans un comportement physique, objectif. Les subjectivistes, eux, préfèrent une approche intérieure globale. Ils considèrent volontiers l'ensemble de la démarche et l'expérience conscientisée comme objets privilégiés de recherche. Du coup, c'est peut-être avoir prise sur la source des théories psychologiques. L'entreprise est osée. Pour demeurer au plan pragmatique, disons que ce travail se classe dans un cadre expérientiel explorant la subjectivité et l'articulation de la créativité en rapport avec une série précise d'images.

Dans *Le tarot psychologique, miroir de soi*,[1] mon intention était d'expliquer l'efficacité de ce jeu grâce aux concepts de **projection**, d'**archétype** et de **synchronicité**. *Maintenant, je veux systématiser les **contenus des perceptions** et des **thèmes** les plus fréquents à chaque image. La présente étude aborde donc la dernière question soulevée plus tôt : «Que voient les gens lorsqu'ils regardent telle image? Et pourquoi ils voient ceci plutôt que cela? Nous répondons "parce qu'ils ont un point de vue particulier lorsqu'ils sont à tel ou tel niveau de conscience"».* En nommant ce livre *La traversée du miroir*, je désire indiquer que, cette fois-ci, nous irons par-delà l'image. Je propose finalement d'analyser le matériel en le regroupant selon le niveau de conscience qui reflète le sens de ces images.

Et pour ce faire, tout d'abord je situerai divers contextes théoriques dans lesquels cet outil peut servir. Je rappellerai ensuite la méthode originale du **«Tarot psychologique»** pour proposer une technique plus raffinée nommée **Psycho-Imagerie de Santé Transpersonnelle Énergétique ou La P.I.S.T.E.**

L'image, un outil de base en psychologie

L'expérience m'a démontré que cet outil flexible se prête à bien des usages. Ma rencontre avec le tarot s'est produite quand j'avais déjà quinze ans de métier. Mes bases professionnelles étant bien en place, j'y ai tout naturellement greffé divers acquis techniques. En systématisant la méthode du *tarot psychologique*, je me suis donc trouvée à transmettre une synthèse personnelle, fruit de mon évolution d'être humain, de psychologue et de psychothérapeute. L'expérience m'a permis de sélectionner les éléments les plus utiles et de les réunir en une technique simple et originale. Cette technique offre le mérite d'être souple, efficace, aisément transmissible. Elle peut aussi s'insérer dans chacun des quatre grands courants de la psychologie contemporaine soit le behaviorisme, la psychologie des profondeurs, la psychologie

---

1. Roussel, Denise. *Le tarot, miroir de soi*, éd. de Mortagne, Boucherville, 1984.

humaniste et la psychologie transpersonnelle. Ici, je les présente en tant que cadre d'observation et d'intervention. Plus loin, j'y reviendrai en tant que modèle théorique de la réalité.

1- L'approche cognitive/behavioriste constitue une excellente source de documentation à consulter pour enrichir la gamme des moyens d'action dans un secteur précis. Ce courant met l'accent sur le mode de fonctionnement mental, sur la maîtrise concrète de l'action, sur le conditionnement fixant en soi les empreintes du milieu.

À travers la description de l'image du tarot, on peut déceler **le type de perception** en notant si le consultant s'attache à la globalité de la scène (réponse G), à un grand détail (réponse D), aux petits détails (d). **La stratégie mentale** avec laquelle l'observateur aborde la situation mérite toujours d'être notée (ex. : l'attaque directe ou l'évitement de la tâche; la clarté ou la confusion du discours; le rythme des silences, le quant-à-soi ou la communication ouverte...). Parfois le simple fait de transmettre ces observations au consultant l'aide énormément. Exemple : C. décrit fort bien une image qu'il laisse pourtant sur la table en position inversée. Je lui dis : *Tu décris très bien l'image, sans y toucher, sans la remettre dans son sens. Est-ce qu'il en est ainsi pour toi dans ta vie courante? Par exemple, dis-tu les choses, mais sans te permettre d'intervenir, d'agir concrètement?*

La notion de «**pattern**» de comportement me sert constamment. Le pattern réfère à la conduite analysée en pièces détachées et minutieusement observée dans le comportement (la séquence d'action, de sentiments répétitifs, etc.). Au terme d'une intervention, il y a une phase de **reprogrammation** finale où l'accompagnateur de la démarche doit alors faire comprendre les aspects précis à modifier dans un milieu, un temps et des circonstances données. Ce *Désormais, je... au lieu de...* devient décevant s'il n'est pas réalisable.

Il peut paraître étonnant de constater que l'**approche systémique de la thérapie brève** (Bateson et l'école de Palo Alto) n'ait pas influencé nommément ma méthode alors que le psychotarot constitue une forme très élégante d'intervention de courte durée. Au cours de mon séjour à l'Institut Esalen, le principal fondateur de ce courant, Gregory Bateson, y enseignait et sa pensée était très influente. J'ai eu des discussions très intéressantes avec lui mais la découverte de l'imagerie comme instrument psychologique allait se faire plus tard, dans un tout autre contexte. Bien que les règles de conduite de la *thérapie brève* soient tout à fait pertinentes, j'ai voulu éviter cette dénomination pour enlever toute confusion entre cette approche et la mienne. Je m'inspire cependant de la technique de ***recadrage*** (donner un sens différent aux perceptions en les replaçant dans un autre contexte) dans l'intervention du guide.

2- L'approche psychanalytique freudienne a été celle de ma première formation et je lui dois beaucoup. Patiemment, à travers les associations libres, j'ai exploré mes motivations conscientes et inconscientes. J'en ai gardé le sens de l'écoute en profondeur et un grand respect à l'égard de la complexité du fonctionnement humain.

Au psychotarot, j'ai inséré une **phase d'exploration par associations libres**. Après la description de l'image et la réappropriation des sentiments, le consultant est invité à entrer pleinement dans sa vie, ses souvenirs, ses émotions, même si ce qui lui vient à l'esprit ne semble pas avoir de liens apparents avec l'image. Il est alors fascinant d'observer comment le sujet glisse rapidement de ce qu'il voit à ce qui le préoccupe, comment se présentent les distorsions, les omissions, les ajouts. Il m'arrive de faire redessiner l'image de mémoire pour mieux en démontrer la transformation. Il est aussi aisé et émouvant d'expérimenter sur soi-même le jeu de certaines notions fondamentales à la psychologie des profondeurs : le moi, le surmoi et le ça ou l'instinct. Par exemple, quand des participants partagent avec d'autres leur description d'une image, ils n'en transmettent souvent que la partie la plus conventionnelle, éliminant ce qu'ils jugent trop valorisant ou trop défavorable. On peut alors les amener à observer quelles parties très vivantes d'eux-mêmes voient leur expression restreinte, jugée et muselée.

Dans un Centre de pédopsychiatrie de Belgique, le docteur Alfado, psychiatre, utilise les images du psychotarot comme point de départ d'un *swiggle*, sorte de jeu collectif inspiré du docteur Winnicott. Chacun choisit deux lames significatives : la plus repoussante et la plus attirante. Encore là, une sorte de réappropriation est faite dans le groupe par la discussion entre les jeunes psychotiques et les animateurs. Le scénario de l'un d'eux est choisi et réalisé sur un vidéo de trois minutes. D'après les publications, il semble que ce soit une technique thérapeutique bien vivante où les outils d'expression et de créativité sollicitent autant les thérapeutes que les patients.

3- Le courant humaniste vise de façon active et sensible à promouvoir le plein potentiel humain au plan personnel et social. Ces méthodes étant très répandues, un grand nombre d'animateurs de groupes et de psychothérapeutes ont déjà les compétences pour pouvoir utiliser l'imagerie dans le cadre de leur propre formation. En pratique, cet outil s'insère dans maints contextes pratiques, dont:

a- L'écoute active de Thomas Gordon
C'est une façon puissante d'aider à fouiller la perception du consultant.[1] À l'opposé du tarot divinatoire où le client garde une position passive-réceptive pour entendre dire ce qui se passe dans sa vie - ici, il doit apporter l'eau au moulin, s'ouvrir sur ce qui le préoccupe, dire comment il veut répondre à sa question, donner sa propre vision de l'image. Il campe lui-même son monde intérieur. L'image agit comme une mise en situation provoquant sa réflexion, ses sentiments, ses jugements, révélant ses patterns de vie et lui offrant le moyen d'en changer.

b- La Gestalt par la réappropriation de ses sentiments, la parole en direct (le «hot seat»)
Le créateur de cette approche, Frédéric Perls, incite à «devenir» ce dont on parle (ex. : le nid d'oiseau, sa propre voix, sa

---
1. Gordon, Thomas. *Parents efficaces*, Actualisation, Montréal, 1976.

mère, etc.), à jouer le rôle de tous les personnages de ses rêves, à aller au bout de ses émotions en les vivant à chaud. De la même façon que l'on devient chaque élément d'un rêve (par exemple, en travaillant avec John O. Stevens, je suis devenue le plancher noir et huileux du magasin de mon père), l'exploration subjective de l'image perçue inclut tous les éléments significatifs qui, tour à tour, révéleront l'univers interne de qui croyait «objectivement» capter le monde extérieur.

c- Le focusing ou la technique de centration d'Eugene Gendlin[1]

Cette technique offre une façon aisée et profonde de relier le sentiment intérieur que l'on donne au monde en passant par le ressenti du corps. C'est ma technique privilégiée dans les consultations relatives à la santé, à la sexualité, aux relations affectives parce qu'elle permet de découvrir la façon dont on expérimente sa vie, chaque minute, à travers son organisme.

d- La bioénergie

Une autre grille de lecture, celle des **anneaux énergétiques** décrits en **bioénergie** (Lowen, Keleman, Kelley) reste fort utile, sinon essentielle pour intégrer le sens profond des réactions corporelles. À chaque «zone» sont reliées des gammes d'émotions (peur, colère, tristesse, etc.) qui demandent à être traitées spécifiquement. C'est un des points où la psychologie scientifique la plus récente rencontre la psychologie la plus antique qui en parlait sous forme de **chakras**.[2] J'y reviendrai puique j'ai choisi cette grille comme clé d'interprétation des lames majeures.

e- La visualisation (Adelaide Bry, Shakti Gawain, Carl Simonton, Kenneth Pelletier, Emmet Miller, etc.)

Après avoir été reléguée aux oubliettes, l'imagination a vu son rôle reconnu au premier plan dans l'état de santé, dans la motivation, dans l'attitude mentale. Les travaux de Robert De-

---

1. Gendlin, Eugene. *Une théorie du changement de la personnalité.* Traduit par Fernand Roussel, Ph. D., Centre interdisciplinaire de Montréal.
2. Weil, Pierre. *L'homme sans frontière*, Espace bleu, Paris, 1987.

soille sur le *rêve éveillé* et son utilisation en psychothérapie a préparé la réhabilitation de l'imaginaire.

Plus près de nous, Shakti Gawain propose d'utiliser cette capacité de représentation imaginative pour activer, faciliter et créer consciemment ce que l'on veut réaliser. C'est un acte où coopèrent l'imagination, l'intelligence et le cœur pour faire naître une réalité désirée. Elle constitue la base de la «reprogrammation» finale du psychotarot.

f- Les travaux de Simonton, Pelletier, Miller et Siegel ne relèvent plus des techniques du développement personnel ou de la croissance affective, mais font nettement partie de la psychosomatique et de la psychothérapie. Kenneth Pelletier démontre le rôle de l'état d'esprit sur notre fonctionnement biologique quotidien : il est indéniable que nous nous autodétruisons et que nous nous guérissons continuellement. Dit d'une façon imagée, il y a en nous un tueur et/ou un médecin perpétuellement à l'œuvre. Dans ses travaux auprès des cancéreux, Simonton soutient que chacun peut et doit faire le point sur ses raisons obscures de vivre et de mourir. Une fois reconnu le poids affectif des événements qui ont déclenché la maladie, Simonton propose à ses patients de traduire en images visuelles très fortes le combat qui se déroule physiquement dans leur organisme. En changeant l'évocation, certains parviennent à modifier la maladie, à la faire évoluer dans le sens de la guérison.

On retrouvera plus loin une façon particulière de cerner les processus psychologiques de base en santé. Cette exploration se fonde sur le focusing *(Qu'est-ce qui se passe en moi?)*, le nettoyage des modes de vie en cause *(Comment je m'y prends pour me faire mal ou me laisser faire du mal?)*, l'autoguérison (visualisation, programmation de ses rêves, dialogue avec l'inconscient, émergence des choix de santé, imagerie mentale, transfert d'énergie...). Le psychotarot devient un outil de prévention et d'autoguérison par lequel chacun peut travailler sur soi, seul ou en relation avec des professionnels.

g- Le jeu de rôles appartient à plusieurs écoles : par exemple, l'approche psychosociale de **J. L. Moreno,** le psychodrame analytique d'**Anzieu,** les mises en situation éducatives, celles du théâtre, du mime, des communications, des confrontations politiques, etc.

Au cours de mes années de pratique en psychiatrie infantile, **le psychodrame de Lebovici et d'Anzieu** faisait partie des techniques habituelles : *Qui est là présent dans cette scène? Ces gens font quoi? Dis ce que chacun ressent... Qui devrait jouer le rôle de ton père? de ta mère? etc.* Dans des groupes de psychotarot, j'utilise tout naturellement l'image comme point de départ et la mise en scène se développe selon l'imaginaire du client. Tous les participants présents peuvent se voir sollicités pour y tenir un rôle. L'intervenant qui possède cette formation peut constater comment la mise en situation s'en trouve facilitée, dynamisée, élargie par l'image. Le choix du personnage, sa posture, les accessoires, le lieu, tout s'enchaîne naturellement dans un contexte de situations personnelles, de rôles sociaux. C'est un outil privilégié pour créer «**ce jeu dont vous êtes le héros...**».

En résumé, cet outil offre une souplesse, une sensibilité, une plasticité qui le rend apte à une utilisation transdisciplinaire dans de multiples contextes théoriques et pratiques. Imperceptiblement, je me suis trouvée aussi à l'adjoindre comme moyen d'appoint dans le contexte transpersonnel.

4 - À la psychologie transpersonnelle, je dois, en effet, une vision globale, holistique de l'être humain, une compréhension intégrant tout l'être. Non seulement le corps, l'intelligence, l'affectivité, le social, l'environnement sont-ils pris en considération, mais aussi **les dimensions psychiques et spirituelles de tout ce qui existe**. L'univers tout entier devient un champ où des forces vivantes et intelligentes sont constamment à l'œuvre. Cette approche inclut donc de **nouveaux champs de connaissance** (les expériences-sommets de Maslow, la télépathie, la clairvoyance, la perception hors du corps, le sens de l'unité fondamentale avec la nature, la joie, l'émerveillement devant la grandeur, le sens du sacré, les valeurs ultimes de la vie). S'ajoutent au réseau habituels **des notions et des techniques différentes** basées sur le rôle central donné à la conscience, à l'expansion de son champ grâce à la relaxation, à la visualisation, au recours à des instances supérieures, à la modification des états de conscience.

C'est un grand pas qui élargit considérablement le champ d'étude de la psychologie. Le critère d'un fonctionnement supérieur ne se limite plus à un ego soumis au contrôle de la raison. Plus qu'une psychologie du savoir et du faire, c'est l'**être dans l'existence et dans l'essence** qui est posé au centre de toutes les considérations théoriques et pratiques.

Un outil inséré dans une stratégie d'intervention

Des formes intéressantes d'utilisation du psychotarot apparaissent ici et là dans divers domaines. Au Québec, **Marcel Boutin**[1] l'a utilisé dans un cadre pédagogique collégial pour favoriser la discussion de thèmes abstraits (ex. : l'autorité). À Paris, la psychologue Marie-Paule Jonathan[2] s'en est servi pour étudier le sens de l'identité des adolescents mésadaptés. Nicole Drouin,[3] dans sa thèse de maîtrise en psychologie, a comparé le tarot comme méthode projective au Rorschach pour conclure que les deux méthodes ont certains aspects complémentaires. Claudette Asmée Rivest, une formatrice québécoise en milieu industriel, l'a introduit, en 1989-90, dans un programme d'intervention, *L'égalité des chances,* pour faciliter l'ascension professionnelle des femmes dans une société composée principalement d'ingénieurs masculins.

Je m'attarderai cependant à un exemple américain, très proche de ma façon de faire, celui de **Gene Labordie**,[4] praticienne en programmation neurolinguistique qui forme des administrateurs

---

1. Boutin, Marcel. Revue *Dires,* Cégep St-Laurent, printemps 1984.
2. Revue *Psychologies*, Paris, 1985.
3. Thèse de maîtrise, Université Laval, Québec, 1986.
4. Labordie, Gene. *The Tarot as a Hook for Fishing* in New Realities, Ca., 1989, pp. 50-55.

lors de séminaires sur la qualité du *management* (*Grinder's Executive Excellence*). Elle choisit d'abord les concepts les plus utiles à son intervention chez Jung, Freud, Perls et Assagioli, puis décide des meilleures stratégies pour les faire expérimenter sous forme d'exercices. Son choix inclut d'emblée la notion freudienne du surmoi (l'héritier des contraintes parentales), celle des archétypes jungiens comme des lieux où se vivent habituellement ces exigences, celle des «objets introjetés» de Perls pour mettre en évidence les contenus où s'attachent les impératifs du devoir et, enfin, celle des sous-personnalités de la psychosynthèse pour mieux observer les énormes variations d'exigences selon les domaines de vie. Labordie combine le tout sous forme de situations de jeu.

À l'évaluation finale de ce processus d'apprentissage, son expérience l'amène à dire que plus une personne s'implique dans le jeu des projections, meilleur est le processus d'individuation, soit la capacité de vivre, d'exprimer qui l'on est profondément. Plus la créativité est agissante, moins les restrictions du surmoi atteignent les forces vives. Presque par définition, le plus difficile semble d'amener les participants à prendre conscience des interdits personnels entravant leur créativité. Devant ces blocages, Labordie eut l'idée d'introduire les images du tarot de Crowley et d'inviter les participants à décrire deux images, celle qu'ils préfèrent et celle qu'ils rejettent. L'enseignement des processus psychologiques s'en est trouvé facilité et accéléré parce que, dit-elle, ces symboles universels stimulent les réactions affectives; ils rejoignent et éveillent des expériences personnelles profondes, souvent oubliées, peu reconnues ou refoulées dans l'inconscient. L'évaluation de l'impact du séminaire par le test de Rotter sur la source interne ou externe du contrôle confirme le bien-fondé de son séminaire.

En quoi le tarot lui est-il utile? L'auteur soutient que ces images, symboles d'expériences fondamentales à toute la race humaine, offrent une façon simple, puissante de rejoindre l'inconscient et de faire lever les barrières de l'interdit en toute sécurité. Ces archétypes représentent les fondements ultimes –

l'ABC, dirons-nous – de la psyché et aident à symboliser une expérience personnelle non encore conscientisée. Ce type d'images permet de ramener clairement à la conscience personnelle, puis au vu et au su du groupe, une réalité jusque-là tacitement reconnue, mais demeurée implicite. Liée à la description de l'image, une certaine réalité peut alors devenir explicite, faire l'objet de discussion, de choix, de consensus en groupe.

Cet exemple illustre comment cet outil s'insère dans une démarche d'apprentissage structurée et devient un instrument révélateur de certaines thématiques. Labordie montre qu'il se prête à la mesure scientifique (graphiques, quantification de réponses acceptées ou refusées, corrélations avec certains tests, indices de modification de la qualité d'un climat, analyse de contenus, expressions et choix de valeurs, etc.). Ce type d'instrument est d'autant plus nécessaire que les immenses progrès technologiques de la communication requièrent maintenant une évolution collective aux plans affectif et social (par exemple, s'ouvrir le cœur à l'autre dans sa différence). Les «laboratoires sociaux» et les groupes d'entraînement, doivent trouver de nouveaux outils ingénieux et souples, permettant d'utiliser l'imaginaire pour comprendre, puis modifier des positions socio-affectives.

L'image comme cartographie de la conscience

Comment étudier son propre monde intérieur sans s'y perdre? Malgré de brillantes tentatives, par exemple celle des travaux de Fechner, la psychologie scientifique du début du siècle avait dû renoncer à évaluer le vécu intime parce que la notion d'introspection aboutissait à une production subjective, souvent nébuleuse, insaisissable de l'extérieur. La **méthode objective** de l'analyse des contenus, des structures, de la quantification a donc prévalu.

Cependant, depuis les années soixante, les bouleversements sociaux, la mise sur pied des «laboratoires de rencontre» en industrie et en éducation, la multiplication des formes de psychothérapie ainsi que l'immense impact des drogues psychédéliques ont finalement forcé un retour vers ce «monde intérieur» et stimulé le développement de nouveaux concepts propres à le définir. La «**conscience» et ses différents états** est devenue un concept central en sciences humaines, dans les mouvements politiques, en anthropologie culturelle, en épistémologie, en psychologie, en art, en créativité et tout particulièrement en psychologie transpersonnelle. Elle y est reconnue comme **outil** et comme **«lieu»** d'expérience.

La psychologie transpersonnelle a été reconnue en 1969. Sa structuration en mouvement officiel a probablement contribué à stimuler des publications académiques (Tart, Pribram, Eccles, Capra, etc.), à formuler certaines approches cliniques (Grof, Green, Pelletier, Perry, etc.) ou chamaniques (Halifax, Arrien, Boulet, etc.), à systématiser des propositions théoriques d'ensemble (Wilber, LeShan, Tart). Quelques programmes officiels d'enseignement universitaire transpersonnel se retrouvent maintenant en Californie (Saybrook, John F. Kennedy, California Institute of Integral Studies, Novato, etc.) et dans certains autres États américains (à Atlanta, Géorgie, en Oregon, à Seattle, Washington, à Duquesne, Pennsylvanie, à Pittsburgh, à Durham, en Caroline du Nord). À l'Université du Québec, à Montréal, à l'automne 1994, quarante-cinq heures «d'initiation à la psychologie transpersonnelle» ont été présentées dans le cadre du programme d'Études sur la mort. Ces efforts combinés ont ouvert à l'exploration scientifique un domaine jusque-là réservé à la religion ou confondu avec les états pathologiques.

Dans les années quatre-vingt, l'Europe a développé son propre mouvement transpersonnel. Le symposium *Science et Conscience*, à Cordoue, est venu officialiser cette nouvelle vision transdisciplinaire. On peut considérer que c'est le moment où un grand nombre de scientifiques ont accepté de dialoguer autour d'une conception du monde qui n'était plus strictement cartésienne, athée, mécaniste. La suprématie de la déesse raison a été alors évincée par la notion de conscience, nouveau concept-clé où une certaine vision spirituelle de la connaissance prend le pas sur la formulation strictement matérialiste du réel, neutre, vidée de valeurs et de sens.

Pour ne prendre qu'un témoin de cette révolution, rappelons ce qu'en dit Ralph Metzner.[1] Voulant démontrer la nécessité d'une cartographie de la conscience, il relate le périple de son propre cheminement. Considérons-le comme un prototype d'une certaine évolution contemporaine :

- *À Oxford, il y a quinze ans, j'étudiais la philosophie linguistique de Wittengenstein, Ryle et Austin...*, donc au départ, un questionnement philosophique;

- *À Harvard, ensuite, je m'imbibais de théories behaviorales et de psychanalyse*; l'évidence scientifique apparaît comme nécessaire;

- *En 1961, pendant six ans, je fis l'expérience de drogues psychédéliques. Pour ce voyage intérieur, je bénéficiai de la guidance de Thimothy Leary et de Richard Alpert (devenu Ram Dass);* sur les campus, pour plusieurs scientifiques de cette époque, la révolution psychédélique s'est vécue comme une large ouverture de conscience;

- *Puis d'autres méthodes d'expansion de la conscience prirent le relais, dont le yoga, l'entraînement à la discipline de Gurdjeff, la gestalt, la bioénergie reichienne, la psychosynthèse...*; l'abandon des drogues se fait, en général, au profit d'autres disciplines d'expansion du champ de conscience;

- *En même temps, divers écrits illuminaient ma compréhension. Je commençais alors à apprécier le tarot, le Yi King, l'astrologie, le Agni Yoga (le yoga du feu) et à bénéficier incommensurablement de la sagesse et des perspectives apportées par la pratique de ces méthodes. Leur cartographie de la conscience et leurs exercices ont contribué à libérer mon mental, mes émotions et mes perceptions de leurs limitations rigides.*

C'est bien à des fins de libération personnelle et collective que sert le tarot. Pour **Metzner**, le tarot permet de symboliser certains états et contenus de conscience. La notion de métaphore

---

1. Metzner, Ralph. *Maps of Conciousness*, Collier Macmillan, N.Y., 1971.

permet de classifier dix processus de transformation que l'on peut retrouver dans les descriptions de certains systèmes philosophico-religieux asiatiques et occidentaux. Pour sa part, **Jan Woudhuysen**[1] dans *Tarot therapy* y voit un guide vers le subconscient. Il invite à déchiffrer les symboles antiques du tarot pour stimuler l'intuition et dégager les informations pertinentes au problème traité.

Elizabeth Haich[2] dans *La sagesse du Tarot* décrit les lames majeures comme un périple de 22 niveaux de conscience. **Robert Wang** propose le tarot comme un outil de connaissance de soi. Dans son ouvrage du *Tarot-Psychologie, manuel pour le tarot jungien,* il invite le lecteur à une sorte de jeu de l'imaginaire, une source de dialogue entre soi-même et les figures-types des lames. **James Wanless,** auteur du *Tarot Voyageur*[3] combine les multiples pouvoirs d'évocation symbolique des cristaux, des runes celtiques, du Yi King et du chamanisme comme autant de moyens de mieux se percevoir et d'engendrer ainsi son propre destin.

Le psychotarot comme métaphore de la conscience

Chaque école de pensée propose sa manière de voir. Je résume ici la mienne.

1. Une cartographie de la conscience

À l'instar d'**Elizabeth Haich**, de **Sallie Nichols**, d'**Angeles Arrien** et d'autres, je considère ces images comme des archétypes, c'est-à-dire comme un répertoire de symboles très anciens, référant à des situations cruciales inhérentes à la condition humaine, incontournables encore aujourd'hui, et ce, à l'échelle planétaire. C'est une sorte de «code de maturité humaine» organisé autour de vingt-deux épreuves spécifiques. Chaque lame repré-

---

1. Woudhuysen, Jan. *Tarot Therapy, a Guide to The Subconscious*, Tarcher, Ca.,1979.
2. Haich, Elisabeth. *Sagesse du Tarot, les vingt-deux niveaux de conscience de l'Être humain*, Lausanne, 1972.
3. Wanless, James. *Voyager Tarot*, Merrill-West, Ca. 1989.

sente une «porte existentielle» de connaissance de soi et des autres. Y faire face, c'est se mesurer à un défi de croissance à travers lequel on se renforce ou on s'affaiblit. C'est aussi s'initier à un «mystère de vie» qui ne se révèle qu'à travers l'expérience. Ainsi, vivre la gloire, l'amour, la mort sont des défis autant que des enseignements existentiels.

2. Une source de métaphores

Nous devons à Hillman[1] d'avoir popularisé le terme d'**imaginal** qu'avait créé Henry Corbin pour tenter de rétablir l'imagination dans l'estime des scientifiques contemporains. En effet, comme nous l'avons vu plus tôt, l'imaginaire a évoqué trop souvent l'irréel ou l'irréalisable alors qu'il est la plus grande source de créativité dont la métaphore est l'outil. Le psychotarot, de par sa structure graphique même, est une source de métaphores riche d'expériences humaines.

En psychologie transpersonnelle, la métaphore semble à la fois le **véhicule** qui exprime la transformation intérieure, l'expression de son **contenu** tout autant qu'un **outil pour engendrer des états modifiés de conscience**. Selon Schneider,[2] la métaphore répond à la triple question du *quoi, comment, en relation avec quoi*. D'après cet auteur qui a développé une technique particulière d'imagerie en mouvement, l'image catalyse la transformation et la rend accessible à la recherche.

3. Des images primordiales soutenant et activant la projection

Ma méthode s'appuie d'abord sur un geste actif : le consultant doit lui-même décrire chaque image comme Hurley le suggérait dans son feuillet d'instructions.[3] À l'instar de diverses traditions (Éliade)[4] où les fidèles s'en remettaient à l'autorité des prêtres,

---

1. Hillman, James. *Le mythe de la psychanalyse*, Imago, 1977.
2. Schneider, Susan. in Valle, Ronald S. and Halling, Steen. *Existential - Phenomenological Perspectives in Psychology*, Valle & Halling, Ca., 1989.
3. Feuillet d'instructions par Jack Hurley, Taroco, Sausalito, Ca., 1973.
4. Eliade, Mircéa. *Le sacré et le profane*, éd. Gallimard (Coll. Idées), 1965.

des mages ou des prophètes, l'idée initiale des ésotéristes fut de transmettre d'autorité la révélation d'un enseignement secret. À l'inverse, je propose d'utiliser les mêmes instructions que pour les tests projectifs de Rorschach ou de TAT (*Test d'Aperception Thématique de Murray*) : dire, décrire, circonscrire l'image, suivre l'émotion suscitée.

4. Un révélateur de conscience agissant dans l'instant

Ces images agissent comme un prisme qui révèle clairement «la couleur» que prend telle ou telle circonstance de vie, telle relation, tel projet. Finalement, elles aident à dessiner une cartographie de la conscience personnelle par le biais de ces symboles universels si larges que tous les vécus particuliers peuvent y trouver une place.

5. Une représentation structurée du périple humain

Structuré de façon classique, le jeu comprend **soixante-dix-huit (78) lames ou figures**. L'ajout d'une lame toute blanche ou même d'une autre toute noire, comprises dans les majeures, pousse la représentation à un certain absolu et porte alors le nombre des majeures à vingt-quatre et le grand total à quatre-vingt (80). La répartition la plus commune se fait ainsi :

– **vingt-deux (22) lames majeures,** celles des grands défis de l'existence;

– **quarante (40) lames mineures,** celles de la quotidienneté, des événements, des préoccupations familières concernant l'amour, la santé, l'argent, le travail et l'environnement;

– **seize lames (16) «de cour»,** celles des rôles et des hiérarchies sociales.

6. Une représentation du microcosme humain

La structure même du jeu est une combinaison de nombres et de formes. Certains auteurs, comme Tchalai Hunger, Ralph Metzner et Raymond Abellio, les présentent comme interreliés dans une structure globale précise.

Exemple : selon Chevalier et Gheerbrand, la kabbale, une branche mystique juive, organise le développement humain comme une réplique des dix attributs divins et de leurs relations réciproques qui deviennent des chemins de sagesse. Ce système est celui **des Séphirots** ou de l'**Arbre de vie** qui propose une conception d'un Grand Humain ou d'une réalisation mystique de l'humanité divinisée parce qu'elle est en possession des dix attributs divins les plus élevés (la justice, la beauté, la sagesse, etc.). Ces dix premiers attributs sont reliés entre eux et forment vingt et un chemins ou stations des arcanes majeurs.

Parce que fort intéressantes, ces vues ont été intégrées à mon propos afin d'étudier les niveaux de conscience que l'on peut atteindre et de les décrire sur une base psychologique, soit celle des sept niveaux énergétiques (Reich, Pierrakos, Lowen). Ces niveaux ont leur correspondance dans l'enseignement traditionnel, les sept niveaux de la kundalini, énergie spirituelle éveillée chez les saints, les mystiques, les pratiquants du yoga et du trantrisme.

Tableau 1 (Annick de Souzenelle)

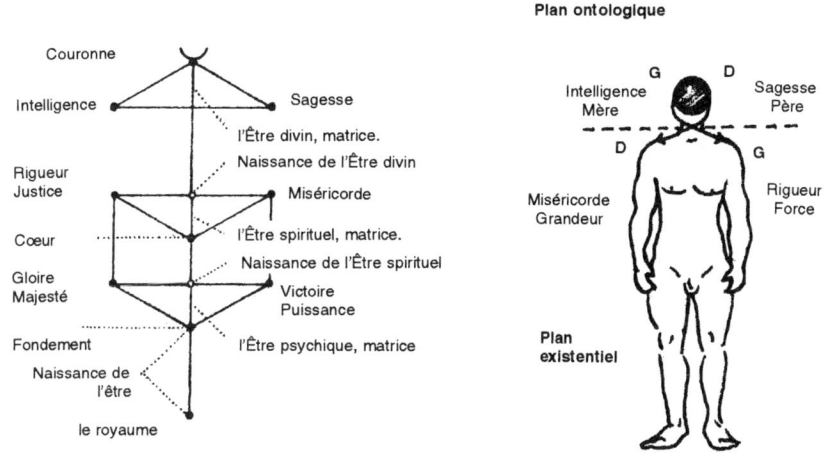

Le schéma corporel[1]   *Le symbolisme du corps humain*[2]

---

1. Souzenelle, Annick. *De l'arbre de vie au schéma corporel : le symbolisme du corps humain*, Dangles, Paris, 1977.
2. Souzenelle, Annick. *Le symbolisme du corps humain*, Albin Michel, Paris, 1984.

La structure du jeu

Les symboles offerts à l'imaginaire ont une structure fixée par la coutume. Celle du **Tarot Nouveau** lui est conforme. Vu sous un angle transpersonnel, sa structure se compose de :

A. Vingt et un atouts ou arcanes majeurs représentant **le voyage existentiel de la conscience** qui se connaît graduellement grâce à l'impact des grands défis de l'existence agissant comme des transformateurs.

– **Le Fou,** désigné comme le **zéro, l'alpha,** symbolise **la conscience elle-même.** Au terme du périple, il devient le **XXII, l'oméga,** la conscience parvenue à se manifester intégralement ayant déployé tout ce qu'elle avait de potentialités implicites au départ. La **Blanche et la Noire** manifestent un potentiel absolu de lumière et d'ombre.

– L'expression «défis de l'existence» convient peut-être mieux à la première série des sept lames (**I à VII**) reliées aux réalisations concrètes, de plus en plus **conscientes**, à la découverte de sa propre nature à mesure que l'être prend son expansion dans la vie et qu'il progresse vers l'individuation.

– La deuxième série reflète plus particulièrement la descente dans l'inconscient (**VIII à XIII**), l'ombre, la descente aux enfers, les épreuves majeures ébranlant ou renforçant les acquis de la première série.

– La troisième série introduit au **supraconscient** en personnifiant les divinités (**XIV à XXI**). Le voyage se poursuit par la connaissance des dimensions les plus élevées comme des plus terribles. Au-delà de la Mort XIII, qu'y a-t-il ? Le cosmos, le monde des archétypes et des divinités, ce que Stan Grof[1] nomme *l'extension empirique du cadre de la réalité objective de l'espace-temps.* Ceci inclut, entre autres, «la rencontre avec des guides spirituels et des êtres surhumains, l'expérience de séquen-

---

1. Grof, Stanislav. *Les nouvelles dimensions de la conscience,* éd. du Rocher, Paris, 1989.

ces mythologiques, la rencontre de divinités bienveillantes et malveillantes, la rencontre d'archétypes universels et la compréhension intuitive de ces symboles».

Le voyage se termine par le **Monde**, **XXI**, l'affirmation de l'unité entre soi et le cosmos, entre le soi et le divin... à moins qu'un nouveau cycle exploratoire ne recommence!

LES ARCANES MAJEURS

Le FOU, un personnage inconscient, un épouvantail. C'est le monde à l'envers qui court à sa perte. Mâle ou femelle, c'est le Soi qui commence le voyage du héros.

I. Au centre du cercle magique, le MAGICIEN (Merlin, Arthur) utilise l'illumination et l'énergie cosmique pour rechercher le Saint-Graal et dominer les éléments de l'univers. Le premier pas à faire: trouver son propre centre.

II. La PRÊTRESSE est la lune croissante (Isis, Ishtar). Elle connaît l'Art de l'amour. Sa voie est celle de la connaissance et de l'apprentissage des arts et des sciences.

III. L'IMPÉRATRICE est la Terre Mère, la Reine des Fées, la lune pleine, le premier mythe. Elle représente la voie de la femme, de la nature. La connaître, c'est connaître le déploiement, l'harmonie et les cycles de la nature.

IV. L'EMPEREUR est l'enseignant qui transmet la connaissance pratique du passé, évitant la corruption du pouvoir. La connaissance est le pouvoir. Que les fables Soufi de Nazzruddin éclairent ton chemin.

V. L'HIÉROPHANTE ou le PAPE représente la religion et la loi. Dans la loi, il est la face cachée du système. En religion, il devient la claire lentille au travers de laquelle passe la lumière du cosmos.

VI. Les AMOUREUX connaissent l'union la plus élevée au plan physique, entrant dans l'extase par la joie cosmique, le centre du lotus, le cercle de feu. C'est la voie de l'extase.

VII. Le CHARIOT, la Victoire, plus haute récompense de l'ego et son ultime piège. Pour connaître la version des mythes modernes, lire les BD de Marvel: *Batman, Tarzan*, etc. Pour progresser, retourner à l'amour, l'intégrer dans l'ego et refaire l'équilibre.

VIII. LA JUSTICE est symbolisée par la balance, la première loi de l'univers. Dans le plateau de droite se tient Ma'at, la personnification égyptienne de la vérité. Dans celui de gauche, c'est vous. Fais ce que dois.

IX. L'ERMITE ou le SAGE illumine la voie qui mène à la sagesse, à la connaissance au-delà des mots ou du domaine immédiatement pratique. Suivre l'étoile de Salomon.

 X. La ROUE DE FORTUNE : il y a tellement d'influences entrant en jeu qui jouent sur le destin. En vérité, c'est le tourbillon qui donne le vertige et amène à l'abîme ou au sommet. La chance et la malchance vous portent sur leurs ailes.

 XI. La FORCE surgit de la fusion de la force physique, de la perception venant du centre et de l'énergie mentale rayonnante. Sereine au milieu du chaos, l'infini est en son sein.

 XII. Le PENDU indique le passage au plan spirituel. Mort de l'ego et renaissance, abandon de tous les contrôles pour une nouvelle intégration du mental et du physique.

 XIII. La MORT signifie la mort effective du corps physique ou du mental, ou bien une renaissance spirituelle. La voie sombre mène au Styx (Rivière des morts), en passant par le vide total qui sert de bouclier à la mort.

 XIV. La TEMPÉRANCE, l'ange de lumière, Apollon sur un piédestal, appel à la prudence dans les entreprises d'aventures religieuses ou psychédéliques. Le progrès n'est acquis que par l'expansion de la conscience.

 XV. Le DIABLE, l'ange noir, assouvissement glorifié de ses appétits. Attention à votre corps. Équilibrez vos relations avec le cosmos en équilibrant XIV et XV.

 XVI. La TOUR est détruite instantanément dès que Horus ouvre l'œil : seule la vérité résiste. C'est le point de transition spirituelle : la destruction des structures rigides et l'éveil d'une conscience nouvelle.

 XVII. L'ÉTOILE, gardienne bienfaisante, jaillit et brille du fond invisible de la corne d'abondance. Une fois la tour détruite, les désirs réalisés, l'esprit créateur prend son envol.

 XVIII. La LUNE décroissante, prêtresse aînée, ne prend rien ni ne rejette rien. Elle représente le sexe et plus encore. C'est la voie ouverte menant aux confins de l'au-delà, au pays de l'inconscient par delà la peur. L'esprit réunit la tête, le cœur et le corps.

 XIX. Le SOLEIL, Dieu sur Terre : l'énergie rayonnante, le retour triomphal d'Éros, pur de corps et d'esprit, plein de force. Vous y avez tous accès : vous êtes Dieu.

 XX. Le JUGEMENT, la renaissance de la vie et de l'amour. La terre renaît, c'est la restauration du rythme de la nature. Fin du karma. Le Phénix renaît comme un homme nouveau. Toutes les tribus dansent les rites du printemps. Joie au monde !

 XXI. Le MONDE du Nouvel Âge dans le cercle de l'universalité, au-delà des bêtes d'Ezéchiel, au-delà de la guerre des sexes. Yin et Yang réunis dans la perfection ultime de l'androgyne.

LES LAMES DE COUR

B. Seize cartes de cour ouvrent les mineures en proposant des rôles sociaux de quatre types. Elles sont divisées en **quatre groupes** représentant quatre dimensions attribuées à la vie, donc aux objets, aux êtres, aux événements.

– **le Cavalier** présente une position affirmée par un *leadership* exceptionnel face aux autres soit par ses idées (**épées**), ses émotions (**coupes**), ses moyens de réalisation (**bâtons**), ses valeurs et son ascendant (**deniers**).

– **le Prince ou la Princesse** montrent la position intérieure yin ou yang de ces mêmes aspects.

– **le Roi, la Reine** : ces figures marquent l'apogée du prestige, de l'éclat et de la grandeur. Le Roi, le yang, l'*animus*, l'extériorité ; la Reine, l'*anima*, le yin, l'intériorité.

Traditionnellement, ces séries correspondent aux quatre éléments : l'air (denier), l'eau (coupe), le feu (bâton), la terre (épée). Une autre correspondance est celle du profane (denier) et du sacré (coupe), du civil (bâton) et du militaire (épée).

Le CHEVALIER des DENIERS a trois aspects : il combat en idéaliste, il représente l'autorité officielle et fait payer un juste prix pour ses services. Son action principale est verbale, intellectuelle, spirituelle ou pécuniaire. Allez-y ! Essayez de terrasser.

Le CHEVALIER des BÂTONS : c'est le messager des rencontres sociales et sexuelles. Il est l'action cherchant un endroit pour se produire, il est le maître des manœuvres brillantes ; comme guerrier, il frappe et disparaît.

Le CHEVALIER des COUPES, messager de l'amour et des aventures romanesques, maître de l'action, grand compagnon des beuveries et des querelles. Don Quichotte, chevalier à l'armure éclatante, il se fait moine après avoir conquis le Saint-Graal.

Le CHEVALIER des ÉPÉES. C'est le guerrier qui passe directement à l'action pour défendre la vérité toute nue quelles que soient les conséquences de son geste. Il ne se cache pas les vérités difficiles. Qui est prêt à jouer au jeu de la Vérité ?

GÉMEAUX, Prince de l'Air, cheik d'Arabie et/ou roi des imbéciles. Comme atout, c'est une carte difficile à jouer, car elle change de place et de force avec une grande facilité. C'est un ami pour la vie, mais ne vous retournez pas contre lui, il frapperait.

POISSONS, la Princesse Lorelei, sirène, naïade. Aphrodite, mère d'Éros, prostituée, celle qui attire vers l'aventure, le succès, la destruction. Charmante et séductrice, s'adonnant aux pouvoirs divinatoires, elle change de direction comme un poisson à double queue.

Aurore, patronne du VERSEAU, de l'air, du vent, du nouvel âge; patronne de l'astronomie et de l'astrologie; elle aiguise la vision, le rêve, l'intuition, la folie. C'est une femme libre, forte, ouverte, disponible. Elle ne se laisse pas attacher. Sa rapidité déjoue l'observation.

SCORPION, Reine des coupes, amour, désir, éveil de l'émotion. Mab, Morgane, dame de la forêt enchantée, brume de clair de lune, fin d'arc-en-ciel. Femme heureuse, attrayante, taquine, mystérieuse parce que dans ses désirs se mêlent la vie... et la mort.

La BALANCE, Roi de l'Air, magicien et millionnaire. C'est un parvenu, plus intéressé au pouvoir qu'à son honneur, il paye bien mais exige davantage. Équilibré, gentil, bon, généreux, prévenant. Il possède l'ancienne connaissance mystique de la magie.

CANCER, fils de la lune et de Poséidon, gros chat. Roi neptunien des émotions, il n'a besoin ni d'arme ni d'armure, sa bourse lui suffit. Les affaires le rendent parfaitement heureux. Énergique, bon amant, il aime la tranquillité du foyer... après l'action.

SAGITTAIRE, le Prince du Feu, il bâtit la gloire et la fortune. Il épouse la princesse comme dans les légendes et à la télé. Héros saltimbanque, adroit, spirituel, fort, chanceux et affectueux, il marie la princesse et vit heureux par la suite. Oui, c'est possible!

La VIERGE, Princesse des Épées, réunit les idées, la connaissance et l'énergie. Corée, fille de Déméter, efficace, sincère, c'est une bonne compagne. Mais ne vous mettez pas en travers de son chemin. Son nom est Perséphone, épouse de Hadès, roi des Enfers.

La reine de Saba, du Feu, LION, jeune fille décidée. Comme femme légendaire, elle est noire, belle, sensuelle, détendue, agile, douée de sagesse et de pouvoir. Vous pourriez la trouver sous les traits d'une courtisane aguichante, excitante et autoritaire.

Le TAUREAU, Reine de la Terre, l'Ève noire, fille de la Grande Mère, une fille solide qui contrôle le Paradis terrestre, ses fruits et ses fleurs. Bonne compagne sexuelle, elle aime les enfants, les choses utiles et la vie tranquille.

Le BÉLIER, l'Arien, le Roi du Feu, dans les légendes et les sagas, c'est un chef portant le panache. Homme d'action, autodidacte et pratique, son idéal est de donner à sa famille plus d'éducation, plus de sécurité et plus de confort qu'il n'en a eu.

Le CAPRICORNE, Roi de la Terre, grand chef ayant une cour et un mode de vie simple. Ses actions sont directes et il est le patron de la sagesse, de la connaissance, de la bravoure et de l'habileté. Il connaît sa valeur et la vôtre.

LES ARCANES MINEURS

C. Quarante lames mineures font partie du jeu comme autant de facettes du quotidien :

– **les deniers :** valeur matérielle et/ou spirituelle;

– **les coupes :** sentiments;

– **les bâtons :** moyens de réalisation;

– **les épées :** idées et décisions.

1. L'AS DE DENIERS. Argent, idées, magie et spiritualité. Le portail magique du jardin enchanté par lequel nous dépassons les limites terrestres de temps et d'espace pour entrer dans d'autres dimensions.

1. L'AS DE BÂTONS. Santé, sexualité, travail, vie sociale. Caducée ou kundalini, symboles de santé parfaite. La circulation de l'énergie vitale s'harmonise avec celle de l'univers

1. L'AS DE COUPES. Expression de l'amour et des émotions. L'état de grâce, cette harmonie du flot émotif sans laquelle toute action est vouée à l'échec, à la discorde.

1. L'AS D'ÉPÉES. Pouvoir, conflit, entreprises égocentriques, réalité concrète, vérité. Couronnée d'un simple anneau, l'archétype de l'épée prend son appui dans les valeurs du pouvoir et de la vérité.

 2 de deniers. La magicienne, l'infirmière ou l'alchimiste s'adonnant à un travail fait par amour, non pour l'argent ou quelque gain personnel.

 2 de bâtons. Magie du printemps. Concentrez vos énergies vitales maintenant, en accord avec la nature. Travail ou sexe sans engagement.

 2 de coupes. «Bien sûr que je vous accorderai cette danse.» La joyeuse expression de la vie et du bonheur, la vie simple. Frivolité innocente sans complications.

 2 d'épées. Relations entre les femmes et les générations. Du cercle des Fées jusqu'au mouvement de libération de la femme. Les faucilles remplacent les épées dans la danse des moissons.

 3 de deniers. Les cercles indiquent l'harmonie de la tête, du coeur et du corps tandis que trois mortels tentent de maintenir l'harmonie entre eux en bâtissant... quoi ? – Des idées pour gagner de l'argent ou de l'argent pour vos idées.

 3 de bâtons. Interruption, blocage de l'énergie. Discorde sociale. Intervention extérieure. Frustration. Compagnons dangereux. Gardez votre sang-froid.

 3 de coupes. Célébration de l'harmonie des émotions et du partage. Perfection des relations humaines. La famille nouvelle.

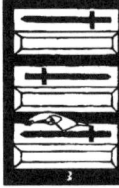 3 d'épées. Culpabilité, remords, conflits non résolus, chagrin, secrets. Celui qui vainc par l'épée périra par l'épée.

 4 de deniers. La carte du médecin concerne la maladie et la guérison professionnelle accomplie surtout par la pensée et l'esprit. – Aussi hypocondrie, prostitution, séduction. Utilisation de l'argent pour manipuler.

 4 de bâtons. Développement de la carte 2... Une scène familiale, travail en commun, engagements et symbiose.

 4 de coupes. Cette femme libérée s'offre peut-être elle-même ?! – Pouvez-vous recevoir ou donner un tel cadeau ?

 4 d'épées. Croisade entreprise pour une noble cause, poursuite égoïste du pouvoir. Pharisaïsme. Veillée d'armes. Le symbole n'est pas la réalité.

L'IMAGE : UN «RÉVÉLATEUR DE SOI»

5 de deniers. Jeux de charité. Acceptation et rejet. Espoir et hypocrisie. Le prix du don. Les extrêmes du donner et du recevoir; lequel des deux est le plus saint ?

5 de bâtons. Grande dépense d'énergie pour un maigre résultat. Activités de groupe ? Comités ? Efficacité ? Lois de Parkinson. Tourner en rond.

5 de coupes. Une fête endiablée ou une dispute. Clabaudages, criailleries. Discussions théologiques et prises de bec. Débordement d'émotions aveugle.

5 d'épées. Qui a fait courir la rumeur alors qu'il n'y a pas de quoi fouetter un chat ? Vous vous attendiez à une déclaration rationnelle sur la guerre ? Arguments idéologiques, conflits et chaos.

6 de deniers. Jeux de la mère. Ce qu'il en coûte pour acquérir. Hors du couvent, la bonne / mauvaise / charitable dame dorlote / réconforte / retient deux orphelins.

6 de bâtons. Reine de Mai : fantasme sexuel de mâle chauviniste ? Dans la compétition, victoire mineure et transitoire. Fantaisie. Cérémonie prochaine.

6 de coupes. Réactions excessives aux situations sociales. Mélodrame. Jeux allant de l'alcoolisme au «Allez vous battre en duel». Possessivité. Domination mâle. Triangle violent. Relations déséquilibrées. Concurrence en amour.

6 d'épées. Policiers et voleurs ou Robin des Bois contre la loi et l'ordre. Énergies injustement volées. Activités anti-sociales. Préoccupation de soi. Étroitesse du champ de vision.

7 de deniers. Au centre du cercle magique. Vous êtes sur la scène. Allez-y : théâtre mental / magique / psychologique. Transactions d'argent, actuelles ou à venir. Sécurité symbolique.

7 de bâtons. Art de la mise en scène. Équilibre précaire. Aventure exigeant adresse et audace. Confiance en soi. Situation critique. Le fil du rasoir. L'art d'attirer l'attention.

7 de coupes. La dégustation des vins : toutes vos craintes et tous vos désirs, sept tonneaux et sept coupes, remplissez-les toutes ou une seule. – La carte de souhaits dans laquelle se révèlent les rêves et les cauchemars.

7 d'épées. Engagement de tout son potentiel dans une entreprise dangereuse pour obtenir un gain personnel ou une destruction. Ascension ou descente ? Progression ou régression ? Porter son karma.

8 de deniers. La roue du potier tournant dans le présent façonne l'avenir. Que votre vision du futur soit remplie de crainte ou d'exaltation, il vous faut travailler sans relâche.

8 de bâtons. Manque de confiance en soi et de communication ou le «je ressens quelque chose pour toi, mais je ne peux pas t'atteindre». Le devoir avant soi-même, le devoir avant le plaisir.

8 de coupes. Oh ! tristesse. Si l'espoir est perdu, tout est perdu. La sobriété prévient les lendemains de veille. (voir carte 7). Chagrin, perte, dépression. Patience. Espoir. Attente.

8 d'épées. Résoudre le problème ou attendre le moment propice pour le faire. Du courage malgré le danger de la situation. Est-il captif ou Roi ? initiateur ou initié ? La seule issue est d'aller de l'avant et promptement.

9 de deniers. Conflit entre la connaissance et le pouvoir. Dialogue de sourds. La Nature en lutte contre les idées étroites. Le coût de la perfection.

9 de bâtons. La carte du «tu es responsable de toi-même» ou «tous les projets entre la vie et la mort». Le bon ou le mauvais usage de l'énergie dresse la barrière. Les résultats de vos actions sont vos trophées. Messages reçus / envoyés. Blocage d'énergie intérieure.

9 de coupes. Roméo et Juliette. Vous allez rencontrer l'homme idéal, ma chère... ou du moins celui que vous méritez. Amour idéalisé.

9 d'épées. La Mère vous invite à tuer le veau gras lors de son dîner révolutionnaire d'Action de grâces. Abondance, affluence, indulgence exagérée, gloutonnerie. Partage du butin. Qui en veut ?

10 de deniers. Succès matériel. Aussi, vous tournez le dos au monde spirituel.

10 de bâtons. Le principe du plaisir / de la douleur. Bigoterie. Punition des péchés. L'excès d'énergie brûle son maître. Viens chéri(e) allume mon feu (bûcher ?)

10 de coupes. Amour romantique. Perspective d'une famille heureuse. Monogamie en série. Possession.

10 d'épées. Excès et innocence dans l'usage de l'épée et du pouvoir. Ave César ! Renversement imprévu. Loi ? Justice ? Vérité révélée, cachée (bloquée).

Chapitre III

LA TECHNIQUE DU PSYCHOTAROT

Pour être fidèle à ma propre évolution, je dois présenter la technique en ses deux paliers de fonctionnement : le premier s'adresse au niveau de l'intégration psychologique ou synthèse personnelle et vise à résoudre un problème ou à soutenir une réalisation. C'est celle du psychotarot qui prend en compte les aspects :

– intellectuel;

– communicatif;

– social;

– psychologique;

– bioénergétique.

Le deuxième niveau est transpersonnel et s'exprime dans l'approche ou la vision transpersonnelle de la réalité. Ici, les niveaux psychologiques précédents pourront être saisis dans leurs dimensions fondamentales, essentielles, c'est-à-dire psychiques et spirituelles.

C'est le résultat de ma lente transformation que je veux partager. Je l'appelle la **PISTE**, ou **Psycho-Imagerie en Santé Transpersonnelle Énergétique**. Même si la technique de base demeure stable, c'est son amplitude qui varie selon que l'on se situe au plan personnel ou au plan transpersonnel.

Reprenons chacun des termes de la méthode nommée Psycho-Imagerie en Santé Transpersonnelle Énergétique.

Psycho-Imagerie

De multiples techniques d'imagerie sont utilisées actuellement et renvoient à des approches diverses. Je mets de côté les travaux des comportementalistes qui relèvent de principes différents, par exemple, la désensibilisation de Wolpe, l'implosion ou l'irruption du flots d'images menaçantes où le sujet fait face à ses pires imaginations.

Les approches humanistes et transpersonnelles les plus répandues dérivent de quelques grandes sources clairement identifiées, mais depuis les congrès internationaux de 1968 (*International Society for Mental Imagery Technics* à Genève), les publications de livres et de revues se sont multipliées de façon incalculable et laissent voir leurs concordances comme leurs originalités techniques. Notons spécialement :

a) *Le rêve éveillé, libre ou dirigé* utilisant le mode de la rêverie ou *oneirodrama*[1]; Robert Desoille[2] (1890-1966) a innové en misant sur «l'imagination libre» comme source de traitement. Le sujet allongé, comme en psychanalyse, laisse venir le flot de ses fantaisies, organisées ou non, dirigées ou non. La transformation se répercute sur l'ensemble de la personnalité à partir de ce niveau. Georges Romey[3] a décrit les symboles qui indiquent des «franchissements de seuil».

b) *L'Imagination active* chez Jung semble être apparue spontanément lors de sa descente profonde dans l'inconscient. Plusieurs jungiens la pratiquent actuellement et lui reconnaissent une portée dynamique très grande. Pour sa part, Elie Humbert[4] lui confère une forme technique bien précise qui la rend accessible sans diminuer sa puissance.

---

1. Castland, E. *Méthode de développement des facultés supra-normales*, Meyer, Paris, 1937.
2. Desoille, R. *Théorie et pratique du rêve éveillé dirigé*, Mont-Blanc, Genève, 1961.
3. Romey, Georges. *Rêver pour renaître. Les rêves de franchissement du seuil, leur rôle dans la réconciliation psychique*, Paris, 1982.
4. Humbert, E. *Active Imagination, theory and practice*, Spring, 1971.

c) *L'imagerie transformatrice*, comme l'appelle Martha Crampton, s'est développée en psychosynthèse[1] et semble inhérente à la pédagogie et à la psychothérapie de Roberto Assagioli. Le monde intérieur y est représenté selon des images devenues classiques: le sentier, la rencontre du sage, la montagne gravie, etc. Ces images archétypales sont similaires à celles que propose le *Rêve éveillé dirigé*. Ces trois maîtres, Jung, Assagioli et Desoille, ont tous émergé de la psychanalyse freudienne pour marquer leur dissidence et leur orientation transpersonnelle.

d) Jean Houston et Robert Masters en 1972,[2] sous forme d'exercices en groupe, et Ira Progoff, en 1963, qui propose la tenue d'un journal personnel structuré, ont particulièrement développé des techniques expressives de croissance personnelle où les jeux de l'imagination facilitent la connaissance intuitive, la liberté intérieure dans la créativité.

Quant à moi, par le terme de ***psycho-imagerie***, je réfère à l'emploi d'une image extérieure, pour le moment celles du **psychotarot**, offerte comme source de stimulation psychologique pour éveiller l'imagerie intérieure d'une personne ou d'un groupe afin de mieux circonscrire un état de santé affective, sociale, mentale personnelle ou transpersonnelle. La technique est décrite plus loin sous le nom de **Psychotarot**; elle est presque identique pour les deux niveaux.

Santé

Le critère de santé n'est pas défini par la négative – soit une modification des conditionnements nocifs ou une libération des problèmes névrotiques et psychotiques – mais plutôt par un fonctionnement optimal. Ce fonctionnement est celui où l'on se considère comme cocréateur de la réalité et où l'on mobilise

---

1. Crampton, Martha. *An Historical Survey of Mental Imagery Techniques in Psychotherapy*, Quebec Psychosynthesis Center, 1974-1977.
2. Houston, J.; Masters, R. *Mind Games, The Guide to Inner Space*, Delta, N.Y., 1972.

l'ensemble de ses ressources y compris les plus élevées – intuition, sagesse, volonté et imagination – pour parvenir à une réalisation optimale de soi.

J'opte donc pour une recherche de la santé à partir de la créativité, de la mobilisation de l'inconscient à travers l'intuition et de l'imagination qui s'expriment dans la dynamique projetée sur les images présentées. Dans cette optique, l'imagination et l'intuition sont vues comme des fonctions psychologiques aussi importantes que la pensée, les émotions et les sensations. Chaque question ou problème est considéré comme une brèche dans la réalité, brèche dans laquelle on peut insérer une réponse nouvelle à partir de *qui je suis fondamentalement.*

Transpersonnelle

Ici, se placent certaines ouvertures propres au transpersonnel :

– dans les contenus abordés de la part du guide ou du consultant, concernant tous ces sujets déjà énumérés et jugés avec une certaine méfiance sinon un mépris certain par les autres courants psychologiques;

– les aspects propres au développement psychique et spirituel;

– les rituels transpersonnels (exemple : faciliter l'autoguérison en se reliant au surconscient, entrer en contact avec le Soi ou d'autres formes d'énergies supérieures, aux guides spirituels, aux forces divines, quelle que soit la définition particulière qu'on lui prête).

Énergétique

Le concept d'énergie est le seul qui peut tenir compte de tous les niveaux de l'être ainsi que de la transformation d'un niveau à l'autre.

L'**expansion** par croissance reflète le développement à un même niveau; l'**évolution** réfère au développement vertical qui transcende les niveaux. J'y reviens dans l'explication pratique du modèle.

Une conception globale de l'intervention

Comment résumer le type d'intervention de la *Piste* ou du **psychotarot** apte à créer cette petite différence qui change le cours des choses? Dans ce chapitre, je tente de résumer les grandes lignes de ce que nous enseignons dans la formation. En proposer une synthèse juste me semble tout à coup un accomplissement quasi-impossible tout autant que celui de faire passer une pomme par le trou d'une serrure. La réalité d'une intervention est fort complexe, mais sachant que «la carte n'est pas le territoire», j'en résumerai les grandes lignes autour de certains points de repère. L'art de l'entrevue est un acte organique; ici on ne peut qu'en extraire les idées directrices.

La technique de base : le psychotarot

Tableau 2
Les composantes de l'interaction

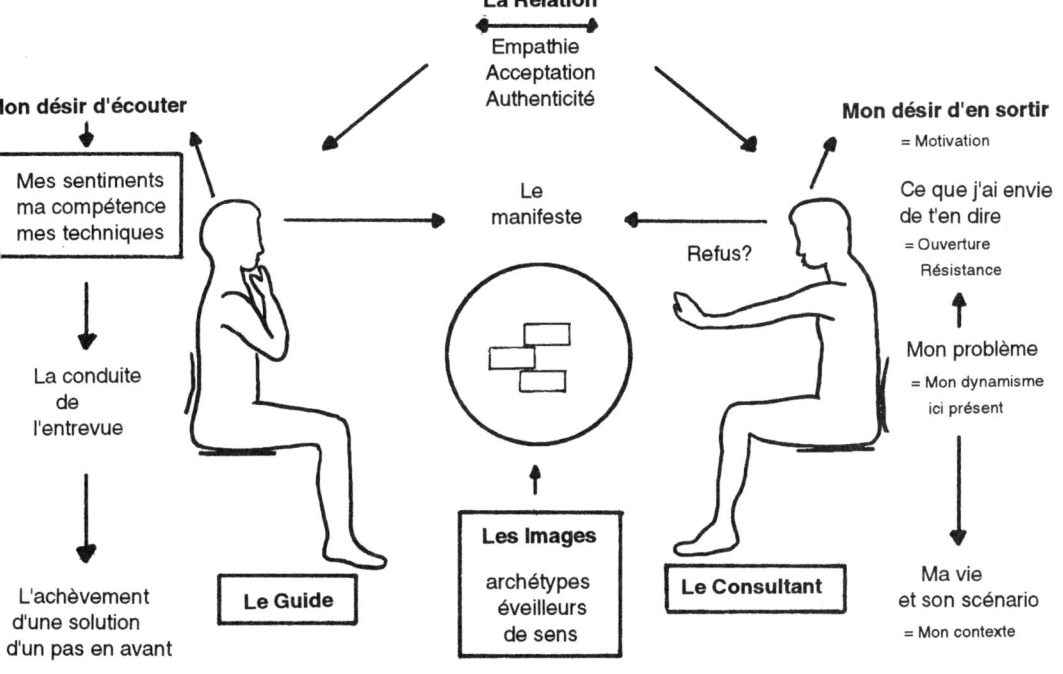

Qui sommes-nous et comment sommes-nous en présence l'un de l'autre?

L'intervention peut s'effectuer dans le cadre d'une rencontre unique d'une heure ou plus. Elle est possible parce que l'imagerie s'offre comme un raccourci symbolique, une métaphore du problème posé. De même que les images d'un rêve véhiculent une problématique entière en quelques séquences, les images du tarot servent de catalyseur pour exprimer une problématique donnée.

Trois exemples de perceptions du 8 de bâtons :

A dit : *Ma blonde et moi, on ne peut se rejoindre.*

B voit : *Tout l'espace m'est donné pour voguer entre les obstacles.*

C conclut : *Il n'avance pas vers moi, j'en rage!*

8 de Bâtons

Tous les éléments décrits ou omis, les expressions, le choix des mots, les émotions, les patterns d'action, etc., contribuent à saisir le vécu, les sources et les conséquences du problème tel qu'il est obscurément saisi par le consultant. Par sa description, le consultant transmet globalement sa réalité interne. Le guide emploie ses connaissances et l'art de la relation pour élaborer ce que cette production imaginale (terme de Hillman sur lequel nous reviendrons) soit analysée comme dans un miroir. **Tout l'apport du consultant doit être accueilli comme «parlant de lui», comme une métaphore de son vécu.** Ce travail bénéficie de l'analogie offerte par l'image.

La rencontre comme creuset de la transformation

Sur le plan technique, le cœur de l'échange se passe entre deux personnes, l'une agissant comme guide et l'autre comme consultant. Cet échange est un moment privilégié d'interaction en vue de soutenir la transformation du consultant, mais de fait elle implique la croissance des deux partenaires. Comme guide, je me remets moi-même sur le sentier de l'évolution. Quelque part, quelque chose en moi fait écho aux pas de l'autre. Il s'établit une synergie d'ouverture, de recherche, d'intuitions. L'amour de la vérité et une certaine compassion du cœur doivent être présents.

Ayant été sensibilisée aux écrits de Buber, j'ai proposé la **rencontre** comme lieu premier et condition de cette interaction. Rollo May[1] écrit : *La créativité surgit dans un moment de rencontre et doit être comprise à travers l'authenticité de cette rencontre.*

Dans ma conception, la transformation et la guérison sont une manifestation de créativité appliquée à la personne elle-même et ne peut se produire que si la rencontre mobilise hautement la présence, la vie intérieure des deux participants. L'essentiel est de se faire mutuellement confiance, d'être sensible à la vérité du processus, à l'intelligence du cœur qui «sait» ou pressent le passage hors de sa prison.

– Le **consultant** s'apporte lui-même tout entier. Son ouverture, sa confiance, l'intensité de son interrogation, sa compréhension de la réalité qu'il veut transformer sont des qualités primordiales au succès de la rencontre. Si elles n'y sont pas, le guide s'emploie à les susciter.

– Le **guide** est l'initiateur du climat, de la technique, du maintien dynamique de la communication. Quelle qualité d'attention à soi-même faut-il pour que la recherche porte fruit? Quelle qualité de présence faut-il apporter à la rencontre pour qu'elle génère des perceptions inédites? Que me faut-il être pour te connaître? Ou comment me faut-il être pour te laisser te connaître malgré ma présence ou à travers elle? Mon regard se porte sur le processus et en discerne la vérité émotionnelle à chaque moment pour tenter, à partir de ce noyau dur, de rejoindre cette dimension plus large où, sans savoir trop pourquoi ni comment, la solution émerge, le cœur s'ouvre, la paix redevient possible.

---

1. Rollo May, *The courage to create*, Stock, USA, 1980, p.87.

Tableau 3
La présence, le lieu de communication

Je t'offre tout l'espace pour te manifester. Je me rends intensément présent, disponible.

Les mots, les yeux, le ton, la chaleur, la proximité vont permettre l'éclosion de l'implicite.

Même les yeux clos, deux personnes en présence peuvent sentir le champ énergétique qui les baigne.

Une attention libre, sensible, flottante, étonnée. Un sens d'ouverture et d'appréciation. Je m'apprends en même temps que je te découvre. Une partie de mon attention est tournée vers l'intérieur, histoire de savoir ce qui m'affecte, me rend alerte ou déprimé, enthousiaste ou contraint en ta présence. Oui, que se passe-t-il en toi, que fais-tu pour que je devienne ainsi? J'écoute ton comportement comme une musique et j'espère en traduire, de façon utile, les effets sur moi. Se comprendre dans le rapport créé, le déployer, en révéler doucement toutes les facettes comme dans une matrice, premier lieu intime de création. Tel est l'esprit bienveillant et intimiste que je désire apporter à la pratique de la

Piste et du psychotarot. Cette attitude prend appui sur les orientations de la psychologie humaniste - existentielle où les partenaires se voient comme des personnes égales qui partageront leur expertise complémentaire.

Le consultant est considéré comme un expert de son propre vécu. Celle du guide se fonde sur la compétence de ses services, sur son intégrité et il est invité à devenir attentif à sa propre expérience. Chez les deux, la pensée et l'intuition premières vont jaillir de l'intérieur, voire en secret, mais une certaine qualité d'interaction va soutenir cette éclosion, facilitera la naissance d'une vérité intime et permettra de l'exprimer comme un fait extérieur à soi. D'après Gendlin,[1] ceci débute au moment du partage avec un autre être qui sait accueillir le vécu comme un savoir nouveau non identifié jusque-là. Il n'y a de vérité établie que sociale, par consensus graduel. Et le point de départ se crée par le dévoilement confiant entre deux êtres.

Les rôles dans l'interaction : le guide et le consultant

En reprenant le schéma, cette fois-ci dans ses composantes plus visibles, nous en arrivons à cerner des dimensions plus immédiates qui joueront dans le déroulement d'une rencontre :

– ce que le **guide** offre comme compétence;

– le problème ou le projet que le **consultant** demande à résoudre.

J'ai choisi à dessein les termes de «guide» et de «consultant» pour décrire le caractère égalitaire de la rencontre. À partir de sa compétence dans un certain champ (par exemple : les problèmes de couple, de garde d'enfant, les deuils, les changements au travail, l'homosexualité, etc.), une personne se présente comme **guide** pour accompagner la démarche du consultant à travers un processus défini et clairement structuré.

---

1. Gendlin, E. *Au centre de soi,* Actualisation, Le Jour, Montréal, 1981.

Selon le dictionnaire, «**consultant**» se dit aussi bien de la personne qui donne que de celle qui reçoit une consultation; et c'est bien ainsi que cela se passe. Dans cet esprit, une personne prend d'abord conseil d'elle-même, se met en situation d'avoir un meilleur accès à ses ressources propres comme à celles du guide. La démarche s'appuie sur une technique où les archétypes vont servir de révélateurs. Guide et consultant réagissent aux images choisies et comprennent l'enjeu en question.

Je compare parfois cette démarche à la réalisation d'un film. Celui qui vous consulte est le réalisateur de sa propre vie. Il en connaît l'histoire, le budget, les acteurs et le public. Sans exagérer ni diminuer votre rôle de guide, considérez-vous comme un coproducteur engagé pour aider à modifier les scénarios ratés, flous ou coincés. Chacun se rend disponible avec ses ressources pour améliorer ou même transformer l'ensemble du projet. Vous écoutez le consultant et vous observez sa gestuelle en essayant de comprendre ce qu'il a du mal à traduire. Comment est-il? Opaque ou transparent? Introverti ou extraverti? Lucide ou perdu? Enthousiaste ou à plat? Sans même y penser avec des mots, vous l'écoutez, vous observez sa dramaturgie, l'idée qu'il se fait de son scénario personnel afin de comprendre ce dont il a besoin pour que sa vie se remette en mouvement. Ces scénarios de vie se placent au niveau psychologique, économique, social, etc. Au plan transpersonnel, l'accent se déplace sur «les blessures d'âme» qui sont en cause.

Les trois temps de cette intervention globale

Le psychotarot compte parmi les interventions brèves qui nécessitent de une à dix rencontres pour les grands schémas. Il se déroule selon les trois temps usuels :

a) les préliminaires comprennent le choix du lieu, du temps et l'établissement du rapport. Ensuite vient la transition ou le **«rituel d'entrée»** suivi de la formulation de la **question** et du **choix du tirage**. Ces aspects ont déjà été amplement traités sauf pour quelques précisions sur le type de démarche et le rituel d'ouverture qui seront précisés ici.

b) le déroulement proprement dit, c'est-à-dire les cinq phases où s'implique le consultant puis les apports du guide pour aboutir enfin à une conclusion partagée.

c) la rétroaction ou le bilan de la rencontre ainsi que les décisions en rapport avec la suite, s'il y a lieu. Un **rituel de clôture** boucle la rencontre.

L'intention de la démarche

Une consultation ressemble à un voyage. On le planifie, on décide de le faire et hop! C'est le départ. Tout peut arriver, tout comme il est possible que rien ne se passe. Il peut nous entraîner aux confins du monde, sur une plage lointaine d'où on rapportera peut-être un galet, témoin d'une découverte faite dans un autre contexte, un autre lieu.

Il en va de même pour le psychotarot et la **Piste**, ce voyage intérieur transpersonnel. On ne peut préjuger de ce qu'il sera. L'expérience m'a toutefois fait reconnaître différentes sortes de voyages intérieurs. Je me suis proposée de les qualifier et de les illustrer de façon à faciliter la flexibilité des guides-apprentis. Sans cet éventail, le débutant croit devoir s'en tenir à un modèle réduit de «solution de problèmes» ou de «réduction du stress». L'absence de névrose ou de psychose n'est qu'un minimum, un début de vie. Pour reprendre l'analogie de la caverne de Platon, tant que l'on reste enfermé en soi-même, la réalité perçue se limite à l'ombre portée par un trauma. Ce n'est qu'au sortir de la caverne, à travers la rencontre du Soi ou après la guérison de ces failles que la pleine réalisation de soi-même peut s'accomplir.

La première question à soulever c'est : *Qu'est-ce que tu veux faire, ici, aujourd'hui?* ou dit en d'autres mots : *Quel travail veux-tu faire? Qu'est-ce que tu veux savoir, comprendre ou décider aujourd'hui?* Cet objectif détermine le style de consultation et permet au guide de voir s'il a la formation voulue pour offrir un tel service et ramener les attentes à des dimensions réalistes.

Choix de la démarche

La question du consultant : «**Qu'est-ce que je veux faire aujourd'hui ?** » devient pour le guide : «**À quelle sorte de démarche vais-je participer maintenant ?**» Au fil des années, plusieurs formes ont été mises au point.

1) Un tarot expressif

Ici, tu veux t'extérioriser pour mieux te connaître. Le guide t'invite à parler, à ressentir, à réagir. Tu bouges, tu joues ton rôle à fond, tu prends la posture du personnage, tu laisses monter les rires, les pleurs, les cris pour te connaître dans tout ce que tu portes d'implicite. Le but ? Savoir où tu en es, te découvrir comme on connaît l'histoire d'un livre en le parcourant. Le genre de questions à te poser : «*Qu'est-ce que je pense de... ? Où en suis-je par rapport à... mes amours, mes projets ? Qui suis-je comme... amie, musicienne, mère... ? Pourquoi ai-je un tel sentiment, une telle réaction ?*

Cet exercice peut aboutir à une clarification de l'esprit, à un dessin, un poème, la trouvaille du geste juste dans la situation vécue.

2) Un tarot-créativité

La banque d'images du tarot sert essentiellement à provoquer des idées nouvelles, à te dérouter, à te lancer sur des pistes inédites. Exemple : tu tires une carte pour inspirer tes souhaits d'anniversaire, des vœux de Noël, exprimer tes sentiments lors d'un deuil, d'un mariage, d'un départ. **Le tarot-écriture** est enseigné maintenant par plusieurs intervenants. Tu oses, tu exagères, tu dérailles... pour ensuite choisir ce que tu retiens de cette bordée. C'est la formule «tempête d'idées» soutenue par une série d'images provocatrices.

3) Un tarot décisionnel

C'est l'occasion d'appliquer les règles de la gestion de conflits, de faciliter la prise de décision, de permettre des choix articulés. Exemples : *Dois-je déménager ? Au travail, comment choisir entre les options les plus appropriées ? Qu'arrive-t-il si j'opte pour A, pour B ou X ?*

4) Un tarot de soutien émotif

Le guide se propose de t'aider à traverser une crise existentielle, de t'assister dans des situations où aucune solution n'est connue à l'avance. La rapidité des changements sociaux exige des réponses à des problèmes que personne n'avait eu à envisager auparavant. Exemples : le mariage ouvert, la carrière des femmes, la garde partagée des enfants, certains choix écologiques délicats, etc. Si tu veux un soutien, ce sera à toi de nommer tes vrais besoins, d'envisager des alternatives, de vérifier si tes valeurs sont respectées. C'est probablement une manière relativement économique de soupeser un choix face aux conflits personnels ou sociaux de l'heure.

5) Un tarot thérapeutique

C'est celui que l'on aborde selon les règles de la thérapie avec l'aide d'une personne qualifiée pour le faire. Le symbolisme particulier des lames stimule l'expression de pensées et de sentiments divers. La plupart des psychothérapies modernes offrent des concepts qui se traduisent aisément en schéma de psychotarot. Par exemple : la Gestalt, l'analyse transactionnelle, la bioénergie, la psychosynthèse, etc. Toutes ces approches peuvent bénéficier de cet outil pour accélérer, débloquer ou synthétiser le travail habituel.

6) Un tarot réflexif ou contemplatif

Ceci se vit dans un état second. Le fil des associations ouvertes par l'image permet de voir, de comprendre, de méditer sur les effets de telle ou telle énergie, de telle situation, de telle pensée. On approfondit le tarot en même temps que sa propre vie. Certaines personnes s'ouvrent une lame chaque matin pour démarrer une journée mentalement plus «éveillées».

Dans cet ouvrage, je vise principalement les démarches de soutien, d'expression, de décision et de psychothérapie. J'élaborerai davantage les démarches de créativité artistique, de questionnement et de contemplation dans une prochaine publication, *Présence à soi-même, Art, réflexion, méditation* (en préparation).

Exercices pratiques de développement personnel

Au fait, si je m'ouvrais maintenant un psychotarot, de quel genre serait-il? Quel est mon besoin actuel? Est-ce que je sais reconnaître mes besoins et exercer ces différentes possibilités? M'exprimer? Contempler? Clarifier les éléments d'une décision, etc.? Je peux m'entraîner à le faire et choisir un(e) autre apprenti(e) du tarot transpersonnel avec qui m'entraîner.

Quelles compétences ai-je développées pour aider l'autre? J'en fais la liste en m'inspirant de Gordon et de Gendlin pour la technique, les champs d'expérience de travail, les contenus émotifs où je suis à l'aise (amour, rage, déprime, audace, etc.). Je m'exerce avec un partenaire pour vérifier si je peux refléter toute la gamme de ces émotions avec justesse et nuances.

Avant de décrire les modifications transpersonnelles apportées à la technique du psychotarot, en voici une utilisation concrète :

QUELQUES EXEMPLES

Cet premier exemple m'a été fourni par C. C., professeur de mathématiques et diplômée en communication. Dans le cadre de l'enseignement du *Collège International du Transpersonnel*, C. a eu accès à un premier entraînement au tarot psychologique. J'ai été surprise de constater comment cet outil se greffait tout naturellement à ses habiletés professionnelles. La finesse de perception et la capacité d'articulation intellectuelle en font un bon exemple dans lequel on retrouve aisément la technique tout comme une sensibilité au contact interpersonnel. Le tirage **tête-cœur-tripes** est bien présenté. Dans le second exemple, le tirage sera de trois cartes aussi, mais «en horizontal», explorant le vecteur du temps «passé-présent-avenir».

Une première expérimentation de psychotarot par C.C.

1. Le consultant

- Il s'agit d'une amie que je connais depuis plusieurs années. Elle a connu dernièrement des moments très difficiles : arrêt de

travail pour cause de maladie, démarche personnelle en psychologie, hospitalisation, séparation depuis cinq ans, rupture définitive actualisée très récemment.

2. Mise en contexte

- J'avais prévu environ deux heures pour la rencontre. Au début, nous échangeons simplement sur notre quotidien et sur les derniers événements. Puis, je lui présente la technique du tarot et du focusing en mettant l'accent sur le fait que le tarot ressemble aux taches de Rorschach permettant ainsi une projection de ce que l'on est, de ce que l'on vit. Je lui explique qu'à ceci s'ajoute une notion de synchronicité qui offre un rapport de convergence entre le questionnement et la carte choisie.

L'archétype que porte l'image stimule la réflexion personnelle. Le tarot est avant tout un instrument qui apporte un éclairage autre, qui nous aide à affronter différemment les événements qui nous préoccupent. J'insiste sur le fait que nous demeurons toujours libres face au tarot. Ce n'est pas une pensée magique qui décide à notre place, c'est uniquement un instrument de plus qui soutient notre démarche.

- Mon amie ne s'attendait pas à ça et croyait que c'était moi qui parlerais comme dans un tarot divinatoire. Je l'ai alors laissée libre de participer ou non à l'expérimentation. Après un temps de flottement, elle décide de jouer le jeu.

3. Mise en situation

- Je présente les différentes possibilités de tirages.

– **Tirage à une lame :**

tarot-contact (conscience de soi), **tarot-contemplatif ou méditatif** (émotions à préciser ou à intensifier), **tarot-clarification** (intuitions, pressentiments), **tarot-action** (énergie dominante de l'action), **tarot d'animation de groupes** (ouvrir la communication).

– **Tirage à deux lames :**

le problème et sa solution.

– **Tirage à trois lames** :

a) tête-cœur-tripes : «ce que je sais; ce que je sens; comment cela m'affecte».

b) passé-présent-avenir : «où j'en suis? d'où je viens? vers quoi je m'en vais? »

- «Je ne me sens pas prête à ouvrir un tarot plus large et je lui dis.»

- «J'explique qu'il n'est pas nécessaire d'aborder de grandes questions. On peut choisir une petite préoccupation. Mais il y a une question principalement qui la préoccupe et c'est cela qu'elle veut aborder : *Comment réagir par rapport à son ex-conjoint.* Nous choisissons le tarot à trois lames "tête-cœur-tripes".»

Expérimentation

Focusing préparatoire

- «Je lui demande de s'installer confortablement, de fermer les yeux et de prendre quelques respirations. Je suis les diverses étapes proposées par Gendlin[1].»

1. Se dégager

- «Je lui demande de déposer mentalement ou verbalement les éléments qui l'empêche d'être bien. Elle le fait verbalement. J'interviens parfois en vérifiant s'il y a d'autres champs tels les enfants, le travail, etc. Y a-t-il autre chose? »

2. Ressentir

- *Laisse venir à toi une de ces préoccupations. Regarde comment réagit ton corps.*

Elle est préoccupée par la réaction de son ex-mari à qui elle a envoyé une lettre de rupture. Elle a mal au ventre et aux bras.

3. Trouver une prise corporelle

- *Laisse monter en toi une image, un mot, une sensation.* Inquiétude.

---

1. Gendlin, E. *Au centre de soi*, Actualisation, Le Jour, Montréal, 1981.

4. Faire résonner le mot

- *Redis-toi ce mot et regarde s'il décrit bien la situation. Recherche une confirmation dans ton corps.* Ça semble être le bon mot; les larmes lui montent aux yeux.

5. Interroger

- Je lui demande de reformuler sa question par rapport à ce qu'elle vient de vivre : *la réaction de mon ex-conjoint m'inquiète. J'aimerais savoir ce qu'il va faire?*

6. Conclure

- *Oui, c'est bien ça.* La question ainsi formulée, je ne suis pas sûre que le tarot choisi convienne encore. Je lui suggère de changer de tirage et d'en prendre un qui ouvre davantage sur l'extérieur. Elle préfère garder ce tarot et transformer la question. La question devient : *Comment je me sens dans mon inquiétude face à la réaction de mon ex-conjoint?*

Expérimentation du tirage

TÊTE *Ce que je sais*

Lame choisie : Le Cavalier de coupes

Je vois :

Cavalier de Coupes

- *C'est un Vicking sur un bateau avec une hache à la main, prêt à affronter ce qui va arriver, de façon forte. Il est physiquement fort. Il a quelque chose à boire dans les mains. Je vois force, vigueur et combativité. Avec le dragon, il y a quelque chose en avant de l'être qui ouvre le chemin. La carte n'est pas méchante, mais forte. Quelque chose en avant fait le chemin. Le personnage est très fort. Il a son manteau qui a l'air chaud. La chaleur, c'est important pour moi. Le chemin se fait avec une certaine chaleur et un certain bien-être.*

Nom donné à l'image : *la force d'avancer.*

Je suis :

- *Au niveau de ma tête, je me vois comme un Viking sur un bateau. Je tiens une hache à la main, etc.*

J'explore le sens de ça dans ma vie et je conclus :

- Au niveau de ma tête, je sens que la décision prise est très solide et que rien ne pourra me faire changer. J'avance avec elle de façon forte. Ce fut difficile de faire la rupture avec mon ex-conjoint, de lui écrire la lettre lui annonçant cette décision. Mais, c'est fait. Et je pense que j'ai pris la bonne décision.

L'archétype : (ce qu'en dit le livret de Hurley)

«Messager de l'amour et des aventures romanesques, maître de l'action aux but émotionnels, grand compagnon des beuveries et des querelles. Don Quichotte, chevalier à l'armure éclatante, il se fait moine après avoir conquis le saint Graal. Ouf! Quel personnage!»

- Ce personnage relié au message concernant l'amour illustre bien la situation de la lettre de rupture. Mon amie est mal à l'aise avec les termes «compagnons de beuverie et des querelles et Don Quichotte». Son ex-mari a, entre autres, des problèmes d'alcoolisme. Je suggère que si son ex-conjoint réagit par l'alcool et la querelle, cette réaction lui appartiendra à lui. Elle, ce n'est pas son univers, elle peut être moine.

Petite synthèse :

- «Don Quichotte représente pour moi, l'idéal, celui qui se bat pour des valeurs profondes. Pour elle, l'amour sans compromis. Elle en a trop fait dans cet amour. Ce personnage demeure un miroir de force et d'autonomie.

LE CŒUR *Ce que je sens*

Lame choisie : Le 4 de deniers

Je vois :

4 de Deniers

- Le lit avec la personne dedans, les cheveux tout étendus et qui semble tenir la main d'un moine ou d'un médecin. Du noir, plus de noir que de blanc. Il y a beaucoup de formes géométriques. Un 4? Cette carte m'inspire l'inverse de l'autre. Elle est plus négative, moins d'attaque, mais avec beaucoup de soutien. Ce n'est pas facile. La position couchée n'est pas forte

ou grandie comme le Viking. Mais il y a quelqu'un qui soutient.

Nom donné à la carte : *le soutien à mon cœur.*

Je suis :

- Face à la réaction de mon conjoint, dans mon cœur, je me sens dans un lit, les cheveux tout étendus. Dans mon cœur, il y a du noir, plus de noir que de blanc. Dans mon cœur, je suis moins d'attaque, mais je sens beaucoup de soutien, etc.

Je conclus :

- La correspondance de cela dans ma vie? Je me sens ainsi. Mon cœur est blessé, fragile. Je ne peux le nier. Ma peine est là. Il faut la reconnaître, la vivre. Mais, mon cœur est en période de guérison, il faut le respecter et lui donner le temps.

L'archétype :

«La carte du médecin concerne la maladie ou la guérison professionnelle accomplie surtout par la pensée et l'esprit... aussi l'hypocondrie, la prostitution, la séduction... utilisation de l'argent pour manipuler.»

Synthèse :

La première partie de l'archétype est très pertinente et vient renforcer toute la démarche qu'elle a entreprise, toute l'énergie mise à voir sa situation de l'intérieur, de son point de vue à elle, à laisser être les douleurs bloquées depuis si longtemps. Doucement, l'harmonie intérieure peut se refaire.

TRIPES *Comment cela m'affecte*

Lame choisie : Les Amoureux (**VI**)

Je vois :

Les Amoureux

- Deux personnages qui ressemblent à des oiseaux. Il y a un homme et une femme. La femme a un bras pendant, sans force. L'homme semble plus agressif au début, on a l'impression de fils entremêlés. Ah non! La main de la femme, pendante, s'éloigne de l'homme. En haut, leurs bras en haut. L'homme tient l'épaule de la femme, mais elle ne veut pas. Peut-être est-ce de

l'agressivité qu'elle démontre? C'est une forme ronde comme un œuf. L'homme est complètement dans l'œuf. La main de la femme est par-dessus l'œuf. Le doigt de l'homme pointe vers la femme comme l'expression d'un reproche. Le visage de la femme est triste. Mais, les deux ont une couronne de fleurs sur la tête. Le visage de l'homme est moins humain que celui de la femme. Le dessin autour de l'œuf est un peu psychédélique : des formes vont vers l'extérieur de l'œuf et d'autres vont vers l'intérieur de l'œuf. Le visage de l'homme ressemble à celui d'un cheval, bec clos, comme si deux fils l'empêchaient de parler. Non, c'est sa barbe avec l'oreille. Il regarde vers le haut. La femme regarde vers lui. C'est une carte de douleur.

Nom donné à la carte : *force et faiblesse de l'amour.*

Je suis :

- Devant mon inquiétude face à mon conjoint, je me sens affectée comme ces deux personnages qui ressemblent à des oiseaux. Il y a en moi une expérience d'homme et de femme. Comme femme, j'ai un bras pendant, sans force. Comme homme, cette expérience est plus agressive, etc.

Liens avec ma vie et je conclus :

- L'amour symbiotique est le type d'amour qu'elle porte en elle. C'est ainsi qu'elle conçoit l'amour et c'est essentiel pour elle d'aimer avec cette totalité. C'est le type d'amour qu'elle a eu avec son ex-conjoint. Mais aujourd'hui, elle doit sortir de cet amour, non pas le détruire, non pas saccager cette conception de l'amour, mais abandonner ce cocon qui ne la rend plus heureuse.

L'archétype :

«Les amoureux connaissent l'union la plus élevée au plan physique, entrant dans l'extase par la joie cosmique, le centre du lotus, le cercle de feu. C'est la voie de l'extase.»

Conclusion

L'expérience vécue fut très intense. La question était très bien ciblée, car la préoccupation était omniprésente. La synchronicité entre le questionnement et les cartes est plus que pertinente, mais le tarot n'a rien de magique en lui-même. C'est ce qu'on en fait. C'est un outil qui s'adresse à des ressources auxquelles nous n'avons pas l'habitude de recourir. Il permet de court-circuiter le processus intellectuel qui s'impose et contrôle généralement notre démarche. Le tarot permet une projection plus globale de notre préhension du problème. En projetant hors de soi notre situation, il est plus facile d'avoir une prise sur la difficulté vécue et l'amorce de solution qu'elle contient.

Nous avons toujours le choix d'explorer cette approche proposée par le psychotarot ou de la rejeter. Mais, il y a là une perche tendue vers un autrement qui permet de prendre une distance par rapport à la situation. Il reste qu'il faut recevoir le tarot tel qu'il se présente. Il faut toujours vérifier quelle résonance provoque en nous la carte choisie et se respecter dans la démarche que nous avons entreprise.

Un second exemple de psychotarot

Ce travail m'a aussi été remis dans le cadre de l'enseignement de la technique du psychotarot comme outil d'activation de la conscience. Je laisse la parole à Jocelyne Morin, infirmière.

- J'explique brièvement à Louise ce qu'est le psychotarot en lui disant qu'à partir des cartes qu'elle aura choisies, elle devra décrire ce qu'elle voit. Elle peut faire un tirage à une, à deux ou à trois cartes. Je lui dis qu'avant de tirer les cartes, elle devra s'interroger sur un aspect de sa vie sur lequel elle aimerait y voir plus clair ou avoir des précisions. Elle choisit le tirage à trois cartes sur le passé-présent-futur.

- Avant de débuter, je suis très claire sur le fait que c'est un travail que je fais dans le cadre d'un cours au collège international du transpersonnel.

- J'aimerais savoir où j'en suis dans ma vie?

- Il faut que tu sois plus précise. De quel aspect de ta vie? De ta vie émotive, spirituelle ou autre?

- Non, c'est plutôt face à mon cheminement?

- Tu voudrais savoir où tu en es dans ton cheminement spirituel ou personnel?

- Dans mon cheminement personnel. Je voudrais savoir où j'en suis dans mon cheminement personnel.

- O.K. C'est bien. Maintenant, choisis une carte dans le paquet. Tu choisis la carte qui t'attire ou qui te colle aux doigts tout en pensant à ta question. La première carte, c'est celle du présent. Tu la mets face contre table et tu en choisis une deuxième de la même façon. Tu la poses sur la table à gauche de la première et tu recommences pour la troisième carte que tu déposes à droite de la première. Maintenant, regarde la carte du centre et décris ce que tu vois.

- Est-ce en rapport à ma question?

- Non. Oublies la question pour l'instant. Tu ne fais que décrire ce que tu vois.

La carte du présent, c'est l'Ermite (IX)

- Je vois un homme qui a de la difficulté à tirer sur quelque chose. Ce quelque chose semble être paisible, sain, lumineux. Son faciès est triste. Il a de la difficulté à garder l'objet en ligne droite.

- Reprends ce que tu as décrit et au lieu de dire : «Je vois», dis : «Actuellement, je suis» et souligne ce qui a du sens pour toi.

- «Je suis une femme qui a de la difficulté à tirer sur quelque chose. Le quelque chose semble être paisible, sain, lumineux. Mon faciès est triste. J'ai de la difficulté à garder l'objet en ligne droite.

L'Ermite

- Qu'est-ce que tu ressens?

*- J'ai le goût de tirer sur quelque chose, d'aller chercher quelque chose de l'autre côté pour l'amener vers moi. Je voudrais le faire entrer dans ma vie. Je veux me sentir en paix, me sentir «lumineuse». Mais, je suis triste actuellement; je ne sais

pas comment m'y prendre. J'ai beaucoup de difficulté à y arriver.

- Dans tout ça, qu'est-ce qui est le plus dérangeant pour toi ?

- C'est le mot triste. Je suis triste.

- Si tu fais une place à cette tristesse, comment la ressens-tu?

- Je suis «croche», j'ai l'impression qu'elle se découvre, qu'elle sort de l'ombre; que c'est un sentiment que j'ai depuis longtemps. Le fait de l'avoir sorti de l'ombre me rend déjà plus calme, mieux avec moi-même.

- Si tu avais à mettre un mot sur ce nouvel état, ce serait quoi?

- Tendresse.

- Quand tu répètes le mot «tendresse», est-ce que cela coïncide bien avec ce que tu ressens?

- Oui.

- Peux-tu l'accueillir?

- Oui.

- Alors, si on boucle en faisant le lien entre cette image et ton présent, peut-on dire que dans ton cheminement personnel apparaît une tristesse et que de le reconnaître te rend tendre envers toi-même?

- Oui.

- C'est bien. Maintenant, tourne la carte à ta gauche et décris ce que tu vois.

Louise tourne la carte du passé qui est :
La Roue de Fortune (X).

La Roue de Fortune

- Je vois une femme ouverte, libre, les bras ouverts vers... tenant dans sa main gauche une coupe qui inspire les joies de la vie et, dans l'autre main, un objet que je ne connais pas. Elle est prête à s'envoler. Du côté opposé de la carte, une femme souffrante, méchante, tenant une épée à la main droite et, dans l'au-

tre, une étoile. Elle est rachitique, les seins pendants, avec des ailes de chauve-souris.

- *Reprends avec : «Dans le passé, j'ai été... et souligne ce qui a du sens pour toi, ce qui te touche, que ce soit agréable ou moins agréable.*

- *Je suis une femme ouverte, libre, les bras ouverts vers... Je tiens dans ma main gauche une coupe qui inspire les joies de la vie et, dans l'autre, un objet que je ne connais pas. Je suis prête à m'envoler. Du côté opposé, en moi, il y a une femme souffrante, méchante, tenant une épée à la main droite et, de l'autre, une étoile. Je suis alors rachitique; j'ai les seins pendants, je me vois avec des ailes de chauve-souris.*

- *Qu'est-ce que tu ressens ? À quoi réagis-tu le plus ?*

- *Je voudrais être une femme ouverte, libre, les bras ouverts vers tout plein de nouvelles expériences pour savourer la vie. Je suis prête à passer par-dessus tout plein de contraintes, mais il y a en moi une femme qui semble être ma mère malade, non méchante physiquement, mais qui tient une épée au-dessus de ma tête contrôlant de cette façon ma vie, mes pensées et mes sentiments. Durant l'exercice, je ressens une vive douleur au trapèze gauche qui s'atténue avec les minutes, mais qui persiste.*

- *Qu'est-ce qui te dérange le plus ?*

- *Une épée au-dessus de ma tête.*

- *Qu'est-ce que c'est pour toi ? Et comment le ressens-tu ?*

- *Je n'ai jamais fait vraiment les vraies choses que je voulais. Ça me choque; je m'en veux, car si j'avais eu un caractère plus fort, j'aurais passé par-dessus cela. Mais en le disant, je réalise que ce n'est pas vraiment ce que je ressens. C'est plutôt une situation qui est collée à moi et dont je ne peux me défaire facilement.*

- *Si tu avais à mettre un mot, une image, une expression là-dessus, ce serait quoi ?*

- *Je n'ai pas de mot.*

- *Peux-tu faire une place à cette situation ?*

- Je ne suis pas capable de lui faire une place. Ça ne veut pas entrer au-dedans de moi. Je revois toujours l'image à côté de moi.

- L'image à côté de toi, c'est quoi ?

- En quelque part, je l'ai toujours su. Mais, à l'instant présent, ça me fait «non», je peux pas continuer comme ça avec moi-même. Je ne te laisserai pas continuer. C'est curieux, car je croyais que depuis un moment elle n'avait plus de pouvoir sur moi.

- Est-ce que tu peux faire une place à cela ?

- Oui, c'est plus facile.

- Et quel est le mot qui te vient à l'esprit ?

- Je me sens libérée...comme avec des ailes.

- Et maintenant, tu fais quoi avec ça ?

- J'en ai pris conscience. Maintenant, quand je prendrai une décision, je ne laisserai pas le jugement de ma mère interférer. J'ai toujours mal au trapèze gauche.

- Prête à continuer ? Il y a peut-être autre chose dans ton malaise ?

- Oui.

- C'est parfait. C'est au tour de la carte de droite. Tourne-la et décris ce que tu vois.

Louise tourne la carte du futur et c'est :
Les Amoureux (VI).

Les Amoureux

- Je vois un homme et une femme assis en interaction. Ils sont en harmonie dans un œuf, c'est-à-dire dans un endroit calme, paisible, loin des influences extérieures. La femme semble être triste. L'homme est attaché avec des cordes; il ne semble pas malheureux, mais la tête renversée vers l'arrière.

- Reprends avec : «Je deviens...» et souligne ce qui éveille du sens pour toi.

- Je suis en train de devenir un homme et une femme et ces deux portraits de moi sont en interaction. Je deviens en harmonie dans un œuf, c'est-à-dire assise, dans un endroit calme, paisible, loin des influences extérieures. Moi, comme la femme, je semble être triste. La partie «homme» en moi est attachée avec des cordes; je ne semble pas malheureux même si j'ai la tête renversée vers l'arrière.

- Qu'est-ce que tu ressens ?

- Je reste dans ma coquille à l'abri des vagues qui peuvent être menaçantes pour moi. Par contre, je suis triste; j'ai les mains et les bras liés, mais je ne veux pas voir que je suis triste. Malgré cela, je ne semble pas malheureuse avec la tête renversée vers l'arrière qui m'empêche de voir vers l'avant, vers l'avenir.

C'est une très belle prise de conscience que le focusing va préciser.

- Qu'est-ce qui te dérange le plus ?

- Ça me dérange de voir que je ne verrai pas la réalité en face; ça me dérange de toujours nier, de toujours repousser ma tristesse. J'en viens toujours à «essayer» de penser que je suis bien dans ce que je vis et que tout semble être rose. C'est pas si pire. Ma vie n'est pas un calvaire, mais...

- Quel mot te viens à l'esprit ?

- Peur.

- Mets ça en JE.

- J'ai peur...

- Répète le mot et dis-moi ce que ça te fait ?

- Actuellement, tout tremble en moi, tout vibre. Je ne suis pas sûre si je suis prête à avancer plus loin.

Elle est très sensible et proche d'elle-même.

- Qu'est-ce qui te fait peur ?

- J'ai peur de trop chambarder de choses. J'ai peur de perdre ce que j'ai actuellement.

- Qu'est-ce qui fait que tu perdrais ce que tu as actuellement?

- J'ai l'impression que ce serait vraiment moi qui déciderais. Je serais vraie, donc ce n'est pas évident que les autres continueraient à m'aimer, car là il faudrait qu'ils m'aiment pour moi et non pour l'image que je suis. C'est la peur de ne plus être aimée. Et là, je tremble encore.

- Es-tu capable de faire une place pour accueillir ce que tu viens de dire ? Es-tu capable de dégager un espace pour le recevoir ?

- Oui.

- Que ressens-tu ? Qu'est-ce qui te vient à l'esprit ?

- Je veux m'épargner; je veux y arriver progressivement, mais lentement, en douceur. Je ne veux pas tout chambarder du coup, mais ce que je sais, c'est que je ne veux pas en rester là avec cette peur qui m'empêche de continuer à avancer. C'est quelque chose que je savais, que je refoulais dans un coin. Maintenant, ce soir, je le ressens et j'ai l'impression que je ne peux plus le laisser dans son tiroir.

- Maintenant, comment te sens-tu ?

- À part la peur qui est encore là, mais qui n'est plus aussi menaçante, je vois une lumière, une paix intérieure, un grand sentiment de bien-être.

- Te sens-tu prête à accueillir tout ça? Trouve une façon de boucler et de passer à la synthèse globale.

- Oui, je suis pête à accueillir tout cela. J'ai trop brimé mes sentiments. J'ai trop souffert.

Synthèse :

- Quel lien fais-tu entre les trois cartes et ta vie ?

- actuellement, je suis en conflit, en combat intérieur. Je cherche à faire entrer la lumière en moi. La deuxième carte, celle du passé, signale que ma mère a été la personne qui bloquait cette action, qui s'opposait à cela. La troisième carte représente ce que je recherche, c'est-à-dire ce vers quoi je vais, vers le sentiment de paix intérieure, de bien-être que je veux vivre avec

mon conjoint. Je suis encore attachée avec des cordes paralysantes à mon passé.

- Avec la question initiale, quel lien fais-tu ? Quel sens y donnes-tu ?

- Tant que je vais laisser ma mère diriger mes actions, mes sentiments, mon cheminement en restera là. J'ai fait du chemin, mais ce qui me bloque présentement, c'est le jugement de ma mère ancré en moi. C'est d'une évidence flagrante.

- Est-ce qu'il y a un mot qui vient englober tout ça ?

- J'ai beaucoup de difficulté à mettre un mot sur le ressenti. Je n'ai pas de mot.

- Ferme les yeux et retrouve la place que tu as faite à tout ce que tu as accueilli.

Louise me fait signe de la tête qu'elle a retrouvé cette place.

- Dans cette place, qu'est-ce qui revient ?

- La peur.

- Fais résonner; vois si cela a du sens. Si un autre mot vient, laisse-le monter. Est-ce encore la peur ?

- C'est très présent, ça «pulse». Je ne me sens pas bien.

Tout en parlant, Louise met la main au niveau de son plexus solaire.

- Que signifie : «Je ne me sens pas bien» ?

- Je me sens ouverte; je ne suis pas habituée, c'est difficile. Le mot jugement me revient.

- Le jugement de qui ?

- C'est plus que le jugement de ma mère, ce sont aussi les jugements autour de moi.

- Autour de toi, c'est qui ?

- Les amis, la famille devient... Bof !

- Toi, où est-ce que tu te situes ?

- J'ai de la difficulté à prendre ma place.

- Qu'est-ce qui t'empêche de prendre ta place ? Comment tu t'empêches de prendre ta place ?

- Ça revient toujours au même. J'ai peur de ce que les autres penseront. Ça revient tout le temps. C'est la peur.

Louise ouvre les yeux et pleure. On se lève et on se sert dans nos bras. Louise pleure beaucoup, je la serre fort dans mes bras et elle aussi m'étreint. Elle s'inquiète de moi, de la façon dont je me sens dans tout ça. Elle pense que je dois me sentir mal. Je lui dis que je me sens frustrée de ne pouvoir l'aider davantage. J'ai fait ressortir des choses et c'est comme si je la laissais là en lui disant *arrange-toi avec ça, moi je ne sais plus quoi faire*. Elle me répond que non, qu'enfin ça sort, qu'elle peut pleurer. Je la sens qui tremble beaucoup. Je l'encourage à pleurer tout en la tenant contre moi. Après quelques instants, on se rassoit et on échange sur cette situation. Louise me dit se sentir mieux, quoiqu'à l'intérieur, elle tremble encore. Je la félicite pour ce grand pas qu'elle vient d'accomplir. Elle me dit que d'avoir verbalisé son problème l'avait soulagée. Même si ce sont des choses déjà brassées et connues, elles n'ont jamais été dites ainsi et c'est justement ce qui était difficile pour elle. Lorsqu'on se sépare, elle me dit se sentir bien, se sentir dégagée.

L'appréciation de Jocelyne comme guide

- «J'aimerais ajouter mes commentaires personnels. Louise est une très grande amie. Elle est ma confidente, ma consolatrice. Elle est ma meilleure amie. Émotivement, je me suis laissée prendre à ce psychotarot. Après son départ, j'ai beaucoup tremblé et j'ai essayé de comprendre mes réactions. J'ai eu peur, peur de blesser l'autre, de lui faire du mal et de ne pas savoir comment reprendre la situation en main. Peur aussi de ne pas savoir comment la guider pour ramasser cette énergie qu'elle avait libérée en pleurant. Même si elle m'a assurée s'être sentie beaucoup mieux en me quittant, je suis restée inquiète.»

Commentaires

C'est un très, très bel exemple de tarot psychologique. Cet outil lui va comme un gant. Jocelyne y est très habile. Malgré l'insécurité ressentie comme «apprentie-guide», elle a vraiment été fidèle au focusing. Louise vient de faire l'expérience qu'elle souhaitait, soit celle de laisser aller l'image, de risquer, d'oser être elle-même, de libérer ses pleurs. En ramenant ce qui est projeté dans l'«ici et maintenant», le processus du focusing continue d'ancrer la découverte.

Il est intéressant de noter que la lame «Les Amoureux» est apparue dans les deux exemples cités et le sens attribué fut très différent, reflétant ainsi des univers intérieurs différents.

Un troisième exemple de psychotarot

Cette fois-ci, un tirage à deux cartes, **le problème et sa solution**, comporte un nouvel élément : il est fait en présence d'amies qui constituent un groupe de soutien.

Le psychotarot a bien sa place dans les groupes «d'aidants naturels» pour autant qu'il soit fait de cette façon, c'est-à-dire sans jugement porté et en acceptant les prises de conscience favorisées par l'imagerie.

Ici, la personne-guide est Monique Tardif-Lafrance, une enseignante de l'Ontario, qui suit une formation en psychologie transpersonnelle.

Exemple

– Je choisis de décrire le tarot ouvert par Mikell, une amie que je rencontre à la réunion hebdomadaire du groupe de femmes auquel j'appartiens. Nous n'étions que trois à la réunion de la semaine dernière et comme le tarot nous intéresse, j'ai proposé à mes deux amies de leur parler du psychotarot et d'en ouvrir un si elles le désiraient. Après une brève présentation, Mikell s'est dit prête à en ouvrir un à deux cartes : une pour le problème, l'autre pour la solution. Aussitôt dit aussitôt fait. En deux temps trois mouvements, elle nous parle de tout ce qui se brasse dans sa vie actuelle, entre autres, la situation avec son ex-mari qui veut lui faire signer un certain papier au cas où... Cela la tracasse. Je lui fais préciser sa question. Elle élabore davantage,

fait le tour de la situation, de l'empressement de son ex-mari qui l'agace et en vient à préciser son tourment et, enfin, à énoncer sa question qui se formule ainsi : «Quelles sont mes peurs d'être seule face à l'avenir ?»

Le problème

Elle sort donc deux cartes : la XVI et la XVII. Dès qu'elle retourne la première, elle part à rire en disant : «C'est exactement cela, l'œil de mon ex-mari qui me regarde menaçant». Je la ramène aux étapes à suivre en commençant par la description des éléments qu'elle voit. Puis elle passe à l'étape du «Je suis...» Ce sont l'œil et la **tour** *qui lui parlent le plus. L'œil lui fait prendre conscience de toute la place et de tout le pouvoir qu'elle accorde à son ex-conjoint. La tour indique que son monde s'écroule, qu'elle perd tous ses moyens sous son regard. Quand vient le temps de faire le lien avec sa question, elle réalise que ses peurs proviennent surtout des sentiments qu'elle entretient face à son ex-mari.*

La Tour

Elle tourne ensuite la deuxième carte et après avoir employé la même marche à suivre, elle finit en s'arrêtant sur un point qui la touche profondément. C'est un détail qui, en fait, s'avère ne pas en être un. Elle voit un trident dans la main droite de la femme et, pour elle, ce symbole parle beaucoup. Elle y voit le petit diable qui n'est rien d'autre que son petit diable d'ex-mari alors que tout semble bien aller, couler doucement autour d'elle. Nous en arrivons à la conclusion que son ex-mari fera toujours partie de sa vie, mais qu'il lui revient de mesurer l'importance ou le pouvoir qu'elle veut bien lui donner. Elle a le choix de s'en laisser imposer par lui ou pas. En prenant son propre pouvoir, elle n'a aucune raison d'avoir peur.

L'Étoile

- Je n'ai pas eu besoin d'utiliser explicitement le focusing lors de ce tarot. Mikell était très proche de ce qu'elle ressentait et l'exprimait tout naturellement. Elle était fascinée de voir qu'avec deux cartes, elle avait réussi à faire le point sur ce qu'elle vivait.

Elle est repartie à la fin de la réunion en se sentant plus légère et en possession de tous ses moyens.

- Pour ma part, à nouveau, c'est la fascination devant les prises de conscience que suscite le psychotarot. Je tiens aussi à préciser qu'ouvrir un tarot avec Mikell fut une tâche facile, car elle s'exprime spontanément et laisse aisément monter ses sentiments.

Commentaires

Encore une fois, le psychotarot joue un rôle de miroir intérieur. Le sens découvert un jour peut se modifier le lendemain, car il reflète une prise de conscience en évolution.

Chapitre IV

L'IMAGERIE, MATRICE DE LA TRANSFORMATION

Nous venons de voir le déroulement technique du psychotarot en oubliant un instant l'image elle-même, ce pivot de la démarche. Elle redeviendra maintenant l'objet de notre attention. Nous allons donc voir comment Jung a conçu les liens entre l'image, les symboles et la psyché.

Jung et les symboles de la libido

Au cours de son voyage aux États-Unis en 1909, Jung fut frappé de la similarité du matériel inconscient recueilli des deux côtés de l'Atlantique. Ce qu'il avait trouvé auprès de Flournoy à Genève, par exemple, ressemblait aux délires d'une Américaine en psychose tant par la richesse des images que dans leur type mythologique. En 1912 parut *Métamorphose de l'âme et ses symboles* d'abord appelé *Les transformations et les symboles de la libido*. Ceci intéresse mon propos puisqu'avec les images du tarot, il s'agit précisément de symboles inconscients hérités d'un passé lointain de notre civilisation. Ces symboles sont repris et personnellement transformés, réappropriés, chaque fois qu'un observateur y pose son regard.

La proposition de Jung prend un intérêt particulier lorsqu'on l'applique à ces images :

Tout comme le corps humain montre une anatomie commune à travers et au-delà des différences raciales, de même la psyché humaine possède un substratum *commun transcendant toutes les différences culturelles et conscientes (personnelles). J'ai nommé ce substrat l'inconscient collectif.*[1]

Cet inconscient collectif est, dit-il, un résidu de l'expérience ancienne de l'humanité auquel chacun aurait accès en creusant jusqu'à une certaine profondeur. Jung résume ainsi sa pensée :

Pour Freud, (l'inconscient) est essentiellement un appendice du conscient dans lequel un individu ramasse ce qui lui est adverse. Pour moi, l'inconscient s'avère une disposition psychique collective de caractère créateur.[2]

Cette affirmation de Jung suscite plusieurs questions. Comment y a-t-on accès? Puisque les délires psychotiques ont été l'occasion de cette découverte, s'agit-il d'un produit décadent de la psyché? N'apparaît-il que lorsque la conscience rationnelle perd sa vigilance? Jung reconnaît une fonction créatrice à cet inconscient, mais est-il accessible à chacun ou se borne-t-on à supposer son rôle dans l'évolution commune de l'humanité, indépendamment des races, des situations historiques ou géographiques ?

Pour moi, la situation est différente de celle du rêve et du délire. La technique originale du tarot psychologique consiste, pour un individu en état d'éveil conscient, à se mettre en présence d'un matériel qui rejoint à la fois sa conscience émotivo-rationnelle ainsi que son inconscient grâce à l'utilisation d'une imagerie traditionnelle issue des racines collectives européennes. Mettre quelqu'un en présence du tarot, c'est le placer en face de son propre matériel de rêves d'origine lointaine qu'il aurait oublié. La qualité de ces images, particulièrement évocatrices pour l'inconscient, tient du fait qu'elles ont été produites par des expériences de base codifiées au fil des siècles, surtout entre le XIVe et le XXe siècle. Par ce rapprochement, nous saisissons mieux l'état second qu'engendre aisément la contemplation des

---

1. *Collected Work of C.G. Jung,* Vol. 13, Ch. II, Bollingen, Princeton.
2. *Collected Work of C.G. Jung,* Vol. 11, n° 875, Paragraphe 1, Bollingen, Princeton.

images du tarot. Il apparaît comme un matériel à la fois inconnu et étrangement familier.

Si on se tourne maintenant vers l'autre facette de cette réalité, soit le lien avec le fonctionnement psychologique conscient d'un individu, on peut se demander quelle partie de la structure psychique humaine est alors impliquée? La réponse la plus claire nous vient d'un auteur sur lequel je me suis déjà appuyée, un jungien moderne érudit, James Hillman.

Hillman[1] propose une notion «d'imaginal» qui devient pour moi le chaînon manquant entre le réservoir collectif inconscient et l'activation personnelle que chacun peut en faire. À la suite de Corbin, il reprend la notion d'imagination, non plus comme une fonction représentant un réel hypothétique ou inexistant, mais comme l'aspect interne de la conscience. *Ces affections et fantaisies forment l'aspect imaginal ou inconscient de nos actes et de nos pensées. Jung, en fondant son approche sur les structures archétypales du monde imaginal, nous a mis sur la voie d'un fonctionnement et d'une psychopathologie nouvelle.* Et plus loin, Hillman précise encore cette notion du langage imaginal qui contraste avec le discours exclusivement rationnel. Il soutient que Jung se tourna vers l'inconscient (comme *memoria*, mémoire du monde, inconscient collectif inscrit en chacun) auquel on peut avoir accès pour l'étude des symboles tels qu'ils apparaissent dans l'étude des rêves, des visions et de l'imaginaire. Cette fonction, il l'appelle le moi imaginal.

Hillman démontre que la description des deux langages du cerveau met en relief la double description nécessaire pour cerner la réalité intérieure et extérieure. La structure même de la pensée doit être rejointe dans sa double face. La racine logique, numérique, abstraite s'appuie sur la structure du nombre, les mathématiques, comme grille d'analyse de l'univers. On retrouve cette structure à la base même du tarot tout particulièrement dans la

---

1. Hillman, James. *Le mythe de la psychanalyse,* 2e partie, *Le langage psychologique,* Imago, 1977.

présentation des lames mineures. L'autre facette de l'intelligence, la racine imagée, permet d'abstraire une ligne mélodique, de saisir la gestalt, la vue d'ensemble d'une configuration et sa charge dynamique. Elle rejoint l'apport direct des sens et du ressenti affectif. C'est ce qu'Hillman expose comme le *double langage psychologique* qui renvoie au double décodage de la réalité. C'est ce double fonctionnement qui, à mon sens, constitue l'assise d'une «psychologie objectivante» et son parallèle subjectif, la voix de l'intériorité, que l'on appelle parfois recherche «initiatique». En commentant le tarot, quelques auteurs (Jung, Haigh, Nichols) ont, en effet, parlé de voyage initiatique. En quel sens est-il légitime de le faire?

Le voyage initiatique du héros : le voyage du soi

Un «voyage initiatique»? Y a-t-il de la place en psychologie traditionnelle pour une telle notion? Peut-être et peut-être pas. C'est ce que j'ai voulu élucider. Cette question m'a amenée plus loin que prévu. Je l'aborderai sous l'angle de l'étymologie pour mieux examiner la psychologie comme une recherche d'intériorité ou d'extériorité.

Initier signifie «*in*» – dedans, et *itere* – entrer, donc *entrer au-dedans*, aller voir à l'intérieur. Par définition, la psychologie signifie ***psykê****, l'âme, le souffle*. On pourrait croire qu'elle s'occupe de l'intérieur de l'être mais, comme discipline scientifique, jusqu'ici le terme de «développement» s'imposait parce qu'il faisait appel à une notion quantifiable tandis que la connaissance spontanée directe qui vient de l'intérieur se voyait discréditée parce qu'elle était perçue comme qualitative. Or, le développement implique des fonctions mathématiques, par exemple, une échelle de développement de l'intelligence, de la sociabilité, de l'affectivité, etc. Donc, la psychologie entrait dans la lignée des sciences exactes.

La *démarche initiatique* a-t-elle ses manifestations visibles, mesurables ? Fort probablement, mais d'une autre façon. Par comparaison au développement, la démarche initiatique prend davantage le style des opérations du cerveau droit, donc du mode global. Son terrain privilégié est celui de la créativité ou de la psychothérapie. Elle s'exprime par une démarche vers la maturation, vers l'unité de l'être. Son objectif est la manifestation d'une plus grande sagesse lorsque les zones conflictuelles sont apprivoisées et unifiées par une conscience plus large.

Nous avons encore tendance à penser au développement comme une marche progressive où l'on ne recule que pour mieux sauter, modelée sur l'antagonisme du héros et de notre monde imaginal irrationnel qui échappe aux puissances du contrôle. Le moi imaginal est plus discontinu et il est autant guidé par la synchronicité du présent que par le passé causal, et se déplace selon une trajectoire ouroborique qui est une circulation de lumière et d'obcurité. Il englobe les tournants descendants, les dépressions, les régressions et les chutes de conscience. Dans le moi imaginal, on pourrait dire que c'est la conscience elle-même qui se développe. Nous sommes sur le terrain où se rencontrent science et conscience, donc bien sur le terrain de la psychologie transpersonnelle.

Pour résumer ce qu'il y a de différent en psychologie transpersonnelle, je rappellerai que :

– *transpersonnel* veut d'abord dire «traverser l'ego et passer au-delà»; l'ego étant le contrôle de soi-même, le point culminant visé par les trois autres formes de psychologie. En effet,

– le **béhaviorisme** tend à modifier les conditionnements limitants ou nocifs du comportement. Le geste extérieur y est primordial, à tel point que la vie intérieure a été qualifiée de «boîte noire» par analogie aux enregistrements faits en cours de vols aériens auxquels on accède qu'après coup.

– la **psychanalyse classique** freudienne vise le couple **inconscient - raison**. Grâce aux processus cognitifs, le mental doit prendre le contrôle des émotions et des instincts. Cette approche explore le passé en fouillant les profondeurs de l'inconscient, en analysant les pulsions sexuelles et agressives refoulées pour établir la suprématie de la raison par le contrôle de l'ego.

– la **psychologie humaniste** vise l'idéal grec du fonctionnement corps-esprit de l'homme naturel. Cette approche se démarque des deux précédentes par une plus grande acceptation de l'affectivité appréciée pour elle-même et par son expression directe en vue de mieux l'intégrer. Dans cette approche, on mise sur la confiance en la personne parce qu'elle possède intrinsèquement toutes les ressources pour se développer. Elle est vue comme unique, libre et responsable. Le consultant devient alors accompagnateur de sa démarche, on pourrait même dire le compagnon de son voyage intérieur.

– En **psychologie existentielle**, les questions du sens de la vie et de la finitude sont abordées. Pourquoi alors a-t-on besoin de proposer une psychologie transpersonnelle?

La psychologie, une démarche d'intériorité, de conscience

En **psychologie transpersonnelle**, la *conscience* devient le pivot central de la psychologie. Étymologiquement, *con* veut dire «avec» et *science*, connaître. C'est donc une science qui part du dedans, de l'être connaissant qui se connaît lui-même dans l'acte d'être et d'exister. La psychologie devient alors principalement une démarche d'intériorité, de conscience.

Conscience peut référer à des perceptions plus ou moins claires, verbales et non verbales, de phénomènes qui nous renseignent sur notre propre existence (ex. : l'expression *perdre conscience, reprendre conscience*). La psychologie analytique en a proposé deux niveaux, le conscient et l'inconscient. En transpersonnel, on en trouve au moins trois. On ajoute à ces deux premiers niveaux, le surconscient aussi appelé supraconscience ou conscience du divin. Ceci diffère de la métathéorie freudienne où l'assise est mentale.

La conscience est aussi «sentiment de valeur, jugement moral porté sur ce qu'on fait». (ex. : l'expression *avoir bonne ou mauvaise conscience*).

En **psychologie sociale**, on a fort étudié la conscience de classe comme un ensemble de représentations au moyen desquelles un groupe se pense lui-même dans son rapport aux autres.

Cette notion de «conscientisation» en psychologie sociale a pris une place grandissante notamment en ce qui regarde la nation et les nationalismes, les minorités visibles et la valorisation du féminin. Les ramifications de ces études transforment graduellement les représentations des rapports personnels et sociaux de toutes les sociétés. Ceci élargit l'ancienne acception de la conscience morale, du jugement moral porté sur une action en fonction des couleurs personnelles ou collectives.

Les répercussions : valeurs et transcendance

Cette pénétration lente de la conscientisation risque en effet d'avoir des conséquences incalculables. Aucun secteur de l'activité humaine ne semble épargné. Le rapport à la nourriture, aux budgets nationaux, les règlements de paix et de guerres, le sens des droits dans un village tout comme aux Nations-Unies, enfin, tout le tissu de la société se modifie lorsque change la conscience que l'on en a. C'est la révolution la plus tranquille et pourtant la plus profonde et la plus globale que l'on puisse imaginer. Le travail sur la perception devient un outil de changement révolutionnaire. Il peut l'être d'autant plus qu'il touche à tous les champs des représentations. Il permet et facilite la prise de conscience des modes de pensées, des liens affectifs, des rapports sociaux et du rôle parental, y compris le rôle parental que l'on a cédé aux institutions civiles et religieuses pour prendre en charge notre destinée politique et spirituelle. En un mot, en mettant la conscience au premier plan, c'est à une révolution globale que l'on aboutit, révolution nécessaire et souhaitable si l'on songe au niveau d'autodestruction élevé que l'on observe mondialement.

Cependant, la première révolution se situe au niveau de la conscience individuelle. La psychologie transpersonnelle, en effet, privilégie la reconnaissance de la personne totale, cœur, corps, pensée, âme, le tout comme esprit ou Esprit. C'est cette conception que je tente d'appliquer dans le présent travail. L'autre changement qui résulte du concept de conscience, c'est le déplacement de l'attention sur la *hiérarchie des valeurs*. Quel autre système psychologique se pose la question de définir la fonction la plus élevée de l'être humain?

La **psychologie transpersonnelle** reconnaît la valeur de toutes ces dimensions, mais vise un cran plus loin. À l'emboîtement des systèmes

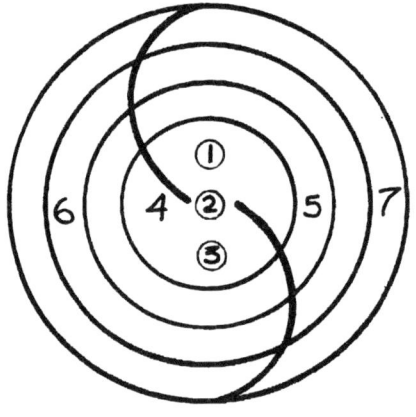

1. Physique
2. Émotionnel
3. Intellectuel
4. Intégration personnelle
5. Intuitif
6. Psychique
7. Mystique
8. Intégration transpersonnelle

corps + émotions + pensées = intégration personnelle

elle en ajoute un de plus

corps + émotions + pensées + vie spirituelle = intégration transpersonnelle.

En conséquence, sur le piédestal de la pensée-raison, s'ajoute son égal non-verbal, l'imagination. Les deux s'unifient dans l'esprit, non pas comme un système clos, mais comme un système ouvert sur l'infini. Ses dimensions de finitude, le temps, l'espace, la matière sont «en boucles de communication ouverte» sur l'infini, l'éternité, l'absolu. Par cette transcendance immanente, l'humain atteint l'ouverture dont parlent Bergson au plan philosophique, Ehrenwald dans sa compréhension des phénomènes psi, Charon dans la physique des éons ainsi que tous les systèmes religieux qui voient la divinisation de l'homme comme le but même de l'existence.

Ceci influence et transforme tous les modes d'enseignement qui visent l'intégralité (holisme) en combinant la croissance personnelle intégrale – **corps, sentiments, esprit** – au développement professionnel – qui n'est pas séparé du personnel – selon les modes **cognitifs** (théorie, démonstrations) et **intuitifs** – la danse, la musique, la dramatisation, les processus de la Gestalt et d'autres techniques expérientielles – pour atteindre une **santé optimale** qui inclut la dimension humaine et divine. Et comme il n'y a pas dissociation du personnel et du social, l'entraînement d'un groupe combine les travaux pratiques avec le *feedback* et l'évaluation de la démarche par le groupe. Le maître devient **l'accompagnateur central**, mais tous contribuent à la richesse de l'échange et créent collectivement une nouvelle entité.

Devenue la clé de voûte, la notion de *transcendance* qui surplombe la raison et l'intuition a mis un certain temps à se clarifier[1]. Enfin, en 1969, tous les fondateurs de la psychologie transpersonnelle étaient d'accord pour parler d'une **psychologie à la verticale** et **à l'horizontale**. Mais comment la définir?

Le mot *transcendant* a été évité parce qu'il désigne *ce qui se rapporte aux conditions à priori de la connaissance, hors de toute détermination empirique.* Or, on ne fait pas de science sans empirisme, sans mesure, sans vérification.

Le choix s'est donc porté sur le terme ***transpersonnel*** qui signifie clairement que **la personne** devient le lieu d'intégration. Tous les *niveaux supérieurs* sont ceux atteints, éprouvés par la personne, y compris la relation à ce qui la dépasse, la transcende. C'est ainsi que de nouveaux contenus se sont ajoutés aux domaines de l'étude psychologique.

Ces contenus rapatriés seront graduellement précisés par Sutich, Maslow, Shapiro, Krippner, May, Tart, Vallé, Descamps, Lajoie. Citons ces contenus tels qu'ils apparaissent dans la revue officielle de la psychologie transpersonnelle[2] : *Les méta-besoins*

---

1. Lajoie, D.H.; Shapiro, S.I. 1992.
2. Notre traduction, 1969.

de l'individu et de l'espèce, les valeurs ultimes, la conscience unitive, les expériences-sommets, les valeurs, l'extase, l'expérience mystique, le sacré, l'être, l'actualisation de soi, l'essence, la béatitude, l'émerveillement, le sens ultime de la vie, la transcendance, l'esprit, l'unité, la sensibilité au niveau cosmique, la synergie avec un autre individu ou avec l'espèce, les phénomènes transcendantaux, l'humour cosmique, la sacralisation de la vie quotidienne.

L'exploration de ces contenus est relativement nouvelle en psychologie scientifique puisque, rappelons-le, la psychanalyse freudienne s'était définie principalement en rapport avec la pathologie, le behaviorisme s'était limité aux comportements et la psychologie humaniste a privilégié les contenus, les processus et le contexte sans y inclure le sacré.

La psychologie transpersonnelle a pris naissance au sein du mouvement humaniste après que Maslow ait proposé la distinction entre les besoins pathologisants (ou besoins de déficience) et les besoins supérieurs (ou besoins de croissance). Cette proposition a abouti à la reconnaissance des «**besoins ultimes**» ou besoins transcendants (ex.: la recherche du beau, du vrai, du bien, du sacré, etc.). **Même très élevés – y compris aux niveaux mystiques, etc. – ces besoins sont considérés comme relevant aussi de la réalité biologique, personnelle et sociale, et deviennent ainsi objets d'observation, de mesure et d'analyse scientifique.** Ils peuvent être conscients ou inconscients, vécus de façon intégrée ou non. C'est probablement ce que les exemples de ce livre et votre propre expérience vous démontrent fréquemment.

La créativité, valeur première et valeur ultime, devient l'attribut de la conscience. Un dictat de la psychologie transpersonnelle, *l'énergie suit la pensée,* exprime bien ce corrolaire de la conscience. Là où est la conscience, là est l'attention, le sentiment d'urgence, la tendance à croître. Dans ses trois aspects – inconscience, conscience claire et surconscience – elle est l'esprit qui tend vers la manifestation.

Il est temps pour moi maintenant d'articuler le modèle de fonctionnement humain en psychologie transpersonnelle. J'ai voulu le rendre concret, fonctionnel, accessible au praticien. Nous voilà donc «en piste», prêts à appliquer ce schéma à l'intervention transpersonnelle.

Quelques exemples transpersonnels : la P.I.S.T.E.

Premier exemple d'un tarot bref

Contexte

V., un homme d'environ 35 ans, vit et travaille dans un Centre de croissance spirituelle depuis quelques mois. C'est un homme qui reflète beaucoup de douceur et une grande droiture intérieure. Je lui offre un tarot psychologique en réponse à son questionnement sur son projet de vivre quelques mois en Inde.

Préparation

Je l'invite à se centrer, c'est-à-dire à fermer les yeux et à entrer à l'intérieur de lui-même, à se mettre en présence de son énergie, celle qui dirige sa vie et qu'il nomme «mon Moi supérieur ou mon essence».

Sa question :

V. - *Est-ce le bon temps pour moi d'aller en Inde pour un pèlerinage ?*

G. - *Garde les yeux fermés et fait résonner cette question en toi-même...*

Pause. - *Comment te sens-tu ?*

V. - *Paisible... Oui, c'est vraiment ça ma demande, mon interrogation...*

Tirage

Je l'invite alors à mêler les cartes du jeu de tarot tout en gardant son attention sur sa question. Puis, je l'invite à tirer une carte.

C'est la Reine de bâtons.

Il la décrit ainsi :

V. - *C'est une femme assise sur une chaise. Elle tient un bâton dont les deux bouts sont en forme d'œuf. Son siège a la forme de deux cerbères ailés ou d'un genre de chats. Elle porte une couronne faite d'un serpent. Une partie de son trône ailé se termine par deux bulbes lumineux flottants. Près d'elle, un vase retenu par six supports dans lequel brûle une flamme. Plus loin, il y a un escalier de quatorze marches. Elle porte un collier composé de huit plaques.*

Reine de Bâtons

G. - *Quel titre donnes-tu à cette image ?*

V. - *Le pouvoir. C'est une image de pouvoir, pour moi.*

Je l'invite à reprendre chaque parole qu'il a dite et à en appliquer le sens à lui-même en regard de sa question : *Quand je pense aller en pèlerinage en Indes, je me sens comme une femme assise sur un trône ailé, etc.*

V. - *Je me sens alors gardé par deux cerbères ailés. Je porte le serpent de la sagesse sur ma tête et ma situation est éclairée de deux bulbes lumineux. Près de moi, brûle le feu de la connaissance. À mon cou, il y a un collier de huit plaques.*

G. - *De tout ce que tu viens de décrire, y a-t-il un point majeur qui t'a touché le cœur, qui a résonné en toi ?*

V. - *Oui. Je suis soutenu et protégé. J'ai un bâton de pouvoir dans les mains et j'ai accès à la connaissance.*

G. - *D'accord. Peux-tu prendre la position de cette femme, tenir le bâton de pouvoir et parler comme elle le ferait ?*

V. prend cette position avec beaucoup d'aisance et exprime à haute voix : *Oui, je suis prêt à faire ce pèlerinage. Quelles que soient les difficultés que je peux rencontrer, je sens que je peux y faire face...*

G. - *Garde cette posture pour quelques moments et prépare-toi intérieurement à tout ce qui peut survenir. Quels que soient les obstacles, ancre en toi le sentiment de pouvoir les traverser et que tout ce pèlerinage contribue à ton développement intérieur.*

Après quelques minutes de silence, il émerge serein, joyeux et marche d'un pas quasi-ailé. Je sens qu'il coïncide totalement avec sa décision. Il me dit alors que l'amie avec qui il pense voyager devrait faire un tarot avec moi. *Si tel est le souhait de cette personne, j'accepte de le faire.*

Commentaires

Dans cette situation, la technique de la **PISTE** se déroule harmonieusement. En tout moment, V. ne donne aucun signe de conflit avec lui-même. Lorsqu'il doit prendre la position, les sentiments, le discours du pouvoir à l'intérieur de lui, il le fait le plus simplement du monde. On retrouve ici les trois éléments du processus transpersonnel : la question a une portée spirituelle; la dynamique psychospirituelle est intégrée; le contexte méditatif de la fin englobe le tout dans une sorte de programmation où le passé, le présent et le futur ne font qu'un. Il est clairement capable de se situer comme cocréateur de sa vie en relation avec son essence spirituelle et les forces environnantes.

Second exemple

Un exemple d'un psychotarot

Son amie, C., se présente le lendemain et décrit sa situation personnelle dans les termes suivants:

C. - *J'ai une petite fille de deux ans. Elle n'est pas ici, mais elle vit avec sa demi-sœur de dix-huit ans et leur père. J'ai habité avec cet homme pendant sept ans. Nous nous sommes connus ici, dans ce Centre. Je l'ai suivi aux États-Unis. Nous avons été bien ensemble seulement la première année, ensuite la situation s'est grandement détériorée. Dois-je partir avec V. et amener ma petite avec moi ?*

G. - *Ferme les yeux et, dans le secret de ton cœur, fais résonner cette question en t'adressant à ton essence ou à ton Moi supérieur, et vois si elle est juste. Si ce n'est pas tout à fait juste, tu la modifies. Si oui, tu la gardes telle quelle.*

Après une longue pause, elle me fait signe de la tête. C. tire la grande Prêtresse et s'absorbe en silence. Je l'invite à penser à voix haute, ce qui semble très difficile pour elle. Elle a besoin d'une deuxième consigne pour commencer à s'exprimer.

La Prêtresse

C. - Je vois une femme qui a l'air détendu. Elle n'est pas heureuse, pas contente. Cette carte me semble très étrange. J'ai le sentiment de deux champs d'énergie, l'un à droite qui est étranglé par l'autre champ, celui de gauche, qui essaie de croître. Je sens vivement l'opposition des deux champs. Il y a beaucoup d'énergie, mais c'est comme paralysé.

Comme guide, je l'invite à reprendre tout ce qu'elle a dit de l'image et à l'appliquer à elle-même.

C. - Quand je dis que j'amène la petite avec moi, je ne suis pas heureuse, pas contente. Je vis cette situation de façon très étrange comme coupée en deux champs d'énergie. D'un côté, il y a une chose qui m'étouffe et, d'un autre côté, j'essaie de croître et je me sens divisée entre les deux.

G. - Peux-tu passer de cette image symbolique à ta propre vie. Dis-moi ce que tu retrouves de toi là-dedans ?

C. m'explique qu'elle est divisée entre un sentiment de devoir, retourner chez elle et protéger la petite que son père ne veut pas laisser aller, et le sentiment très net de vouloir en sortir pour se respecter elle-même comme femme. Elle croit que sa sœur de dix-huit ans peut jouer le rôle de mère, mais elle est tiraillée à l'idée d'abandonner «sa fille» à son père. Comment sortir de cette ambivalence? Je lui suggère d'explorer directement cette question : «Puis-je amener la petite avec moi? »

Elle tire le six de bâtons.

C. - Que c'est beau !

6 de Bâtons

Elle explore avec ses doigts toute la carte en la ressentant, mais sans s'exprimer verbalement. Je dois à nouveau l'inciter à s'ouvrir. Je lui dis : *Est-il possible que tu te conduises avec ton conjoint comme tu le fais ici, en ressentant vivement dans ton cœur une situation, mais sans trouver les mots pour te faire comprendre ?* Elle me fait signe que oui de la tête et j'éclate de rire en lui disant : *Oui ?*

Elle me fait un air découragé. Je lui confie qu'à vingt ans je préférais rester silencieuse et amener les autres à me deviner. Elle proteste qu'elle a plus de trente ans, puis elle plonge hardiment dans la description.

C. - *Ces pôles représentent toutes les personnes autour de ma fille et, au centre, ce pourrait être elle... Ça pourrait être moi aussi. Autour, toutes les idées qui se disputent l'attention de ma fille. Cette image, je l'appelle «la prison». C'est très beau, mais c'est une prison.*

Je l'invite à devenir le porte-parole de ses propres idées et sentiments. Elle le fait en parlant à sa fille avec force et tendresse. Elle parvient à exprimer pourquoi elle ne veut plus habiter avec son père, que c'était une prison pour elle et qu'elle veut l'amener dans un très long voyage, à l'autre bout du monde. Elle prendrait bien soin d'elle, mais il lui reste à convaincre son père parce qu'elle veut faire ce geste en harmonie.

Je l'invite donc à ouvrir une autre carte représentant la relation avec son ex-conjoint. Elle tourne l'arcane majeur «La Tempérance».

C. - *Ça représente bien le père de ma fille.* (Elle touche la carte en s'absorbant, mais continue de parler). *Ceci représente le contrôle. C'est un être avec un très grand ego, avec un très grand pouvoir, mais ce n'est pas une personne complète.*

(Elle montre le piédestal). *Cet homme et la femme ont une expérience passée qui ne peut continuer. Cette femme, c'est moi. Je suis prise au piège.*

La Tempérance

Je l'invite alors à un premier jeu de rôle dans lequel elle exprime directement à son partenaire sa colère, sa frustration et son impuissance. Dans un second jeu de rôle, elle se sent davantage capable de sentiments nuancés. Elle exprime le regret d'avoir à le quitter, la grande difficulté pour elle de se prendre en main et le désir et la capacité d'amener sa fille avec elle. Naturellement, elle projette qu'il réagira avec brusquerie, méfiance et opposition. Je lui explique l'impact de l'écoute active. En reprenant les arguments de l'autre reçus avec ouverture, l'interaction amène un adoucissement graduel des positions et, éventuellement, une entente avec compromis. Elle y arrive assez bien dans le troisième jeu de rôle qu'elle vit de façon très libre. Elle semble cesser d'avoir peur en faisant sienne la colère de son conjoint, elle passe ensuite à son propre rôle trouvant les mots pour accepter et comprendre cette colère: *Je sais que mon projet te rend furieux et tu as peut-être toutes les raisons du monde de t'y opposer, mais je te demande de m'écouter. Je ne pars pas sur un coup de tête. Je sais ce que je fais. Tu peux contribuer à améliorer mon projet...*

Après ces jeux de rôles, C. arbore un grand sourire. Elle est très fière de l'apprentissage qu'elle vient de faire et cherche immédiatement à rejoindre son ex-conjoint par téléphone. Mais, il est absent. J'en profite pour consolider les acquis.

C. - *Je suis d'accord avec la situation. J'accepte que tu ne sois pas là pour l'instant, mais quand nous nous reparlerons, nous serons capables de nous comprendre. Je ne me laisserai plus intimider.*

Commentaire

Ce psychotarot m'était annoncé comme un questionnement psychospirituel. Dans les faits, il a fallu revenir à la consolidation psychologique de l'ego. La confiance en soi, la capacité d'expression et d'affirmation de cette jeune femme étaient nettement déficientes. Elle se soumettait ou se révoltait sans pouvoir trouver à s'affirmer de façon juste et nuancée. Le sens personnel de son projet de voyage en Inde demeure à clarifier. Pour l'instant, son intérêt tout entier s'attache à la décision concernant sa petite fille. Ce psychotarot a eu une grande importance pour elle, même si nous avons passé à peine plus d'une heure ensemble.

Troisième exemple
Tarot psychologique ou transpersonnel?

Rosa, dans la jeune cinquantaine, se présente comme une femme rieuse toujours en train de rendre service et à l'aise dans le contexte du Centre où elle travaille. Au départ, je lui demande de se centrer et de laisser venir à elle la question la plus importante pour laquelle elle désire une réponse. Elle exprime trois ou quatre préoccupations et s'exclame : *Ah! Je ne suis pas claire.* Ce à quoi je réponds que je vais l'aider si elle les exprime à voix haute. Cela semble lui suffire parce qu'elle choisit d'elle-même sa question.

R. - *Le moment est-il venu de m'immerger totalement dans la vie spirituelle ou de continuer à œuvrer socialement ?*

G. - *Ferme les yeux et répète ta question. Vois quelle énergie cette question suscite dans ton corps.*

R. - *Oui, ça y est, c'est bien ça.*

Je l'invite à tirer deux cartes, l'une représentant le «**problème**» et l'autre, «**la solution**». Elle mêle les cartes et en tire deux. En les posant sur la table, je lui dis de tourner la première carte et que nous allons explorer quel problème se pose pour elle dans ce choix.

R. - *Mais non, ce n'est pas comme ça que je les ai choisies. C'est l'inverse. Celle-ci est* le problème.

Elle tire l'arcane majeur de la Justice en position renversée et s'investira complètement dans la description sans réaliser qu'il y a inversion.

R. - *Je vois des mongolfières avec un rouleau à pâte au bout. Deux yeux me regardent. Il y a un pierrot renversé. L'épée de Damoclès n'est pas suspendue au-dessus de ma tête.*

Je lui demande ce qu'elle ressent.

R. - *De la légèreté. Je suis soulevée.*

Je l'invite à reprendre cette description et à l'appliquer à elle-même.

La Justice

R. - *Je suis comme des mongolfières. Quand je pense m'immerger dans la vie spirituelle, je veux monter. Je suis un rouleau à pâte.* Rires. *C'est vrai qu'une partie de moi est attirée par la pâtisserie et toutes sortes d'activités de la cuisine. Demain, je m'arrête et je change de travail. C'est le premier moment de ma vie où je m'arrête. Toute ma vie, j'ai été au service des autres.*

G. - *Veux-tu aller voir dans ton corps où se loge cette énergie de ton côté «rouleau à pâte» ?*

R. - *Ici, dans la poitrine, ça serre... Je me sens fébrile. J'ai du mal à respirer.*

Comme guide, je continue le focusing en l'invitant à donner une voix à ce serrement.

R. - *J'ai envie de pleurer.*

G. - *Tu peux le faire maintenant. C'est un bon endroit pour cela.*

R - *Je n'ai pas de papier-mouchoir.* (Elle rit et pleure à la fois.) *Oui, je n'ai aucune raison de pleurer. Je ressens de la gratitude pour tout ce que j'ai reçu... pour ma fille qui m'aime... pour les gens merveilleux qui m'entourent...*

G. - *Je comprends que l'on puisse rire et pleurer à la fois, qu'il y a de la joie dans nos relations et que, pourtant, une partie de nous soit dans les larmes et dans la compassion.*

R. - *Mon problème, c'est que je veux monter, mais que je suis alourdie par mon côté activité «rouleau à pâte.*

G. - *Vois maintenant comment est ton corps.*

R. - *Je respire mieux.*

G. - *Peux-tu donner un nom à cette image ?*

R. - *C'est l'appel au secours. Je vois cette main qui se tend vers la mongolfière.*

Je résume le sens de son conflit.

G. - *Mon problème, c'est que je ne peux pas tourner le dos au monde ou, du moins, pas encore. J'appelle au secours, pour «monter plus haut. Voyons maintenant quelle est la solution que tu peux apporter à ta situation ?* (Remarquez que je ne rétablis pas le sens habituel de cette image sentant le besoin d'aller jusqu'au bout dans son exploration spontanée).

La solution :

le VI, les Amoureux, en position inversée

R. - *Je vois un bébé, une main qui pointe vers le bébé, des racines d'arbres qui sont le moyen de tout tenir ensemble, des flammes, de la légèreté, de l'ombre.*

G. - *Reprends ça. Ma solution, c'est...*

R. - *Ma solution, c'est de trouver le bébé en moi, de m'enraciner, de me laisser aider par moi-même – rire – de trouver ma propre nourriture. Non, je ne suis pas des racines, je suis déracinée. J'ai une flamme, de la légèreté, de l'ombre.*

Les Amoureux

J'en profite alors pour lui dire qu'elle a fait preuve d'une énorme créativité en trouvant un sens à ces images en positions inversées. Je lui montre la première en m'étonnant du sens fort adéquat qu'elle a pu projeter et de la compréhension juste de son problème : elle a peur de sa propre légèreté, probablement peur de se laisser aller à une spiritualité élevée lorsqu'elle n'est pas certaine de ses racines. Nous rions à gorge déployée de voir tous les signes de confusion qu'elle a multipliés dans ce psychotarot.

R. - *Oui, je suis très mêlée et je me fuis finalement... dans ce grand désir de service.*

Je lui indique le sens de ses deux lames majeures. Le problème, **le VIII, la Balance**, représente la recherche elle-même, en reconnaissant qui elle est psychologiquement et spirituellement. La solution: **le VI, les Amoureux**, l'invite encore davantage à cesser toute coupure avec elle-même, à se fusionner à son essence et à accepter l'être de feu qu'elle est. On termine dans un grand calme. Elle semble avoir compris l'obstacle intérieur qu'elle met entre elle et elle-même.

Quatrième exemple
Tirage original transpersonnel

Tarot avec M.S., une infirmière attachée à un magazine professionnel. Nous séjournons dans le même centre de vacances depuis une semaine. Une affinité s'établit entre nous. C'est la première fois que je me trouve avec quelqu'un qui pose des questions transpersonnelles si directement. Pour chaque question, une carte est choisie.

1) Dieu, es-tu avec moi et comment ? 2) Mon Dieu, comment suis-je avec toi ? 3) Dieu, es-tu à l'œuvre dans mon groupe et comment ? 4) Dieu, quelle est ma relation à mon groupe communautaire ? 5) Dieu, comment vois-tu mes relations avec les hommes ? 6) Dieu, comment suis-je dans mes relations avec les hommes ? 7) Quelle est la plus haute réalisation que je vais connaître dans cette vie ?

- **Première question:** «Dieu es-tu avec moi?»

XXI - Le Monde

Le Monde

M.S. - *Je sais que c'est ridicule de poser une question comme celle-là. Autrefois, deux chefs de guerre ennemis appelaient Dieu, chacun de leur côté. Ce n'est pas en ce sens-là. Je veux savoir la qualité de sa présence dans ma vie. Je vois un homme et une femme. Leurs visages semblent en colère. La hanche de la femme est blanche, pleine. L'homme est musclé, fort, barbu. Les oiseaux virevoltent au-dessus. Les grands animaux sont au repos.*

G. - *Reprends cela, applique-le à la qualité de la présence divine.*

M.S. - *Dieu, tu es avec moi comme tu l'es avec les hommes et les femmes. Même à travers leurs visages de colère, frustrés par la vie. Tu es avec moi dans la hanche pleine qui enfante. Tu es avec moi dans l'homme barbu, musclé que je rencontre. Tes signes sont dans le vol des oiseaux, dans le repos des gros animaux paisibles.*

G. - *Le sens de ça ?*

M.S. - *Je comprends une vérité toute simple : tu es la création elle-même; tu es l'accomplissement des désirs entre les hommes et les femmes. Tu es dans les enfantements de ma chair et de mon esprit. Tu es avec moi quand je deviens plus forte, plus musclée. Tu me fais signe dans la colère humaine quand trop de besoins sont frustrés. Les oiseaux ? Tous les oiseaux te chantent, mais aussi les corneilles qui me saluèrent en Grèce quand je t'ai prié. Les colombes d'ici. Je pense aussi aux oiseaux de la ville. Tu es dans ma propre légèreté d'esprit, tandis que les «gros animaux», mes besoins terrestres, sont en repos.*

On arrête ici pour se reposer un peu. Vingt minutes plus tard, elle aborde la seconde question :

- **Deuxième question:**

«Dieu, es-tu présent dans mon action communautaire ?»

XVIII - La Lune

La Lune

- *Ah ! La Lune. Une femme sur le dos, un cône de lumière au sexe. Deux gardiens mystérieux qui la maintiennent là. Ce n'est pas un homme qu'elle attend, mais toute sa féminité est tournée vers le soleil levant ou la lune. Cette forme de pure lumière comme deux mains en prière ou une claire lentille, un visage vide... ses grands cheveux bouclés lui cachent le visage, non les bras, les mains. Elle s'étire au maximum ! Elle déploie sa réceptivité. Je ne peux pas croire que Dieu est avec moi de cette façon dans mon groupe de méditation! Allume mes lumières ! Dieu agit en femme à mon égard ?*

G. - Reprends tes paroles en disant Dieu agit dans mon groupe comme...

M.S. - *Ah ! dans mon groupe de méditation Dieu agit comme la Lune. Il se présente dans son action comme une femme qui est sexuellement illuminée. Finalement ce n'est pas un contact charnel que j'attends de lui, mais l'éveil de toute ma féminité – ou de sa féminité ? A-t-on jamais parlé de la féminité de Dieu ? – Dans ce cas-ci, qui est féminin ? Dieu est féminin dans son attente à travers chaque âme. Ou moi dans mon extrême sensibilité facilement écorchée vive, je ressens sa présence en chacun ? Probablement les deux.*

Je lui ai parlé du livre *The Feminine Face of God* qui relate bien cette voie féminine de relation à Dieu.

M.S. - *Cela me rappelle la parabole des Vierges à la lampe allumée qui attendaient leur bien-aimé. D'abord, j'ai été choquée par le côté «harem» de la situation – tant de femmes pour le même homme ! – Mais, je sais maintenant que tous et toutes en notre for intérieur, nous attendons le Bien-Aimé.*

G. - *Bon, comment tu résumes l'action de Dieu à travers ce que ton groupe fait ?*

M.S. - *Dieu est en attente à travers chaque être de la communauté. Ma propre sensibilité enregistre vivement les mouvements des autres.*

Je lui dis alors que je me considérais moi-même comme une «éponge psychique» absorbant presque automatiquement ce que les autres vivent, pensent, ressentent.

M.S. - *Je crois aussi que cela est vrai de moi.*

G. - *Alors, si tu donnais un nom à cette lame ?*

M.S. - *C'est l'abandon total à l'objet d'amour.*

G. - *Comment cela éclaire l'action de Dieu à travers ton groupe ?*

M.S. - *Dieu me rejoint là, m'immobilise là, jusqu'à ce que je goûte l'illumination de la tête aux pieds. Dans cette situation, je suis sa femme, sa Bien-Aimée. Et Dieu, au féminin, attend mon action auprès de ces gens ?*

Nous arrêtons pour la laisser méditer là-dessus, pour que le sens la pénètre bien.

Quinze minutes après, elle revient.

G. - *Rien de neuf ?*

M.S. - *J'ai réfléchi à mon propre rayonnement pour le groupe. Pour eux, je peux être dans le rôle du soleil, tout en étant moi-même dans ma sensibilité réceptive de femme, donc les sentant, sachant de l'intérieur leurs besoins.*

G. - *Il serait peut-être bon alors de passer aux questions complémentaires: comment toi-même tu agis envers Dieu?, et comment toi, tu agis envers ta communauté?*

M.S. - *Commençons par «comment j'agis envers Dieu», c'est plus central.*

Elle brasse le jeu à nouveau, car à chaque fois la carte est retournée dans l'ensemble du jeu.

Le Roi de Coupe tombe durant la manœuvre – elle le réinclut – puis la Reine d'épées et le 9 de deniers sortent.

Je lui signale qu'il y a bien des «échappatoires» ou des échappées. Elle me répond qu'en effet elle se sent fatiguée et ambivalente à continuer pour l'instant. Nous examinons quand même le sens de ces trois lames :

Roi de Coupes

M.S. - *Étrange de me voir dans le rôle mâle vis-à-vis de Dieu!*

En approfondissant tout à coup, cela la touche beaucoup. Elle accepte avec élan, presque avec surprise d'être un principe actif. Cela la dégage, la réconcilie.

M.S. - *Je me décris comme cocréatrice. Si Dieu prend pour moi la face de la Féminité, je vois bien que cela appelle mon rôle actif, mes propres décisions. J'ai toujours cultivé délibérément l'abandon à Sa volonté, mais en étant cocréatrice, Il désire que j'exprime mes désirs, même que j'imprime mes pas sur terre. Ici c'est dans l'eau, dans les émotions. Et c'est O.K. puisque je suis sensible. Je réagis à la qualité du monde, surtout à celle des relations. Ça s'inscrit en moi et je peux mieux les articuler. Je me sens dégagée d'un poids ou d'une contrainte. Je peux me permettre d'être librement active; c'est même désiré de moi.* Grand sourire.

Reine d'Épées

9 de Deniers

Ici je lui parle d'Hildegarde de Bingen, la moniale active de la Renaissance, et de la fonction de la femme comme initiatrice. Elle reçoit cela en silence puis pointe les deux autres cartes.

M.S. - *Quand je croyais devoir m'inhiber, j'étais pleine de contradictions (9 de deniers) ou exacerbée comme celle-ci (La Reine d'épées). Drôle comme tout tombe en place.*

Cette session est alors suspendue, le travail sur «Le Roi de coupes» a désamorcé le conflit.

- **Troisième question :**

«Dieu, quelle est ma relation avec Toi ? De quoi est-elle faite ?» (2 de deniers)

M.S. - *Ah!, la nonne, l'alchimiste, la soigneuse ou la soignante, la chercheuse. Modeste, le tablier sur elle. Un cœur renversé qui relie la tête à la poitrine. Elle a des cornes sous son voile. Elle connaît le diable. A-t-elle attaché les deux cornues pour se faciliter la tâche ? Elle est droite, fière, attentive. Son voile est très long. À moins que ce soit une armoire derrière elle. Bon, ça suffit : je n'en finis plus.*

2 de Deniers

G. - *Tu veux reprendre ça ? L'appliquer à toi et ta relation à Dieu ?* Je lui tends la feuille pour qu'elle se relise.

M.S. - *Oui, je vis comme une nonne maintenant, sans sexualité manifeste. Je soigne des gens. Infirmière par amour, guérisseuse en même temps. Même hors de ce contexte de travail, je veux développer des relations mutuellement guérissantes. Mais le cœur renversé m'amène aux cornes. Je suis facilement blessée et je proteste, j'encorne. Et je connais le diable... Parfois je me reproche amèrement mes manques d'amour. Puis j'appelle le pardon. Je ne suis pas totalement libérée de mon passé, pardonnée une fois pour toutes. Dieu, répands ton amour sur mes fautes. Laisse couler cet amour dans ma gorge, mes seins. Oui, je vais me faciliter la tâche maintenant avec Dieu et Dieu dans les autres à travers l'action. «Avec douceur et aisance». Pour le reste, oui ce sont des qualités de ma relation etc.*

G. - *Le plus important là-dedans ?*

M.S. - *L'humble alchimiste, amoureuse de son art. Ma passion d'aimer et de chercher draine mes forces.*

G. - *Quel titre lui donnes-tu ?*

M.S. - *Dieu me transforme un peu tous les jours. Dieu, soyez amoureusement patient avec moi.* Elle ferme les yeux et s'absorbe dans cette pensée.

Après une pause :

G. - *Prête pour une synthèse ?*

M.S. - *Oui, je veux faire des liens.*

M.S. - *Dieu agit avec moi en créant le monde. Le transformateur de mégapuissance. Totalement en voie d'achèvement, comme le soleil transforme la terre. Moi, j'agis localement. C'est seulement mon lien avec lui, quand je m'absorbe en Lui que je rejoins ses mégawatts. Il y a une interaction puisqu'ici Dieu m'attend dans Sa féminité. Maintenant, je peux voir* **quelle est ma relation à mon groupe ? Comment le groupe m'affecte-t-il et comment moi, je l'influence?**

• **Quatrième question:** «Ma relation à mon groupe»

G. - *Tout cela pour une seule carte ? Nous verrons bien.*

M.S. - *Je pense que c'est une démarche commune de conscientisation: ils me soutiennent autant qu'Il le fait pour eux, mais j'ai hâte de voir cela en image.*

2 de bâtons

M.S. - *Pouf! Waw! Waw!* - rires - *On s'aime au printemps! Aie, aie, aie !*

G. - *Décris ce que tu vois.*

M S. - *Deux personnes, homme et femme, qui sont nues, enlacées, se bécottant dans la prairie en fleurs. Ça bourgeonne de vie. Sommes-nous cela, mon groupe et moi ?*

G. - *Reprends ça en disant: Aux yeux de Dieu, quelle est ma relation à ce groupe ?*

2 de Bâtons

M.S. - *Nous sommes deux: homme et femme nus, enlacés dans un printemps en fleurs.*

G. - *Au début, tu as vivement réagi : aie, aie, aie !*

M.S. - *Oui, quel amour ! Le plus puissant, le plus beau, le plus intime, le plus abandonné !*

G. - *Où tu vis ça dans ton corps ?*

M.S. - *Dans la poitrine et une excitation joyeuse de la tête aux pieds. Je sens là une permission d'être plus amoureuse, de diminuer ma peur d'aimer.*

G. - *Comment tu comprends ça dans ton lien à ton groupe communautaire ?*

M.S. - *Je ne sais pas. Je vais rester chaste, mais plus taquine, plus aimante. Je dois faire confiance en ma forte sensualité, en ma sexualité. Elle ne me nuit pas, ou ne me nuira plus. Actuellement je me réprime encore trop.*

G. - *Comment tu appelles cette image de ta relation à ta communauté ?*

M.S. - *«Place à l'amour!» Oui. Soyons très près les uns des autres. Comme le Christ a dit : «On vous reconnaîtra à ce que vous vous aimez». J'ai là mon programme pour le reste de mes jours, comme une Sagesse. C'est peut-être une source d'équilibre pour éviter le* burn-out.

G. - *Avant de quitter, tu veux faire des liens entre ces deux cartes qui parlent de toi ?*

M.S. - *Oui, ici, dans ma relation à Dieu, je me transforme du dedans, là avec mon groupe, je me transforme avec les autres. C'est deux, le nombre de la rencontre. Ah! Là (2 de deniers) avec Dieu j'ai des habits, je suis protégée par lui, dans son cocon. Ici, devant les hommes et les femmes, je me fais tranparente, justement parce que je suis protégée.*

2 de Deniers

G. - *Tu te rappelles le nom donné à celle-ci ?*

M.S. - *Non. L'œuvre au noir ?*

G. - *C'est un nouveau nom qui signifie quoi ?*

M.S. - « *L'œuvre de transformation, de dépouillement sous l'effet de l'abandon à l'amour. Ah! J'avais dit* l'Alchimiste.

G. - *Et ici ?*

M.S. - Place à l'amour. *C'est très proche.* Elle rougit et baisse les yeux.

G. - *Ne sois pas gênée. Qu'on l'appelle libido ou énergie d'amour, n'est-ce pas la dynamique profonde en chacun de nous ?*

Nous mettons nos fronts l'un contre l'autre, en silence, pour un long moment.

La suite est reportée au lendemain. Elle choisit la sixième question.

- **Cinquième question:** «Dieu, dis-moi comment je suis en relation avec les hommes ?»

Elle tourne le Diable, (XV) :

M.S. - Ah ! non, je ne l'aime pas ! Vas-tu utiliser ton habileté à me tenir là, car je prendrais les jambes à mon cou. J'ai peur de ce que je vais découvrir.

G. - *Alors, commence le processus par la description. Que vois-tu ?*

M.S. - *Je vois un gars, raide du cou, barbu, avec une étoile blanche à cinq pointes. Il tient un flambeau de feu qui traverse sa main. J'ai l'impression qu'il brûle avec stoïcisme. Un homme en bas se tient dans une coupe en flammes. Il touche le bras enflammé du diable. Le tronc de l'arbre du Bien et du Mal porte fruit, s'enracine. Une femme à droite est enchaînée à la croix. Pouh ! quelle image déplaisante, très forte.*

Le Diable

G. - *Bon, dans la seconde phase, tu reprends ça : Dieu dis-moi comment je suis en relation avec les hommes ?*

M.S. - *Je suis un gars au cou raide...*

G. - Commençons par tes exclamations.

M.S. - « *?* »

G. - *Ah ! non, je ne m'aime pas là-dedans. Et je veux que toi Denise, tu me maintiennes face à ce problème, tellement j'ai peur. Je prendrais les jambes à mon cou.*

M.S. - *Oui, c'est en plein ça. Et de quoi ai-je peur ? D'avoir une relation où le masculin domine ? D'avoir le cou raide ? Oui je l'ai ! Je suis alors en relation avec un mâle qui brûle et je m'appuie sur ses forces négatives. La femme en moi est petite, enchaînée. Le Bien et le Mal s'enracinent.*

G. - *Et quelle image déplaisante je me fais de ma relation à l'homme ! Qu'est-ce que tu ressens en ton corps quand tu dis cela ?*

M.S. - *Rien. J'ai trop peur mais le dos me brûle.*

G. - *Tu veux rentrer dans ton dos et me décrire ce qui se passe ? Décris cette brûlure ?*

M.S. - *J'ai mal. Je suis raide, enchaînée par des tensions. J'ai développé de gros muscles pour me contrôler, mais ça n'a rien réglé.*

G. - *Donne une couleur, une odeur, une forme, un mouvement à cette partie de toi ? Fais-moi bien sentir ce qu'il y a là*

M.S. - *Ça brûle. C'est rouge. Tout le dos. Je ne respire pas, je ne bouge pas. Je veux me libérer mais j'ai encore trop peur.*

G. - *Laisse parler ta peur. Donne-lui une voix.*

M.S. - *Mon Dieu que je suis raide de peur ! Puis, elle s'adresse à sa peur.*

M. (son nom) arrête-toi de garder ça au dedans de toi. C'est passé depuis si longtemps. Pardonne. Oublie. Je pense autant à R. mon mari qu'à mes parents.»

G. - *En quoi ?*

M.S. - *Mariée trop jeune à un professionnel que je mettais sur un piédestal, je ne pouvais pas lui dire «que ça ne tournait pas rond dans notre vie intime». Je baignais dans le désespoir. Et malgré cela, je lui disais qu'il faisait bien ça. Quelle horreur ! Il ne faut pas mentir, surtout sur ça, mais je croyais bien faire.*

G. - *Alors, ce sont des* principes *qui t'ont menée à un certain désastre ?*

M.S. - *Oui. Nous nous aimions sans réussir à être heureux. Quelle absurdité! ou quel malheur !*

G. - *Reprends l'image. Te vois-tu là-dedans ?*

M.S. - *Oui. La femme au visage fermé, enchaînée par ses interdits. Lui, R., des flammes le brûlent, mais par amour, lui aussi ne fait rien. Nos peurs nous tiennent réunis et séparés à la fois. Quand il est mort dans un accident d'auto, je me suis demandée s'il avait tout fait pour éviter la collision. Ce doute était plus dévastateur que le fait de rester seule avec trois jeunes enfants.*

G. - *Comment est ton dos ?*

M.S. - *Un peu libéré. J'aimerais explorer mes parents, leur histoire.*

G. - *Le feu de tes ancêtres ?*

M.S. - *Papa était «porté sur la chose». Maman était très pieuse... Ils ont eu trop d'enfants. Je pense que je suis la combinaison des deux. J'ai toujours envie d'amour, mais j'ai toujours envie de dire non. Il y a une contradiction qui garde cette tension.*

G. - *Tu veux te réconcilier avec toi-même ?*

M.S. - *Oui. C'est correct d'avoir du désir. C'est correct de m'interdire les relations sexuelles qui ne me conviennent pas. À moi d'en juger. Je peux donner et recevoir là-dedans.* - Pause.

G. - *Ça va... ton dos ?*

M.S. - *Oui, le passage est plus libre.* Elle fait des mouvements.

G: *Comment fais-tu la synthèse de cette question : Comment sont mes relations avec les hommes, aux yeux de Dieu ?*

M.S.: *Je les ai pensées mauvaises. J'ai longtemps cru que Dieu me trouvait «mauvaise» lorsque j'étais tiraillée et malheureuse dans mon mariage. Maintenant je vois que je ne m'accep-*

tais pas dans mes besoins et que j'avais trop d'orgueil pour dire mon désarroi à mon compagnon qui, pourtant, me témoignait une grande bonté. - Elle réfléchit et me dit avec un demi-sourire: *Qu'il me pardonne !* –, puis elle relève la tête, complètement souriante et ouverte – *surtout que je me pardonne ? Oui et que je m'ouvre à la grâce. Je sens que ça me guérit en-dedans, que je me guéris dans cette blessure qui me faisait mal là, montrant sa poitrine. (I have healed the split in my heart). Le Diable me donne une leçon d'humilité... et l'occasion d'un revirement dans ma façon de voir les choses ! Ce questionnements de fond m'est très utile. mais il n'est pas fini. Il nous reste une dernière carte à explorer ?*

G.:- *Oui, tu as formulé une dernière question: Quelle est ma plus haute réalisation à atteindre aux yeux de Dieu ?*

M.S.- *Hum, j'hésite à la retourner. Telle que formulée la question me semble orgueilleuse... Je veux savoir vers quel but mes efforts doivent tendre . Étant donné qui je suis, quel achèvement dois-je atteindre dans mon cheminement ?*

G.- *Oui, vers quoi tend la réalisation profonde de mon être ?*

M.S.- *Bon, j'y vais. Je me lance.*

(Elle tourne le Cavalier de bâtons)

Oh! Oui, celui-là est en marche, au grand galop, mais il vire de bord, change de cap. Il est vêtu pour traverser des déserts. Sa lance lui sert à je ne sais quoi.

G.- *Reprends cela en commençant par «Ma plus haute réalisation aux yeux de Dieu, c'est d'être en marche...»*

M.S.- *Oui, ma plus haute réalisation se situe dans le fait d'être en marche, de toutes mes forces et de savoir virer de bord, changer de cap. Mon âme est vêtue pour traverser des déserts. Ma lance me sers à quoi ? Je ne le sais pas.*

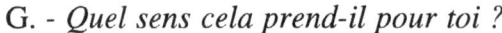
Cavalier de Coup

G. - *Quel sens cela prend-il pour toi ?*

M.S.- *Le mieux pour moi, c'est de tendre vers Lui? Je viens de traverser un désert pénible. Je suis à un point tournant de ma vie. Cesser de me battre ? Je crois que c'est cela ma nouvelle orientation. Aimer, me rendre utile mais être surtout occupée au dialogue avec Dieu, m'envelopper de Lui.*

G. - Je la laisse s'absorber dans sa compréhension intérieure, silencieuse, quand tout à coup, je réalise que pour cette dernière question, elle n'a pas choisi d'explorer selon son double critère *Comment Dieu voit cela et comment moi je le vois ?* Je lui en fais la remarque.

M.S. -*Ah ! c'est vrai. Lui que voit-il, que me prépare-t-il ? Où m'attend-il ?*

Elle cherche parmi l'ensemble du jeu avec douceur, presque avec tendresse. Le deux de coupes apparaît. Elle a un certain sourire de surprise et d'entendement. Elle hoche la tête pour dire :

2 de **Coupes**

- *Bon, je me rends disponible à de nouvelles relations avec les hommes* - elle montre la carte du Diable que nous venons de travailler - *et déjà Sa réponse m'invite à me réouvrir affectivement à quelqu'un qui me va comme un gant. Regarde comme ces deux-là vont bien ensemble! Un même rythme à deux, presqu'un seul mouvement! Ils chantent, rient et dansent, la coupe à la main. Jeunes et joyeux. Quel cadeau la vie me ferait !*

G.- *Tu reprends ça ? La plus haute réalisation qui va m'être donnée par Dieu, c'est...*

M.S. - *L'objectif le plus élevé de ma vie, dans le plan de Dieu, c'est de vivre en couple ?* - elle a l'air médusée, incrédule et pourtant d'accord, heureuse, mais encore hésitante.

G - *Poursuis et ressens chacun des mots que tu as dit.*

M.S. - *Le plaisir de Dieu c'est de me voir en couple, de voir deux êtres qui vont bien ensemble. La plus haute réalisation pour moi, c'est de développer un même rythme à deux, presqu'un seul mouvement. Chanter, rire, danser la coupe d'amour à la main. Ensemble, nous serons jeunes et joyeux.* (Et pourtant elle a les larmes aux yeux. Cette image la touche dans un besoin profond où elle a été blessée, comme nous avons vu à la carte du Diable. J'ajoute alors sa dernière phrase, d'une manière affirmative.)

G. - *Et quel beau cadeau la vie va te faire dans cet amour !*

M.S. - *Au fond de moi, je n'ai pas cru que la vie allait me donner une seconde fois la chance d'aimer et d'être aimée de cette façon et d'un tel être si complémentaire.*

G.- *Ferme les yeux et accueille les pensées, les impressions qui viennent à toi concernant cette relation. Fais-lui une place à l'intérieur de toi. Donne-lui l'espace, le souffle pour exister. Rends-toi prête à en reconnaître les signes lorsque tu la croiseras.* - Pause - *Comment la ressens-tu ?*

M.S. - *C'est tout simple en dedans de moi. Je m'abandonne mais je sens encore ma résistance. Depuis douze ans, j'ai perdu l'habitude d'être en couple, de négocier mon temps libre, le tiraillement entre un époux et des ados qui sont presque de jeunes adultes.*

G. - *Tu vois davantage les problèmes, me semble-t-il, que la joie ?*

M.S. - *Hum... Je m'ouvre à son énergie très élevée, à sa communication, à sa chaude présence, à l'accomplissement de nos vies qui en sera facilité.*

G.- *Oui, la question qui t'a amenée à choisir cette lame, c'est le désir de connaître la plus haute réalisation de ta vie, là où Dieu, ou ton essence, t'attendent dans un accomplissement de haut niveau. Avec cette image, je la nommerais «L'union sacrée», cocréer ensemble, chercher un rayonnement maximal à travers l'entente, la joie, la simplicité. L'équilibre semble particulièrement réussi entre la recherche de l'individuation et l'abandon à l'autre, par l'ouverture de ton cœur.*

Comme le temps presse, nous faisons quelques liens d'ensemble, entre toutes les cartes.

Du côté de Dieu, comme elle le désigne, il y a trois arcanes majeurs sur les quatre lames tirées. Elle en est contente, elle se sent fortement exposée au contact divin.

De son côté à elle, il y a surtout des lames mineures. Cela lui convient bien : *Je vais aisément avec la vie, telle qu'elle se présente.* Il lui semble qu'il ne lui reste – ou restait – qu'un défi majeur à affronter, celui du Diable. Elle croit avoir fait la paix avec elle-même dans cette rencontre-ci. *Les portes de l'amour me sont réouvertes. Ici* (le 2 de deniers) *j'ai un amour transformateur. Là,* (le 2 de bâtons), *un amour de présence sans frontière, et maintenant* (2 de coupes) *la relation profonde d'harmonie et de créativité interpersonnelle.* Je vois le 2 de coupes comme une réponse-cadeau à la transformation de ma peur du Diable.

Commentaires

Il arrive quelquefois qu'un travail psychologique ou spirituel aide autant le consultant que l'accompagnateur. À plusieurs reprises, j'ai reconnu des conflits, des attitudes, des émotions et des aspirations bien familières dans mon propre cheminement. M.S. semble vivre une transformation majeure où elle apprivoise «l'état d'amour» plutôt que des «relations amoureuses». Cela semble lui apporter un calme, un regain d'énergie et une expansion nouvelle. Il se dégage de son regard direct une douceur et une capacité naturelle de *leadership* qui laisse beaucoup d'autonomie à l'autre. Nous avons été amenées à discuter de ces aspects en lisant les commentaires d'Angeles Arrien dans *The Tarot Handbook* sur les deux de deniers, de bâtons et de coupes. Comme elle ne pouvait lire le manuscrit de ce livre en français, j'ai choisi un auteur qui offre des similitudes dans le traitement des archétypes.

Pourquoi considérer cet exemple comme transpersonnel? Comme je l'ai indiqué au début, c'est une série de circonstances qui ont placé d'entrée de jeu ce questionnement sur cette voie. Le lieu, un centre de méditation, le langage qui s'adresse à Dieu comme un partenaire vivant, la perspective recherchée («de Dieu à moi... et de moi à Dieu»), la transparence d'une personne qui admet aisément ses limites, tout comme sa persistance à rechercher la voie du dépassement. Les conflits psychologiques ne sont pas absents mais se fondent dans cette recherche et la dynamisent. Le rôle central de l'amour place ici le niveau IV comme pivot de son évolution. Elle est nettement orientée vers la spiritualité des niveaux subséquents mais ce questionnement se situe dans la purification des blessures du cœur pour atteindre un amour encore plus stable, plus profond, plus universel.

Dieu ➡ moi   moi ➡ Dieu

Dieu ➡ groupe   groupe ➡ moi

Dieu ➡ ma réalisation moi ➡ ma réalisation

moi ➡ les hommes

Chapitre V

À LA RECHERCHE D'UN MODÈLE
pour la P.I.S.T.E.

La nature des modèles

Avant de rechercher un modèle transpersonnel propre à la conscience énergétique, définissons d'abord la nature des modèles : *Les modèles sont des représentations symboliques qui décrivent les principaux aspects ou dimensions des phénomènes qu'ils représentent. Ainsi, ils s'avèrent extrêmement utiles, car ils décomposent des phénomènes complexes en représentations plus simples et plus facilement compréhensibles.*[1]

Au moment de se mettre à la recherche d'un modèle, il est utile de rappeler les prises de positions transpersonnelles à ce sujet. Dans le tout premier bilan de 1980, les auteurs principaux – Wilber, Bugental, Fadiman, Vaughan, Walsh, Grof et autres – posent d'abord une affirmation générale concernant les modèles: ils ne sont pas neutres. L'absence prétendue de valeurs est même à leurs yeux une cause importante de la dégradation du monde contemporain car, soutiennent-ils, *les modèles tendent à s'autovalider, ils se comportent comme* autosatisfaisants, autoprophétiques, *puisqu'ils façonnent la perception, organisent*

---

1. Walsh, Roger, Vaughan, Frances E. *Au-delà de l'ego. Le tout premier bilan en psychologie transpersonnelle.* La Table ronde, Paris, 1984, introduction p. 22.

l'expérience, déterminent en quel sens les données seront interprétées.[1]

La psychologie comme modèle n'y échappe pas. Aussi les travaux en psychologie transpersonnelle s'employeront-ils à mettre en évidence les postulats de base des autres écoles et à clarifier les répercussions sur la limitation des contenus, des techniques et des méthodes de recherche. Selon Mike Arons, en mettant l'accent sur les valeurs, le courant humaniste-existentiel américain[2] a joué un rôle capital qui fut complété par les théoriciens transpersonnels.

Pour ma part, j'essaie de faire saisir comment les caractéristiques inhérentes au modèle transpersonnel influencent le présent travail. Je dégage à mesure les composantes qui s'appliquent ici pour finalement montrer des applications dans le cadre de la méthode dite *La Piste* appliquée à la psycho-imagerie. Comme cet ouvrage veut à la fois renseigner les praticiens et éventuellement entraîner des recherches impliquant ce modèle, je tente d'apporter une information complète tout en restant dans des limites encore accessibles au lecteur non initié.

Pour faire suite à la définition de la conscience citée au chapitre précédent, je présenterai un élargissement de cette définition en y ajoutant les représentations graphiques associées.

La conscience comme point central du modèle

La conscience comme concept scientifique et clinique est un concept contemporain.[3] Il est intéressant de commencer par deux citations diamétralement opposées. Avant que naisse le mouvement transpersonnel, la conscience a d'abord été définie par la négative, aussi bien dire par une absence de définition. C'est la

---

1. Walsh, Roger; Vaughan, Frances E. *Au-delà de l'ego. Le tout premier bilan en psychologie transpersonnelle.* La Table ronde, Paris, 1984, introduction p. 22.
2. Voir en particulier les travaux publiés par Arons, Bugental, Buber, Gendlin, Gordon, Maslow, May, Moustakas, Rogers.
3. Grof, S.; Bennett, Hal Zina. *The Holotropic Mind*, Harper Collins, U.S.A., 1992.

position que prend Henri Piéron dans son *Vocabulaire de la Psychologie*.[1]

En dehors de son sens moral, la conscience, comme l'a fait remarquer Hamilton, n'est pas susceptible de définition en tant qu'elle désigne l'aspect subjectif et incommunicable de l'activité psychique dont on ne peut connaître, en dehors de soi-même, que les manifestations de comportement.

En contraste, j'ai le choix de recourir à des définitions tirées des travaux[2] de Gregory Bateson, de Charles Tart, d'Irving Oyle, de Robert Ornstein, de Richard Moss, de Karl Pribram, de Ken Wilber ou de Stanislav Grof. C'est effectivement de ce dernier auteur que j'extrais la position, diamétralement opposée à la précédente, basée sur une conception holotropique du cerveau :

Plus de trois décades d'études de la conscience humaine m'ont conduit à la conclusion suivante que maints psychiatres et psychologues pourraient qualifier d'improbable sinon de carrément incroyable. Je crois fermement que la conscience n'est pas qu'un dérivé accidentel des processus neurophysiques et biochimiques du cerveau. Je considère la conscience et la psyché humaine comme l'expression et le reflet de l'intelligence cosmique qui imprègne l'univers entier, tout ce qui existe. Nous ne sommes pas que des animaux hautement évolués, doués d'ordinateurs biologiques implantés dans nos crânes. Nous sommes aussi un champ de conscience illimité qui transcende le temps, l'espace, la matière et la causalité linéaire.[3]

Entre les deux positions, l'Occident a connu une évolution radicale de la connaissance du cerveau et l'apparition de nou-

---
1. Piéron, Henri. *Vocabulaire de la Psychologie*, PUF, Paris, 1951.
2. Roussel, Denise. *La conscience, un nouveau concept scientifique*, Conférence prononcée à l'ACFAS, mai 1993, à Rimouski.
3. Grof, S.; Bennett, Hal Zina. *The Holotropic Mind*, Harper Collins, U.S.A., 1992.

veaux paradigmes scientifiques. Comme Thomas Kuhn[1] l'a fait remarquer, de tels changements impliquent un nouveau langage, des postulats différents et une nouvelle société pour soutenir le point de vue que rejetaient les tenants de l'ancienne vision de la réalité.

La conscience et sa représentation graphique

Sa représentation se fait par un point (.) qui peut prendre toutes les **directions** (✷) et toutes les **dimensions** puisqu'elle peut embrasser la totalité de ce qui existe. Si ce point est mis en rapport avec le **temps**, on le représente par sa trace ---- soit une ligne continue ou discontinue. Il est intéressant ici de voir **l'idéogramme grec de l'être humain** comme une ligne de temps avec ses «branchements» dans l'espace. Comme vivant, l'humain est toujours sollicité par ses désirs (les arcs de cercles) en paires polarisées jusqu'à devenir des aires unifiées, rassemblées lorsque s'établit l'unité intérieure. Selon Lowen,[2] la représentation devient celle du double triangle ou de l'étoile de David. Ce modèle judéo-chrétien se rapproche de la rose et du lotus, symboles traditionnels de la conscience réalisée.

La représentation subjective de l'expérience intériorisée

Phénoménologiquement, la conscience se différencie aisément de son support physique matériel puisque, par l'attention, je puis la déplacer d'un point à l'autre du corps sans bouger. Ses outils sont l'attention et la concentration, cette dernière étant une attention stable et soutenue sur un même point ou sur un même thème.

---

1. Kuhn, Thomas. *The structure of scientific revolutions*, University of Chicago Press, USA, 1962.
2. Lowen, Alexander. *La bioénergie*, Éditions du jour, Montréal, 1975.

Je prends en exemple la conscience de ma main. De fait si, les yeux fermés pour mieux la sentir, je porte actuellement mon attention dans ma main, la conscience que j'en ai n'en suit pas les contours. Elle me semble «une bulle chaude» qui dépasse largement la peau. Lorsque j'articule ma recherche pour retrouver un muscle, un doigt ou une cellule, elle devient un tout petit point. Elle sera immense, indéfinie, si j'imagine l'univers entier.

C'est ainsi que Gendlin amène l'attention à circuler comme le faisceau d'une lampe de poche d'un veilleur de nuit pour faire le tour du corps et identifier les zones de tension. L'observateur ne rapporte pas les milliers de points de tension reliés à la mécanique de l'anatomie ou à la psychophysiologie organique normale, mais il peut par contre citer tous les points lourds de blocages énergétiques ou de vides qui s'inscrivent dans sa conscience corporelle.

Pour Gendlin, la *représentation corporelle signifiante première* utilise d'abord le langage de la sensation : même si un mot peut advenir à la conscience pour décrire l'état du corps. Il recommande de suspendre tout jugement préalable pour prêter silencieusement attention au ressenti et demeurer en contact avec celui-ci jusqu'à ce qu'un mot, une image, un qualificatif différent, plus juste, plus adéquat, vienne nommer le vécu corporel.

Comme vecteur d'énergie, la conscience voyage à la vitesse de l'éclair; elle n'obéit pas aux lois physiques du temps et de l'espace. *Exemple : dès que je l'évoque, je suis en Chine avec mes deux amies qui y voyagent. Je peux aussi rapidement me retrouver à des millénaires passés* - Quasi-immatérielle, la conscience peut prendre toutes les formes et aucune. Elle s'habille ou s'étoffe de tous les niveaux qui me sont accessibles et tend à devenir de plus en plus vaste, donc plus complexe et plus raffinée. *Exemple : les représentations mathématiques du monde d'un astrophysicien sont probablement plus précises que celles d'un citoyen ordinaire.* La conscience humaine épouse «tout l'humain potentiel» y compris son animalité, sa matérialité, tout comme sa divinité. Nous avons ainsi un concept utile pour saisir intellectuellement comment certains textes parlent du Christ comme d'un *Dieu qui s'est incarné et est devenu humain* ou *d'un homme qui s'est divinisé*. La tradition sacrée hindoue reconnaît aussi des avatars – ou des incarnations de Krishna – dont l'un aurait été l'être humain parfait, bon père, bon époux, bon roi qui se serait divinisé tandis que lors d'une autre incarnation, la Divinité se serait manifestée directement sous la forme humaine. Selon plusieurs auteurs transpersonnels, ce chemin vers la divinisation est ouvert à l'humanité par le fait même des potentialités de la conscience et cette «divinisation» transforme ou transmute ses idées, ses émotions, sa substance physique. Ce problème de relations entre l'immanence et la transcendance est au cœur même des interrogations transpersonnelles.

Application en psycho-imagerie

L'être humain peut à la fois sentir, verbaliser, comprendre, agir et transformer les représentations de la conscience dès qu'il peut les symboliser, car le symbole est le langage de la conscience. Cette caractéristique fait, *ipso facto*, que la conscience est créatrice dans son essence même. La plupart des thérapies reconnaissent cette notion de conscience, car elles tendent à développer la conscience de soi comme premier outil de base. La verbalisation du vécu, la conscience du ressenti, le développement de l'*insight* (saisie intuitive) sont tous des moyens de mettre cette conscience à l'œuvre de façon vivante, spontanée et de plus en plus puissante.

La particularité de l'imagerie du tarot est certes d'offrir une forme concrète, familière et imagée à cette aventure humaine de la conscience. Les attributs que l'observateur accorde seront ensuite repris dans la phase de réappropriation subséquente. Cette technique agit comme un jeu de miroir et constitue un premier pas d'éveil à soi-même. Une première boucle de rétroaction est créée : cette résonance permet de saisir sur le vif comment mon langage reflète ma pensée, mes sentiments et l'état de mon corps. Si je modifie l'imagerie mentale ou la représentation symbolique, j'amorce un changement intérieur et extérieur.

Une conscience mobile et changeante

«Qui suis-je? Qui sommes-nous ?»

Revenons à la conscience telle que vécue. Un tel concept si global, si mouvant, permet-il de retrouver les composantes? La tradition scientifique a graduellement mis en relief différentes composantes ou constituantes de l'être humain qui, tour à tour, ou toutes ensemble, engendrent et expliquent le comportement.

Ces composantes sont multiples si bien que l'on pourrait dire: *Qui sommes-nous ?* dans telle situation. En disant *Qui suis-je ?* le *Je-qui-parle* est l'état de conscience prédominant et il doit avoir fait l'unité, l'harmonie, la synthèse des composantes intérieures sinon il parle pour une partie et se contredit la minute d'après.

Exemples : *Je suis blessé au genou* peut temporairement devenir le centre de mon monde. Le *Je suis en colère* est différent du moi qui dit : *Je suis ivre, je cueille des fraises, je suis amoureux fou, je meurs.*

Chaque état est spécifique. Charles Tart,[1] psychologue, professeur à l'Université Davis de Californie, a montré que les dynamismes corporels, cognitifs, émotifs varient chaque fois de façon notable et que les possibilités, les évidences, les convictions émotives et la définition même de la réalité peuvent différer selon les états. En psychosynthèse, ces états divers sont nommés des «sous-personnalités» et renvoient à des complexes dynamiques semi-autonomes. La compréhension des états modifiés de la conscience est la première clé de la psychologie transpersonnelle, car elle est cette dimension de l'esprit qui relie tous ces états.

Application en santé transpersonnelle énergétique

Les tests TAT, *Patte Noire, Le Village* ainsi que les séries d'images projectives du tarot agissent tous comme des révélateurs de chaque état vécu dans des situations précises. Pour chaque image, la même question de base est implicitement posée :

---
1. Tart, Charles. *States of Consciousness*, E.P. Dutton, N.Y., 1975.

Qui suis-je cette fois-ci, dans cette situation-ci ? Quel état de conscience me domine ? La description qui est faite de l'image, par réappropriation, sert de miroir à la conscience du *je* qui s'y réfléchit et soudain peut se percevoir.

Et chaque tricherie lorsque ce *je* décide de ne pas dire exactement ce qui lui vient à l'esprit, peut renseigner sur les distorsions faites à l'image de soi-même comme à sa vie personnelle et spirituelle.

À tour de rôle, je peux être
le silencieux observateur,
le rusé qui complote,
le malhabile, les mains pleines de pouces,
l'anxieux qui fuit,
le généreux qui veut donner,
l'audacieux qui s'avance,
etc.

Il y a multiplicité et unité sous-jacente à tout ce qui existe en moi.

L'intervention transpersonnelle vise tous les niveaux du fonctionnement humain et inclut la dimension spirituelle, essentielle à la croissance et à la santé des individus tout comme à celle des sociétés.

Pour fonctionner ensemble ou se relayer à tour de rôle, tous ces *moi* ne sont-ils pas reliés, organisés? Bien sûr, mais de quelle façon? Plusieurs modèles ont été proposés et mon propre choix renvoie à un *je* différent, tout comme le *je* de chaque créateur, fussent-ils Freud, Adler ou Jung, renvoie à l'expérience de leur personnalité particulière qui a su observer le monde et en traduire leur propre vision. Pour Richard Moss, il ne peut y avoir de psychologie que spirituelle, car il définit la vie comme l'aventure de l'esprit dans le champ humain.

Nous avons vu plus haut que quatre grands modèles se présentent en psychologie et qu'ils fondent leur théorie sur une vision différente de la réalité. Ces positions étant bien connues, je me contenterai de les résumer en regard de leurs positions théoriques différentes.

Quatre grands modèles psychologiques et leurs postulats

Du point de vue historique et philosophique, les deux premiers modèles ont beaucoup en commun. Ils se rattachent aux idéologies scientifiques du XIXe siècle, atomistes, mécanicistes et athées où la nature devait être «violée» par des expériences scientifiques pour l'amener à révéler ses secrets. *Je* est une entité séparée de son milieu, en lutte avec lui. Dans un article fréquemment cité, Charles Tart[1] synthétise les postulats – indémontrables par définition – sur lesquels s'appuie cette psychologie et que des postulats différents, non mécanicistes, peuvent servir avec autant de justesse la démarche scientifique.

– le behaviorisme S-R

Dans sa forme stricte, l'humain est conçu comme une «boîte noire». On ne sait rien de sa vie intérieure ni de son expérience propre, aussi se tourne-t-on vers l'expérience objective de laboratoire utilisant de préférence les animaux. L'expérimentateur se méfie de la subjectivité puisqu'elle donne lieu à des constats contaminés par l'interprétation personnelle.

L'expérience humaine est atomisée, fragmentée, réduite à des composantes quantifiables de l'extérieur, accessibles à tout observateur entraîné. Le subjectif, le qualitatif et l'intangible sont exclus comme objets du regard scientifique.

---

1. Tart, Charles. *Transpersonal Psychologies*, chap. 2 : *Some Assumptions of Orthodoxe*, Harper & Row, N.Y., 1986.

– la psychanalyse

Dans sa forme originale, l'école freudienne prend le contre-pied du behaviorisme. L'objet du regard scientifique est strictement humain. L'intérêt se porte directement sur les couches profondes de ladite boîte noire, celles qui échappent à la conscience habituelle. Par contre, l'humain y est vu comme une entité passive, un jouet des forces extérieures, des impulsions instinctuelles ou des interdits parentaux.

Par le choix délibéré de postulats mécanicistes et athées, Freud place l'identité humaine au rang de la matière et de l'animalité dont elle cherche péniblement à se dégager. La recherche se fonde sur les interrelations entre l'analyste et l'analysé situés dans le cadre du transfert et de la relation d'objet.

– le courant humaniste-existentiel

Avec cette troisième force apparaît, pour la première fois, un postulat positif : l'identité humaine devient l'objet d'intérêt non plus dans sa pathologie, mais dans ses potentialités les plus poussées et les plus originales. L'expérience humaine et son sens particulier devient objet de recherche. Plusieurs études[1] relient la psychologie à la philosophie existentielle. Aux yeux de Frankl,[2] ***Freud a dégradé l'inconscient en le privant de sa dimension spirituelle.*** Selon l'analyse existentielle, c'est l'essence spirituelle qui prend conscience de l'instinctuel; le biologique ne pouvant se connaître lui-même.

La recherche se porte sur l'intentionalité, la finalité de la vie, sur l'***être-dans-le-monde*** plutôt que se limiter à son intellect, à son affectivité ou à ses conflits. Le regard se porte sur la globalité nommée «holisme» et l'interrelation des systèmes entre eux. La phénoménologie devient la méthode de recherche privilégiée qui s'ajoute aux techniques applicables dans les contextes systémiques.

---

1. Rogers, Maslow, Perls, May, Bugental.
2. Frankl, Viktor E. *The Unconscious God*, Simon & Schuster, N.Y., 1975.

– le modèle transpersonnel

Aux limites de la vision humaniste-existentielle, apparaît l'expérience du sujet-objet-sujet : l'observateur se vit comme une partie intégrante de l'observation. Il devient l'observateur-observé-observant. Le concept central choisi par ce nouveau courant est celui de la *conscience*. Jusqu'ici, tel un poisson qui ne voyait pas l'eau, l'humain ne discernait pas la conscience comme l'outil universel de sa connaissance. La conscience est rarement perçue en elle-même; elle opère dans un sujet et à propos de quelque chose. On ne peut plus proposer d'étudier un objet comme séparé du soi. Il passe plutôt à travers soi tout comme la conscience que l'on en a passe à travers lui et le nomme dans un contexte qui le situe. Essentiellement, la réalité devient un réseau d'interrelations, d'interdépendance et d'intercausalité.

Partant du potentiel humain, et dans ce cadre méthodologique, peuvent être abordés certains *contenus* jusque-là ignorés par la science, soit les expériences du sacré, la qualité spirituelle de l'être, l'après-vie ou les caractéristiques typiquement humaines comme le rire, l'altruisme, le sens esthétique, etc.

Le préfixe *trans* prend la connotation de *à travers* et *par-delà*. En simplifiant beaucoup, certains résument la psychologie transpersonnelle comme celle qui accueille et valide les qualités psychiques transcendantes – pouvoirs psi, intuition, etc. – et la dimension spirituelle de l'être : sagesse, essence, fondement sacré, unité fondamentale de l'univers, etc.

Ce courant relativement récent, né il y a à peine un quart de siècle, connaît un grand essor. Il relie les grandes psychologies spirituelles de l'Orient et de l'Occident aux conceptions de la physique quantique. Il restitue l'être humain non seulement dans son humanité et dans sa nature planétaire, mais comme partie intégrante du cosmos, de l'indéfini et de l'infini. La pensée apparaît comme un microcosme dont la mythologie étalée sur des millénaires serait le macrocosme.

Je ne pouvais choisir meilleur contexte où situer le présent travail car il m'apparaît plus large, plus inclusif que les précédents.

La genèse historique du modèle transpersonnel

Rappelons que les premières idées transpersonnelles sont d'abord issues de la psychologie humaniste, elle-même un fleuron de la psychologie des profondeurs. Ses modèles du développement humain seront donc en ligne avec ces deux sources. Il est facile de les transposer et de les compléter dans leurs stades spirituels.

Présentons, à titre d'exemple, deux synthèses très connues, celle des besoins de Maslow et celle des stades psychanalytiques du développement infantile repris par Erik Erikson.

Tableau 6
Les besoins de Maslow
Hiérarchie des besoins humains de Maslow[1]
et évolution de ses positions

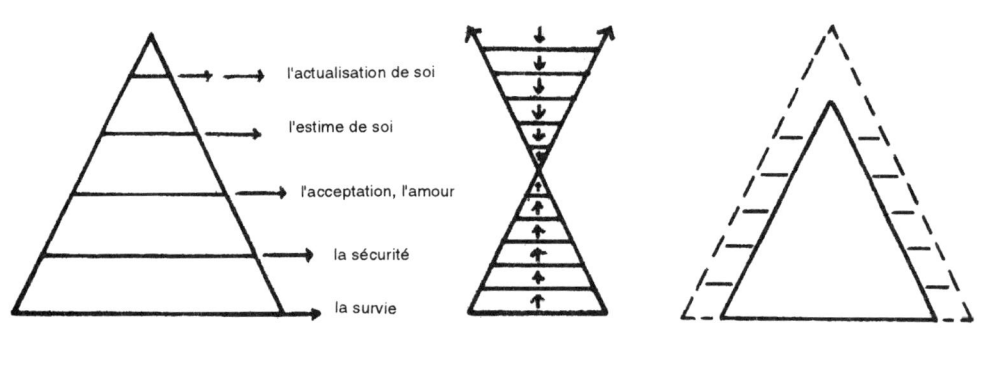

1ère proposition :

la réalisation de soi:
de la survie à l'actualisation

2e proposition :

les *peak experiences*
transcendent les besoins

3e proposition :

La réalisation maximale
de soi inclut le spirituel

---

1. Maslow, A. *Vers une psychologie de l'être*, Fayard, Paris, 1972.

Stades du développement infantile

Ces stades ont été proposés par Freud, repris et complétés par Erikson[1] sous l'aspect psychosocial incluant les niveaux de développement chez l'adolescent, l'adulte et la personne âgée.

Les stades psychanalytiques du développement infantile (0-5 ans) ont reçu ici une amplitude nouvelle puisqu'avec Érikson, les phases du développement s'étendent désormais jusqu'à la vieillesse et à la mort (0-90 ans et +). Cette théorie présente ces stades comme *épigénétiques et épicritiques*, c'est-à-dire qu'ils s'emboîtent étroitement comme des poupées gigognes et qu'ils apparaissent en surgissant l'un de l'autre telles les images d'un kaléidoscope. La force ou la faiblesse du stade précédent se répercutera sur la qualité du suivant. De plus, en émergeant du précédent dont il renverse l'équilibre, le stade suivant en modifie les acquis, le mode de pensée et d'agir, et provoque ainsi une désorientation sinon une crise psychologique importante. Les crises de l'enfance, de l'adolescence, de la quarantaine, de la ménopause, de l'âge de la retraite sont bien connues, mais on aurait tort de les rattacher aux seuls changements biologiques et aux circonstances extérieures. C'est tout l'être qui change.

La poussée évolutive exige chaque fois une réadaptation en profondeur et fait appel à des qualités de réalisation de soi presqu'en contrepied de celles du niveau précédent.

---

1. Erikson, E. H. *Enfance et société,* Delachaux et Niestlé, Lausanne, 1951

148   LA TRAVERSÉE DU MIROIR

VIII Vieillesse								Intégrité VS désespoir SAGESSE
VII Âge adulte (maturité)							Générativité VS stagnation SOLLICITUDE	
VI Jeune adulte						Intimité VS isolement AMOUR		
V Adolescence					Identité VS confusion de rôle FIDÉLITÉ			
IV Âge scolaire					Travail VS infériorité COMPÉTENCE			
III Âge du jeu				Initiative VS culpabilité BUT				
II Enfance			Autonomie VS honte, doute VOLONTÉ					
I Petite enfance		Confiance de base VS méfiance de base ESPOIR						

⌊─── 0 - 5 ans ───⌋⌊─────── 5 - 70 ans ───────⌋

Stades du développement humain
selon Freud   et   Erikson

À LA RECHERCHE D'UN MODÈLE pour la P.I.S.T.E. — 149

SOURCE

VIII Vieillesse							Intégrité VS désespoir SAGESSE	Co-créativité transpersonnelle	Retour à la source, au Tout.
VII Âge adulte (maturité)						Générativité VS stagnation SOLLICITUDE	Co-créativité entre les générations		
VI Jeune adulte					Intimité VS isolement AMOUR	Co-créativité dans le couple			
V Adolescence				Identité VS confusion de rôle FIDÉLITÉ	Co-créativité dans sa «vocation»				
IV Âge scolaire			Travail VS infériorité COMPÉTENCE	Co-créativité dans le groupe					
III Âge du jeu		Initiative VS culpabilité BUT	Co-créativité dans le jeu						
II Enfance	Autonomie VS honte, doute VOLONTÉ	Co-créativité humaine de base							
I Petite enfance	Confiance de base VS méfiance de base ESPOIR	Co-créativité parentale + besoins premiers							

Entrée dans l'incarnation: involution + évolution

SOURCE

Stades du développement humain selon Freud et Erikson présentés ici au plan transpersonnel.

Tableau modifié

Qu'est-ce qu'une vision transpersonnelle peut changer à une synthèse si bien conçue? Des ajouts tripartites me paraissent nécessaires. C'est l'occasion de dégager les principes que nous retrouverons à la base des modèles transpersonnels subséquents.

1- Il faut postuler **une source créatrice** à cette émergence, source impliquée au plan de la réalité non physique et devenue explicite dans sa manifestation sensible. Cela peut sembler une redondance et pourtant, si l'on accepte le postulat de **David Bohm sur l'univers replié-déployé**, on tombera probablement d'accord pour convenir qu'il faut postuler là une racine spirituelle nécessaire. Du coup, un stade devient un niveau de causalité à la fois ontologique (c'est tiré de son essence même) et fonctionnel (on peut agir sur le niveau, même matériel-physique, par des moyens psychologiques et spirituels).

2- **L'antagonisme bipolaire** de chaque stade (exemple : la confiance-méfiance), au lieu d'être simplement considéré comme des polarités dynamiques psychologiques opposées, doit être élevé au rang d'un principe ontologique ou cosmogénique comme le faisait Mircéa Éliade,[1] le célèbre anthropologue du sacré. Pour celui-ci comme pour Jung,[2] la **coïncidence des opposés** est le mode propre à la nature, à la vie, à la société humaine. Elle en dévoile le sens. **L'avènement d'un troisième terme les réconcilie et les transcende**. En ce sens, les conflits dynamiques sont non seulement inévitables, mais souhaitables dans la trajectoire évolutive humaine. C'est la source même de nos mutations.

3- L'ensemble de l'évolution peut être plus ou moins allongé et les âges qui y correspondent doivent être modifiés selon les cultures et les époques, mais il n'en demeure pas moins que le développement «tire par en avant», vers **un dépassement ou une réalisation totale** des différentes facettes de l'être. Ce constat amène la nécessité au plan transpersonnel de postuler une force qui pousse à plus, certains la nommeront **le Soi** (Jung), **le supra-**

---

1. Eliade, Mircéa. *La nostalgie des origines*, Gallimard, Paris, 1971.
2. Jung, C. G. *Mysterium conjunctionis*, Princeton-Bollingen, N.J., 1955-56.

conscient (Sri Aurobindo) ou plus simplement l'âme ou **l'essence**. Il serait faux cependant de croire que cette source ne se retrouve qu'aux extrêmes: chaque stade comme chaque moment de l'existence et de l'histoire appelle une «reconnaissance de sens». Pour Éliade,[1] *l'expérience d'un homme qui n'est plus religieux (spirituel), qui n'a donc aucun espoir de trouver une signification ultime au drame historique et qui doit subir les crimes de l'histoire sans en comprendre le sens vit dans la terreur.* Un autre corollaire se dégage aussi : chacun peut être interpellé par le futur même lorsqu'aucun signe n'est encore visible.

J'ai représenté ces modifications 1) par «la source»; 2) l'unité du stade, dans la coïncidence des opposés, déjà nommée par Erikson; 3) l'orientation ontologique globale du développement vu comme une tension entre «le ciel et la terre», ou un projet d'immanence et de transcendance réalisé dans la cocréativité. Wilber en parle comme de la roue de l'évolution et de l'involution.

Il est probablement temps de dégager clairement certains principes à la base des modèles transpersonnels en commençant par le premier que le texte précédent a déjà largement commenté.

Principe 1 : il y a multiplicité apparente et unité sous-jacente à tout ce qui existe dans la personne humaine comme dans l'univers.

Principe 2 : les polarités s'inscrivent dans l'unité.

L'intervention transpersonnelle porte sur le niveau de fonctionnement impliqué dans la consultation et le situe dans un ensemble intégré et intégrant. Alors que chaque niveau est vécu comme un tout, le passage de l'un à l'autre engendre un moment critique important, parfois une crise désignée sous le nom de «mort de croissance» ou de «chaos précurseur du changement». Le propre de l'intervention transpersonnelle est de vouloir accepter pleinement ce niveau ou cette crise et d'en relativiser la portée

---

1. Éliade, Mircéa. *L'épreuve du labyrinthe*, Entretiens avec Claude-Henri Rocquet, Belfond, Paris, 1978.

en la replaçant dans le contexte d'une totalité qui cherche à se faire jour. Richard Moss cite l'exemple d'une femme dont la vulnérabilité exacerbée s'est avérée un passage vers la compassion.

À chaque stade, en effet, il se fait ou doit se faire un lâcher-prise tout comme dans la marche l'organisme lâche l'appui qu'il avait sur une jambe, connaît un moment de déséquilibre fortement ressenti par le débutant pour retrouver un nouvel équilibre dans le pas suivant. Les postures alternées du Tai chi, *jambe-pleine-qui-porte-le-poids/jambe-vide-que-je-soulève*, font aisément comprendre cette loi de l'enchaînement énergétique et du développement créateur. Les dualités ne sont alors que des pôles complémentaires d'une unité centrale plus large qui les englobe.

Principe 3 : l'unité est une donnée initiale et finale.

Nous provenons de la Source et retournerons à la Source. L'unité spirituelle ou fondamentale nous met en lien avec le Tout. Avant de nous incarner, où étions-nous? Nous étions quoi? Si rien ne se perd et rien ne se crée, est-il absurde de supposer que l'esprit préexiste à notre incarnation? C'est en tous cas la position prise par l'ensemble des religions et des discours spirituels. Dans ce courant spiritualiste, certains auteurs disent avoir l'évidence que notre identité de fond ne commence pas avec la vie intra-utérine, mais bien avant sous une forme ou une autre parce qu'elle fait partie d'une sorte de chaîne évolutive. C'est ainsi que Grof[1] nous propose d'examiner ce qu'il appelle les *réalités transpersonnelles* qui dépassent notre espace-temps linéaire et qui émergent sous forme de *réminiscences* très senties lors des sessions de respiration holotropique. Ces images semblent appartenir à l'identité de celui qui les éprouve et se retrouvent également dans les expériences psychédéliques tout comme elles sont rapportées par les chamanes, les poètes et autres visionnaires.

---

1. Grof, S. *Les Royaumes de l'inconscient humain*, du Rocher, Paris, 1983; *Les nouvelles dimensions de la conscience*, du Rocher, Paris, 1989.

C'est aussi le principe de la philosophie pérenne[1] qui postule en nous une dimension primordiale qui perdure au-delà de la vie présente tout comme elle y a présidé. Si notre vraie nature préside à notre incarnation, elle se manifeste dans nos réactions profondes qui constituent le fil conducteur de notre identité. En ce sens, Metzner[2] fait remarquer que le concept de base de la psychologie jungienne est «l'individuation», non pas au sens d'être différent et séparé des autres par ses idiosyncraties, mais d'être in-divisible, entier, se révélant graduellement à soi-même comme aux autres à travers l'ensemble de sa vie. Une telle personne est rare, distincte des autres parce qu'elle est profondément et totalement elle-même.

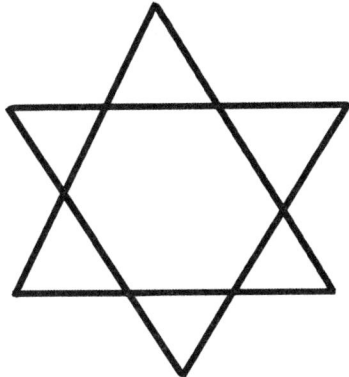

La base du transpersonnel : une psychologie de l'élévation. Somme toute, la psychologie transpersonnelle renouvelle les vues de la psychologie des profondeurs en y ajoutant une dimension d'élévation. «L'iceberg» de la conscience – selon la métaphore freudienne – émerge des profondeurs inconscientes tout comme des inspirations, des visions soudaines et des impulsions qui engagent une vie.

---

1. Platon, Huxley, Rossner, Savoie.
2. Metzner, Ralph. *Maps of Consciousness*, Collier Macmillan, N.Y., 1971, 1986.

Principe 4 : l'intervention se situe dans un contexte qui en éclaire le sens.

L'intervention transpersonnelle tient compte de l'identité et de son niveau de réalisation. Même les niveaux inférieurs – égoïques et existentiels – sont orientés vers la recherche d'une unité spirituelle finale, acceptée, refusée ou ignorée. Il ne faut surtout pas se méprendre sur la valeur de cette hiérarchie. Tous et chacun des niveaux ont leurs facettes sacrées ou «numineuses» selon le langage de Jung.

Quelques modèles transpersonnels

Un modèle freudien transpersonnel?

L'ensemble du mouvement psychanalytique reste «orthodoxe», fidèle à ses principes premiers, mais depuis que des analystes comme Françoise Dolto et Bruno Bettelheim ont incorporé une vision spirituelle à leur approche, il est permis de proposer une modification du modèle freudien et de le rendre compatible au transpersonnel.

Pour la psychanalyse, la base de la personnalité est d'abord instinctuelle : *le ça*. Elle sera contrôlée éventuellement par l'ego considéré comme la plus noble réalisation humaine.

– *Le ça* : le refoulé, l'instinct vital, infantile, illogique, sexuel et agressif. Ce sont des composantes que l'on peut conceptualiser comme des sous-personnalités, des entités quasi-autonomes,[1] des énergies tumultueuses nécessaires à la vitalité de l'ensemble. Leur répression ou l'absence de relations significatives peut les rendre dangereuses.

– *Le moi* : la synthèse des fonctions intelligentes d'apprentissage, de perception, de mémorisation, d'imagination, de raisonnement et d'anticipation. En un mot : l'image mentale gouvernant le corps instinctuel.

---

1. Descamps, Marc-Alain. *Les thérapies transpersonnelles*, Trismégistes, Paris, 1984.

– *Le surmoi* : une construction partiale et déformante constituée par les influences parentales introjectées. C'est un censeur archaïque moral, rigide, parfois sadique. Lors de conflits névrotiques et de crises existentielles, c'est la source de tourments, de ce qui s'oppose à la satisfaction du désir.

Application transpersonnelle

Le modèle psychanalytique transpersonnel peut être modifié ainsi :

– *le moi séparé*, encapsulé dans son sac de muscles, d'os et de peau, devient un moi individuel non séparé, plus vaste parce que relié à l'univers dont il est un hologramme. La «coupure» entre soi et l'autre s'efface pour céder la place aux frontières des différences que l'on doit apprivoiser. La plus haute fonction du moi n'est plus la raison qui maîtrise les instincts, mais la capacité de s'ouvrir au divin à travers l'intuition, la sagesse, la connaissance noétique (ou accès direct à la connaissance) telle que l'ont reçue les sages, les prophètes, les devins, les créateurs depuis les temps les plus reculés. Sans cela, on ne peut comprendre l'art des grottes de Lascaux à l'aube de l'humanité, les textes sacrés vieux de plusieurs millénaires, ceux du Vedanta, du Tao, de la Bible, etc. Selon Wilber, chaque civilisation comporte, sur sa crête, des intuitifs qui captent des vérités plus avancées, inacceptables pour la logique de leurs contemporains.

– *le surmoi* n'était que la composante rigide et déformée des valeurs, mais dans le *soi* réside le plein sens des valeurs fondamentales – la justice, la liberté, le beau, le vrai, le bien, etc., qui guident l'évolution de l'humanité. Ce concept est **logiquement nécessaire** pour comprendre son élan évolutif. Sans lui, l'humanité serait en **in**volution, en marche arrière vers le singe, la taupe, la fourmi, le grain de sable!

- *le ça* comprend aussi la mémoire phylogénétique de l'humanité, un rapport positif à la Terre Mère, un bagage de sagesse dont bénéficie notre système immunitaire. De plus, il comporte l'accès au sublime, au temps infini, à l'espace sans limite, à la connaissance directe. Pour Frankl,[1] le sens du sacré est une donnée aussi naturelle et instinctuelle que les autres composantes du *ça*.

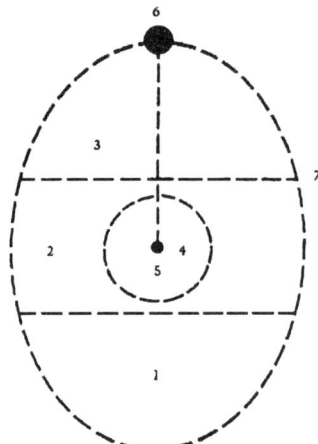

1. inconscient inférieur
   (ou primitif) **(d)**
2. inconscient moyen **(c)**
3. supraconscient **(a)**
4. champ de la conscience
5. soi personnel ou «je» } **(e)**
6. soi transpersonnel **(b)**
7. inconscient collectif

La psychosynthèse de Roberto Assagioli

Lorsque Roberto Assagioli a formulé la psychosynthèse pour la première fois en 1910, il a énoncé deux dimensions du développement humain: le psychologique et le spirituel.[2]

Le «**diagramme de l'œuf**» est la représentation classique de la psychosynthèse.[3] Assagioli,[4] dès 1910, a fait cette proposition d'un «**inconscient supérieur ou supraconscient**» **(a)**. Il définit

---

1. Frankl, Viktor E. *The Unconscious God*, Simon & Schuster, N.Y., 1975.
2. Yeomans, Thomas. *Les trois dimensions de la psychosynthèse*. Centre d'intégration de la personne, Québec, 1989.
3. Ferruci, Piero. *La psychosynthèse*, Centre de psychosynthèse de Montréal, 1985.
4. Assagioli, Roberto. *Psychosynthèse, Principes et Techniques*, de l'Épi, Paris, 1983.

ces expériences supraconscientes comme des moments de pointes, de ravissement, des instants quasi-extatiques de grandes joies sinon de béatitude. Nous reconnaissons là avant son temps, ce que Maslow nommera des «expériences-sommets», caractéristiques des gens qui se réalisent pleinement. C'est encore au *supraconscient* que nous devons nos impulsions les plus élevées comme l'héroïsme, l'altruisme, le sens ultime de la vie et l'intuition artistique et scientifique qui engendrent les découvertes survenant dans les rêves ou les moments d'abandon contemplatifs. Au sommet se trouve **«le soi» (b)** qui en est le noyau énergétique directeur, l'essence, source et siège d'une volonté en harmonie avec la volonté cosmique, une volonté qui accueille le lien avec les forces de la nature et le divin.

«L'inconscient moyen» (c) est comme une banque de données d'accès facile ou relativement facile; c'est le préconscient de Freud qui comprend les contenus psychosomatiques, les souvenirs d'enfance familiers et divers aspects de la personnalité qu'Assagioli nomme les **«sous-personnalités»**. C'est là un réservoir de dynamismes psychiques semi-autonomes, source d'attitudes, de comportements, d'émotions, de croyances, de désirs et d'impulsions. Dans une personnalité saine, ces divers noyaux s'organisent autour d'un besoin fondamental à satisfaire, s'expriment dans des circonstances typiques (ex. : mon rôle de mère, de père, d'enseignant-e, d'amant-e, d'ermite, etc.) et permettent de déployer des qualités particulières sans trop d'efforts. *L'inconscient moyen* sert l'adaptation, la défense, la survie de la personne. De par cette description, on peut déjà sentir que l'imagerie du psychotarot sert aisément de miroir à ces diverses facettes.

«L'inconscient inférieur» (d) correspond bien à l'inconscient freudien. Il contient la partie moins accessible des expériences passées, des impulsions biologiques érotiques et agressives, des traumatismes et des refoulements. C'est donc une source de réactions profondes tendant à s'exprimer et rendue accessible à travers certaines manifestations tangibles. En contraste, *l'inconscient supérieur* manifeste la personnalité en devenir, vécue comme «plus moi que moi», «expérienciée» dans un sentiment d'accord avec l'universalité du monde.

Le «je» (e) est conscience et volonté. C'est par lui que la personne est capable de se rendre compte de ses choix, de ses identifications et de ses désidentifications. Le concept de *désidentification* joue un grand rôle en psychosynthèse, car il permet de passer d'une **synthèse personnelle** (l'unité de la personnalité au service d'une adaptation optimale au plan psychosocial) à une **synthèse transpersonnelle** (l'unité intérieure alignée à la volonté soumise aux buts transpersonnels et orientée par les valeurs supérieures).

On voit bien par ces définitions qu'aux dynamismes de la personnalité – corps, émotion, pensée – s'ajoute le soi, principe d'organisation spirituelle ou supraconsciente. Il s'agit donc d'une métapsychologie qui introduit une dimension supplémentaire aux potentiels déjà reconnus et précise les liens entre ces diverses régions.

Pour Assagioli, la réalisation de soi se distingue de la réalisation du Soi. Dans un premier temps, on peut comprendre, comme Maslow l'a si bien démontré, que la réalisation complète des potentialités latentes aboutit à l'état d'éveil, aux états non ordinaires de conscience dont l'extase paraît le paroxysme. Tout autre est la conscience vue à partir du soi comme centre spirituel:

le moi n'est alors conçu que comme le reflet du soi spirituel ou sa projection dans le champ de la personnalité. De ces deux réalisations, l'une n'implique pas nécessairement l'autre. On peut s'accomplir sans atteindre le niveau transpersonnel et, inversement, on peut atteindre à une expérience spirituelle authentique sans avoir une personnalité intégrée.[1]

Le travail spirituel ne consiste pas à élargir la conscience pour acquérir plus de contenu, supérieur ou inférieur, mais il

---

1. Descamps, Marc-Alain. *Les thérapies transpersonnelles*, Trismégistes, Paris, 1984.

consiste à intensifier l'être essentiel, à enlever les obstacles à cet être et à faire des choix... (en ce sens).[1]

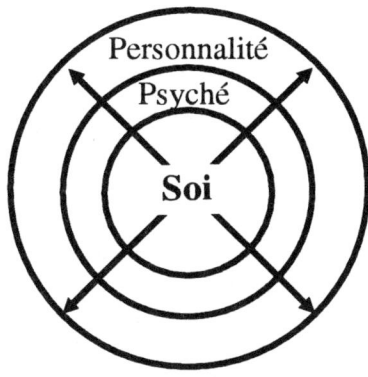

3 cercles (Yeomans)

L'application en psycho-imagerie

Dans ce livre et dans mon enseignement, ce choix d'une approche **humaniste-transpersonnelle** vise autant à assurer l'équilibre personnel qu'à atteindre la réalisation de l'être identifié au soi. La **Piste,** ou *psycho-imagerie de santé transpersonnelle,* peut être en plein accord avec l'orientation de la psychosynthèse.

L'exploration approfondie de l'imagerie donne lieu à un agrandissement des associations libres : les aspects tabous, craints ou jugés répréhensibles, s'explorent aisément car le consultant croit, à tort et à raison, que *tout est déjà là, dans l'image.* Rassuré, il livre ainsi certaines associations jugées trop positives ou trop négatives.

Exemples : *Le Roi d'épées* devient pour Charles la poussée radicale qui gruge sa vie et il n'aura de repos que lorsqu'il aura «tué ses impulsions» ou qu'il en aura compris le sens.

Roi d'Épées

---

1. Yeomans, Thomas. *Les trois dimensions de la psychosynthèse.* Centre d'intégration de la personne, Québec, 1989.

- *L'As de coupes* permet à Caroline d'établir clairement qu'elle a droit de mettre l'amour comme force centrale dans sa vie. Avant d'en parler sérieusement, elle croyait que c'était «une sentimentalité de fille».

As de Coupes

La psychologie analytique de Carl Gustav Jung

D'après Descamps, *c'est Jung qui, le premier, aurait employé le terme de* trans-personnel *en parlant en 1917 d'Uberpersönlich... (...) Il a construit toute sa psychologie analytique comme une adaptation occidentale de la psychocosmologie de l'Orient, inspiré du taoïsme chinois, surtout après ses commentaires sur le Secret de la Fleur d'Or.*

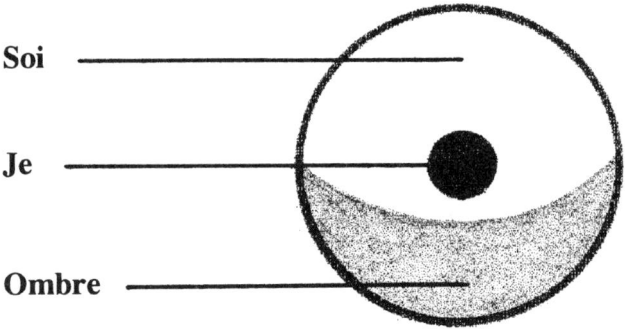

La conscience selon Jung

Jung[1] compare la psyché à une sphère dont la zone la plus éclairée serait la zone consciente du *moi*. Ce *je* est le niveau conscient, mobile, admissible à l'image de soi.

La totalité de la sphère est la *conscience*, l'ensemble de la psyché qu'il appelle le *Soi*.

---

1. Jung, C. G. *Man and his symbols*, Aldus, London, 1964.

Pour Jung, cette sphère comporte une partie d'ombre, *l'inconscient personnel* formé d'aspects oubliés de soi et d'autres refoulés par la conscience – l'inacceptable des instincts sexuels et agressifs – mais surtout constitué du non connu de soi, du potentiel non développé qu'est notre essence psychospirituelle et de l'*inconscient collectif* avec lequel nous sommes en rapport. Un peu comme l'air est aspiré par les poumons et se retrouve à l'intérieur comme à l'extérieur, ainsi la conscience de chacun s'enracine dans la culture collective ambiante et possède en elle les résidus inconscients des expériences ataviques immémoriales.

Jung ajoute aussi la notion de *synchronicité*[1], *lorsque des coïncidences significatives se produisent comme si, dans une unité fondamentale, l'extérieur et l'intérieur s'amalgamaient pour produire un même événement même si aucune «cause» commune ne semble relier les deux. Ce modèle transpersonnel inclut aussi la notion d'archétype dont nous avons déjà parlé. Le jeu de la synchronicité et l'ouverture aux archétypes sont vus comme les manifestations des forces supérieures qui facilitent les changements thérapeutiques et les transformations de chacun.*

Application en psycho-imagerie : archétypes et synchronicités

Jung a présenté les symboles des œuvres d'art, les images des rêves et celles du tarot comme puisant tous aux mêmes sources archétypales. Les images sont, pour la psyché, l'équivalent des objets pour les sens et des instincts pour le comportement. Elles agissent sur nous par affinité et attraction et, à travers nos réactions, nous révèlent à nous-mêmes.

Dans mon travail, je considère chaque image du tarot comme un archétype, c'est-à-dire une force, une stimulation qui provoque des réactions spécifiques en touchant un niveau ou un aspect

---

1. Jung, C. G. Unus Mundi.
   Peat, David F. Synchronicité. *Le pont entre l'esprit et la matière*, Le Mail, N.Y., 1958.

précis de la conscience, la fait se réverbérer et lui permet ainsi d'entrer en contact avec elle.

La totalité d'un être est représentée par cette sphère et forme son individualité. Les chocs ou défis de la vie révéleront les couches profondes. *La plus grande partie de ce qui s'est réalisé dans une vie qui s'achève était contenue à l'état de potentiel chez le nouveau-né.*[1] *C'est le voyage du soi dans l'existence, l'accomplissement qui manifeste les qualités de l'essence. Les archétypes du tarot surgissent en synchronicité pour explorer cette qualité dans «l'ici et maintenant».*

Le modèle évolutif intégral de Wilber

Ken Wilber apparaît comme le plus audacieux des théoriciens contemporains du transpersonnel. Très jeune, il a dévoré la littérature occidentale concernant la psychologie, la philosophie et la psychothérapie tout en assimilant les conceptions essentielles du bouddhisme, de l'hindouisme védantique, du taoïsme et celles des écoles ésotériques de l'islamisme, du christianisme et du judaïsme. Sa contribution est donc celle d'une synthèse de l'éventail des connaissances intégrée dans un modèle évolutif de la conscience. Il n'a cessé de reformuler cette synthèse et de la préciser selon divers paramètres.

Du personnel au transpersonnel : une échelle d'identités et de psychothérapies

Parmi les synthèses de Wilber, une première formulation nous est utile pour faire des liens entre les quatre courants de la psychologie et du sens du soi en psychologie transpersonnelle. C'est celle, en quatre phases,[2] du sens de l'identité. Ces quatre stades sont les niveaux de l'*ombre*, de l'*ego*, de la *conscience existentielle* et, finalement, de l'*esprit*.

---

1. Descamps, M.-A.; Affilié, L.; Nicolescu, B. *Qu'est-ce que le transpersonnel ?*, Trismégistes, Paris, 1987.
2. Wilber, Ken. *Up from Eden. A Transpersonal View of Human Evolution*, New Science Library, Boston, 1986.

– Au premier niveau, **l'identification mentale s'établit avec l'image de soi** (*self image*). Sont *miens* les sentiments, les pensées qui correspondent à l'image que je me fais de moi. Sont rejetés *comme non moi* tous les autres processus qui sont alors traités par le déni, le refoulement, la projection sur autrui. Wilber rencontre ici la notion *d'ombre* de Jung et du *masque* social.

À ce niveau, presque toutes les formes de thérapies peuvent servir à intégrer l'*ombre* au *persona* ou personnage que l'on présente en public. La thérapie comportementale-cognitive est la plus directe, mais la psychanalyse, le psychodrame, l'analyse transactionnelle, etc. conviennent aussi parce qu'elles sont toutes orientées vers la constitution d'un ego sain.

– Au deuxième niveau, l'identification se démarque entre le **mental** accepté comme *moi*, tandis que le **corps, l'ensemble de l'organisme** est vu comme *non moi*. D'après Sheikh, cette position de Descartes a entraîné un schisme corps-esprit qui empreint encore les humanités modernes. Le corps réside à «l'extérieur» de soi. Le langage l'exprime par la dichotomie : *J'ai un corps... je suis X....*

Parmi les thérapies les plus aptes à faciliter l'unité de conscience entre l'ego et l'organisme, Wilber cite la psychanalyse, l'analyse bioénergétique, la thérapie rogérienne et l'ensemble des approches humanistes psychocorporelles.

Aux premier et deuxième niveaux, l'identité est appelée **égoïque** parce que l'objectif du développement est celui d'une structure stable de la personnalité autour d'une conscience corporelle rationnelle. La personne se vit comme **différente et séparée** des autres. Ceci correspond aux trois premiers stades psychanalytiques du développement - oral, anal, phallique. Selon la compréhension transpersonnelle, cette «séparativité» est une illusion tenace et dangereuse, source principale des guerres (Weil).

– Au troisième niveau, la ligne de partage se situe entre **l'organisme et l'environnement**. Tout ce qui se trouve à l'intérieur du corps est moi, tout l'extérieur est du *non moi*. L'identité personnelle est séparée du reste de l'univers, c'est le niveau de la dichotomie des psychologies de l'ego. La formule courante qui l'exprime pourrait se dire ainsi : ce qui se passe à l'intérieur de moi peut être connu *directement de moi, le reste n'est accessible qu'indirectement et n'est donc pas moi.*

Les expériences de ce niveau sont mieux comprises dans le cadre des thérapies jungiennes, de la psychosynthèse, dans la perspective de Maslow, de Progroff et selon diverses techniques transpersonnelles aptes à intégrer les expériences psychiques et archétypales. À la fin de ce niveau, l'identification devient «**existentielle**», centrée autour de la valeur personnelle, en accord avec le sens des responsabilités, des appartenances, de l'intentionalité et de l'intégrité.

– Entre le troisième et le quatrième niveau, se situent ce que Wilber appelle *les zones transpersonnelles,* où l'individu fait l'expérience de l'accès direct à l'une ou l'autre des réalités extérieures soit à travers les phénomène psi, l'expérience «hors du corps» ou d'autres formes de connaissances transcendantes, et surtout l'**expérience de la non séparation**. Le *moi et le reste de l'univers ne font qu'Un dans une sorte de continuité et d'unité intime.* La différenciation entre moi et l'autre devient analogue à ce que découvre l'enfant entre sa main et son pied; ils sont *différents, mais non séparés.* Ce sentiment de l'unité fondamentale de l'univers est celui de la *conscience unitive* qu'elle soit vécue comme mystique ou comme cosmique.[1]

Wilber affirme que l'éveil à la conscience unitive relève des pratiques spirituelles, de l'entraînement à la méditation et d'autres formes de développement proposées dans les grandes traditions spirituelles universelles.

L'identité transpersonnelle nous unit donc à l'ensemble de tout ce qui existe, au réel «sans couture, sans discontinuité», à notre nature de bouddha. Ce Tout éternel, dit Wilber[2] est le désir

---

1. Bucke, R. M. *Cosmic Consciousness,* Citadel, N.J., 1982.
2. Wilber, Ken. *The Atman Project,* The Theosophical Pub. House, USA, 1980.

fondamental, unique de tout être. Ce projet final d'être Un-avec-le-Tout, Wilber l'appelle la Conscience divine ou l'Atman, la vraie transcendance/immanence. Cette compréhension constitue l'objet principal de la psychologie transpersonnelle et nécessite encore de multiples travaux pour devenir plus facilement accessible en clinique, en psychosociologie tout comme en médecine ou en philosophie.

Tableau 9
Le spectre de la conscience

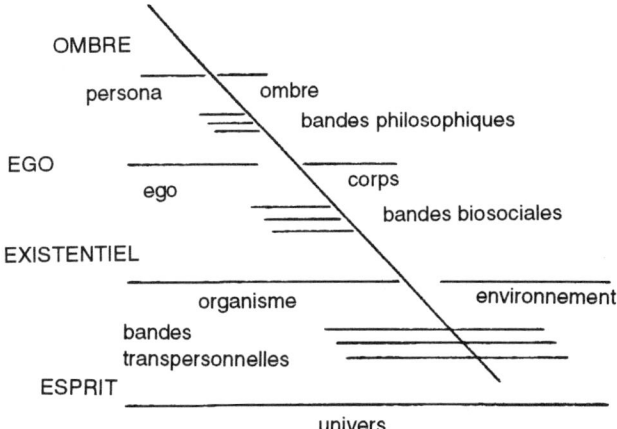

Figure : Quelques traits principaux du spectre de la conscience selon Wilber.

Note: Les principaux niveaux d'identité ont été indiqués par des lignes épaisses, alors que les groupements de trois lignes ont été choisis arbitrairement.

J'ai présenté cette synthèse parce qu'elle formule un point de vue nouveau, mais pourtant central, unifiant les contributions des diverses psychologies entre elles. Wilber propose encore bien d'autres notions, mais dans la perspective de ce livre, je me limiterai à son modèle structural de la conscience.

Par analogie au spectre des ondes électromagnétiques, Wilber conçoit la conscience comme un **continuum** où divers niveaux émergent par complémentarité et différenciation tout en constituant une même totalité. C'est dans *The Atman project*[1] qu'il a formulé explicitement sa psychologie développementale transpersonnelle. Les modèles issus de courants différents, jugés d'abord irréconciliables, deviennent des «moments» du développement de la psychologie, tout comme ils correspondent à des phases individuelles de croissance.

La psychologie transpersonnelle européenne[2]

La psychologie transpersonnelle est en Europe bien antérieure à la création du mouvement transpersonnel. Elle vient de la longue tradition des mystiques depuis Plotin, Proclus, Jamblique et le Pseudo-Denys l'Aéropagite, puis se développe avec l'école anglaise (*Le nuage d'inconnaissance*), allemande (d'Hillegarde de Bingen aux Béguines jusqu'à Maître Eckhart et son école : Suso, Tauler, Jacob Boehme, Angélus Silésius...), espagnole (Ibn Arabi et les soufis d'Andalousie, Jean de la Croix et Thérèse d'Avila), italienne (les *Fioretti*, Catherine de Sienne) et française (Marguerite Porette, François de Sales, Madame Guyon, Thérèse de Lisieux, etc.).

La psychologie transpersonnelle est, à ses débuts, une construction typiquement européenne avec le Suisse C.-G. Jung (qui, le premier, utilisa le terme de *uberpersonlisch* en 1916), l'Italien Roberto Assagioli et la psychosynthèse, les français Robert Desoille et le rêve-éveillé ou Pierre Weil et le cosmodrame, l'Autrichien Victor Frankl et la logothérapie, l'Allemand Graf Durckheim et la thérapie initiatique, etc.

L'originalité de la pensée transpersonnelle européenne se continue par le travail de l'école italienne (Laura Boggio Gilot[3], Anna-Maria Turi) l'école allemande (Elizabeth Philipov, Edith

---

1. Wilber, Ken. The Atman Project, The Theosophical Pub. House, USA, 1980.
2. Le texte qui apparaît sous ce titre m'a été aimablement communiqué par le Pr **Marc-Alain Descamps,** que je remercie ici vivement.
3. Boggio Gilot, Laura, *Forma e sviluppo della coscienza*, A. Vidya, Roma, 1987. *Il Se transpersonale*, Roma, 1991.

Zundel) ou anglaise (Jan Gordon-Brown, Jonh Rowan[1]), espagnole, française, etc.

Laura Boggio Gilot définit le transpersonnel comme le dépassement de la pensée duelle, vers l'état non mental et l'Un sans second. Sa conception du Soi transpersonnel tire son origine du Védanta.

John Rowan distingue quatre positions dans la croissance spirituelle : le moi mental, le soi individuel, l'âme et l'esprit. Il insiste pour bien distinguer les trois premiers niveaux qui restent personnels et volontaires allant jusqu'aux expériences des sommets de Maslow et le quatrième (celui du Soi causal) qui est l'état de dépassement de la notion de personne atteint par les mystiques de tous les pays.

En France, le transpersonnel s'est fait connaître avec l'invention des psychothérapies par le corps et de la psychologie humaniste. Dès 1972, dans le cadre de l'Association française de psychologie humaniste, a existé une section de la psychologie transpersonnelle. C'est à partir d'elle qu'à la dissolution de cette association s'est fondée, en 1985, l'Association française du Transpersonnel. En organisant un Colloque par an ont pu être rassemblés les différents courants qui se font jour en France. Dans *Qu'est-ce que le Transpersonnel ?*, Marc-Alain Descamps[2] a pu tracer une cartographie de ce champ par quatre cercles concentriques. Au centre, se situent les pratiquants des voies mystiques traditionnelles d'Orient et d'Occident que le transpersonnel étudie et dont il cherche à faire la jonction (yoga, zen, bouddhisme tibétain, soufisme, chamanisme, hésychasme). Puis, viennent les différentes psychothérapies transpersonnelles avec la respiration

---

1. Rowan, John. *The Reality Game,* RKP, London, 1983.
   Rowan, John. *The Horned God,* RKP, London, 1987.
   Rowan, John, *Ordinary ecstasy,* Routledge, London, 1988.
   Rowan, John. *Subpersonalities,* Routledge, London, 1990.
2. Descamps, Marc-Alain & al. *Qu'est-ce que le Transpersonnel ?*, Trismégiste, Paris, 1988.

holotropique de Grof, la psychanalyse spiritualiste, etc. Le troisième cercle est formé par tous les scientifiques qui sont venus rejoindre le nouveau paradigme transpersonnel et leurs lecteurs (Capra, David Bohm, Pribam, Charles Tart, Rupert Sheldrake en Angleterre et, en France, Stéphane Lupasco, Olivier Costa de Beauregard, Jean Charon, Bernard d'Espagnat, Basarab Nicolescu, René Thom, Thérèse Brosse, Hubert Reeves...). Le dernier cercle extérieur correspond à l'étude et à l'expérience des états non ordinaires de conscience et sur ses confins à l'ésotérisme, l'alchimie, l'astrologie, la chirotésie, la parapsychologie, etc. À la thèse centrale de Descamps qui s'occupe du transpersonnel horizontal (échange de personne à personne qu'il vaut mieux appeler «interpersonnel»), il faut ajouter le transpersonnel vertical (le passage de l'ego au Soi, la spiritualité, la vie mystique, la rencontre du sacré ou du divin). Il ne faut pas confondre le transpersonnel avec la parapsychologie ou le *Nouvel âge*. Lucien Alfillé, pour sa part, a fait l'étude des variétés des expériences transpersonnelles.

Dans *La révolution transpersonnelle des rêves*[1], Descamps reprend l'étude des rêves lucides, des songes de pouvoir et des visions de vérité qu'il avait abordés, dès 1972, dans *La maîtrise des rêves*. Christian M. Bouchet montre combien c'est une situation de conscience accrue et Pierre Weil étudie la transformation des rêves dans son expérience de la retraite tibétaine de trois ans.

L'amour transpersonnel[2] *montre comment l'amour est vécu en Occitanie chez les troubadours avec le pur amour* (Fin Amor) à partir de l'amour cathare. Mais ce seront les Béguines des Flandres qui vont en faire l'application à l'amour divin avec Marguerite Porette, Béatrice de Nazareth et Hadewijch d'Anvers. Marie-Madeleine Davy et Jean-Yves Leloup montrent bien comment ce sont ces femmes persécutées qui ont inventé les concepts

---

1. Descamps, Marc-Alain & al. *La révolution transpersonnelle des rêves*, Trismégiste, Paris, 1988.
2. Descamps, Marc-Alain & al. *L'amour transpersonnel*, Trismégiste, Paris, 1989.

que va reprendre Maître Eckhart. Le véritable amour est généreux et désintéressé; il donne au lieu de réclamer.

Mystique et Transpersonnel[1] détaillera comment le mouvement transpersonnel prend son origine dans la recherche des mystiques avec les travaux d'Elisabeth Andrès sur l'hindouisme, de Pir Vilayat Khan sur le soufisme et de Jampa Tarchin sur le bouddhisme tibétain. Ceci avait été préparé par l'œuvre considérable de Lilian Silbum sur le shivaïsme du Cachemire et le bouddhisme ou par les travaux d'Eva de Vitray-Meyerovitch sur les soufis.

Dans *Les psychothérapies transpersonnelles*[2], Marc-Alain Descamps fournit une nouvelle métaphysiologie de la psychanalyse spiritualiste avec un quatrième niveau de conscience qui est le surconscient et une quatrième instance qui est le pôle de réalisation. Une pulsion de réalisation nous mène par un processus vers ce pôle qui joue le rôle d'attracteur global. Le moment essentiel d'une cure est dans l'expérience mutative; elle s'établit par la rencontre du sublime.

Ceci va engendrer la transformation que l'on peut envisager aux trois niveaux de la sublimation, de la métanoïa, de la valorisation et de la métamorphose. La sublimation est l'orientation vers et par le sublime ou la transparence de l'infini. La métanoïa est la découverte de l'âme au-delà du mental; la valorisation consiste en la mise au service désintéressée des valeurs et la métamorphose est le changement d'identification qui passe de l'ego au Soi. Ainsi se constitue une psychanalyse des hauteurs.

L'art[3] est pour le transpersonnel un domaine de prédilection. Le chef-d'œuvre est ce qui émane du Soi et non de l'ego de l'artiste et dont la contemplation éveille le Soi du spectateur. Il est de plus ce qui engendre la créativité.

---

1. Descamps, Marc-Alain & al. *Mystique et Transpersonnel*, Trismégiste, Paris, 1991.
2. Descamps, Marc-Alain & al. *Les psychothérapies transpersonnelles*, Trismégiste, Paris, 1990.
3. Descamps, Marc-Alain & al. *Art et créativité*, Trismégiste, Paris, 1991.

Enfin, le transpersonnel se complète en renouvelant la visée éducative[1]. Une société se fonde toute entière sur sa conception de l'enfance et Marc-Alain Descamps demande que l'on distingue l'enfant d'En Haut, relié aux Sources, de l'enfant d'en bas, prisonnier de ses complexes. L'éducation transpersonnelle est déjà en marche dans les réalisations présentées en Belgique par Christine Dierkens, en Suisse par Jacques de Coulon et au Québec par Constantin Fotinas.

En conclusion, se dégagent quelques positions originales :

1. Il convient de définir et de transmettre le transpersonnel avec précision et rigueur pour éviter toutes les accusations d'éclectisme, de syncrétisme et toutes les confusions avec les mouvements apparentés (holiste, nouvel âge, psychologie humaniste, développement personnel, etc.) et les exploitations commerciales.

2. Le transpersonnel n'est pas un ensemble de techniques volontaristes produisant automatiquement des effets qui ne font que glonfler l'ego.

3. Le modèle du transpersonnel se retrouve dans l'expérience mystique.

4. Les expériences transpersonnelles (*peak-experiences* de Maslow) ne sont pas à confondre avec l'état transpersonnel obtenu par les mystiques ou le travail continu dans une voie traditionnelle.

---

1. Descamps, Marc-Alain & al. *L'éducation transpersonnelle*, Trismégiste, Paris, 1993.

Chapitre VI

CHOIX D'UN MODÈLE MULTIDIMENTIONNEL ÉVOLUTIF

Au chapitre précédent, j'ai estimé que les modèles étaient utiles en ce qu'ils décrivent simplement les composantes d'une réalité complexe et facilitent aussi la saisie intellectuelle et l'action en regard de cette réalité. En me rappelant que l'objectif actuel de ce travail est de promouvoir la «santé transpersonnelle énergétique» par l'utilisation du psychotarot, je cherche donc dans cette technique d'imagerie, le modèle le plus approprié à la compréhension de la projection humaine. Le concept de base englobant doit être capable d'embrasser tous les niveaux de conscience éprouvés par un être humain à n'importe quel moment de son évolution. Après avoir présenté quelques concepts et principes transpersonnels, je fais un choix précis d'un modèle pour en articuler les rouages et les mettre à la portée du praticien transpersonnel.

Analyse fonctionnelle du modèle choisi

C'est dans cet esprit que je vais maintenant tenter de circonscrire le modèle des sept niveaux bioénergétiques humains comme une particularisation et un affinement des modèles précédents. Je l'ai choisi, car il peut être utilisé par les tenants de tous les courants psychologiques. Il offre une conception articulée d'un fonctionnement humain intégral, compatible avec la vision du plein potentiel humain, avec la base cognitive-behaviorale qu'il élargit et avec le modèle analytique. Il prend tout son sens dans la vision transpersonnelle puisque son postulat de base est celui de l'évolution créatrice à travers tous les âges et toutes les aspirations à la transformation.

Un modèle à sept niveaux

La tradition contemporaine des sept anneaux de la bioénergie offre une certaine correspondance à une tradition millénaire, celle d'un système spirituel ancien (indien, tibétain et bouddhiste), organisé autour des *chakras*, mot sanskrit signifiant les *roues ou centres d'énergie*.

Il y a, en effet, une concordance étonnante entre l'approche systémique transpersonnelle de la conscience proposée par Charles Tart,[1] l'un des plus grands théoriciens des états de conscience, la hiérarchisation des anneaux de Reich, Lowen, Keleman, Kelly, et la conception orientale des *chakras*. C'est cette vision intégrante et intégrée que recherche la psychologie transpersonnelle, le lieu où convergent des conceptions physiques, affectives, mentales, spirituelles interreliées et comprises en un tout vivant. Pour illustrer concrètement ce dont il s'agit, voici un premier tableau tiré de l'œuvre de Lowen qui montre le cheminement de l'énergie psychobiologique, puis un second tableau où les blocages d'énergie font encore mieux sentir la délimitation de chaque zone. Les notions impliquées (pulsion, excitation, vibrations, blocages, courant ascendant, etc.) sont toutes de l'ordre énergétique.

Lowen propose ici un schéma où les pulsions surgissent du cœur : si elles montent vers la tête, elles exaltent, sont source de joie et il les considère comme spirituelles. Par contre, si elles suivent un courant descendant, elles sont d'ordre sensuel ou charnel; elles nous donnent une impression de détente, d'enracinement, de décharge. *Parce que le mouvement ascendant est dirigé vers la lumière et le descendant vers les ténèbres, nous pouvons relier le premier au conscient et le second à l'inconscient.* Pour Lowen, la vie intérieure est dite spirituelle, la vie extérieure dite

---

1. *Transpersonal psychologies*, 1977.

matérielle parce qu'elle se manifeste à travers les gestes, les actions visibles.

Tableau du cheminement de l'énergie humaine et de ses blocages selon **Alexander Lowen** (1970, 1972, 1975, 1977)[1]

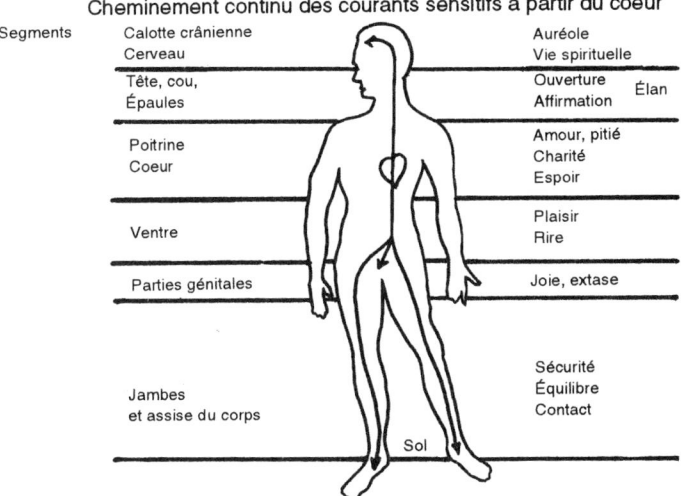

Cheminement continu des courants sensitifs à partir du coeur

Segments		
Calotte crânienne / Cerveau	Auréole / Vie spirituelle	
Tête, cou, Épaules	Ouverture / Affirmation	Élan
Poitrine / Coeur	Amour, pitié / Charité / Espoir	
Ventre	Plaisir / Rire	
Parties génitales	Joie, extase	
Jambes et assise du corps	Sécurité / Équilibre / Contact	

Sol

Les courants sensitifs de la foi dans la vie

Cheminement des courants sensitifs interrompu par des tensions musculaires

Blocages segments		
Calotte crânienne / Base du crâne	Culpabilité, doute / Idées noires, Sombres projets	
Yeux, Base du cou / Épaules	Hostilité / Négativité / Repli sur soi	
Poitrine, coeur / Diaphragme	Manque de sensibilité	Haine / Désespoir
Taille / Ventre	Souffrance / Larmes	
Plancher pelvien, Parties génitales	Perversion pornographique	
Jambes et assise du corps	Manque d'assise / Insécurité / Instabilité	

Sol

À chaque niveau, les blocages risquent de se manifester par une diminution de l'énergie, ainsi que par des symptômes.

---

1. Lowen, Alexander. *La dépression nerveuse et le corps*, du Rocher, Paris, 1977.

Ce type de synthèse à multiples niveaux qui impliquent une interface physique et spirituelle fait l'objet de plusieurs publications selon des optiques et des significations qui varient quelque peu.[1] Elles ont en commum un **étalement de la croissance personnelle** sur plusieurs aires de développement et une **hiérarchie** analogue permettant de relier un certain état du corps, de l'affectivité, du mental, du relationnel et de la spiritualité. Chaque niveau indique un niveau de **connaissances** intérieure et extérieure, un degré de **réalisation** individuelle ou de raffinement de la civilisation par l'accès à des valeurs de plus en plus élevées.[2]

La différence principale entre les *anneaux énergétiques* et les *chakras* réside, entre autres, dans la reconnaissance d'un système énergétique subtil entourant le corps et qui permet une interaction vibratoire constante entre les divers niveaux microscopiques et macroscopiques de l'univers.

C'est dire qu'aux systèmes anatomiques humains déjà reconnus par la biologie et par la neuroscience s'ajoutent des réseaux parallèles plus raffinés, mais nécessaires à la conception du vivant compris comme un hologramme en constante interaction avec un environnement immédiat ou lointain.

---

1. Wilber, Ken. *Up from Eden. A transpersonal View of Human Evolution.* New Science Library Shambhala, Boston, 1986;
Weil, Pierre. *L'homme sans frontières*, L'espace bleu, Paris, 1987;
Drouot, Patrick. *Guérison spirituelle et immortalité*, du Rocher, Paris, 1992;
Vaughan, Frances. *The Inward Arc,* New Science Library Shambhala, 1986;
Coquet, Michel. *Les chakras. L'anatomie occulte de l'homme*, Dervy, Paris, 1982;
Krishna, Gobi. *Kundalini,* préface de Hillman, James, Shambhala Pub. Inc., 1967;
Hills, Christopher. *Nuclear Evolution*, University of the Trees Press, Ca., 1968;
de Souzenelle, Annick. *De l'arbre de vie au schéma corporel : le symbolisme du corps humain*, Dangles, Paris, 1977;
Pierrakos, John et Eva. *Core Energetics*, Life Rythm Pub., USA., 1975.
2. Pouliot, Elise. *La libération du mental par le Raj-Yog*, Triangle bleu, Québec, 1980.

Même si j'ai puisé à de multiples sources, je choisis d'écarter de mes références actuelles les travaux qui s'expriment en un langage religieux ou ésotérique pour lesquels un entraînement initiatique auprès d'un maître ou d'un gourou est nécessaire. J'ai opté pour les études transpersonnelles, c'est-à-dire celles où le mode d'expression est accessible aux plans technique, scientifique, psychologique et spirituel occidental. Pour donner à l'esprit curieux un échantillon du langage imagé oriental, voici une description de la structure subtile ou mystique du corps humain rapporté par Mircéa Éliade[1]:

> *Dans un emplacement à l'extérieur du Mont Méru,^{a} sont situés, à sa gauche et à sa droite, les deux nadis,^{b} la Lune et le Soleil,^{c} Ida et Pingala.^{d} Susumna^e est au centre... etc.*

(Sens: *a*) la colonne vertébrale; *b*) les canaux; *c*) les fonctions de réceptivité et d'expression; *d*) le nom des deux canaux latéraux; *e*) le nom du canal central)

Replacé dans son contexte culturel, ce symbolisme peut être poétique et très estimé, mais il suppose les connaissances d'un exégète. Pour cette raison, j'ai choisi de retenir les textes où cette rencontre de l'Orient et de l'Occident est offerte dans un langage plus accessible. Une certaine uniformisation ou universalisation du langage s'est graduellement opérée par une longue série d'échanges entre les érudits de l'Est et de l'Ouest (par exemple, Jung et Richard Wilheim concernant le récit de la Fleur d'Or), par l'immigration de nombreux yogis, moines tibétains et soufis venus résider en Europe et en Amérique, par l'enseignement venu des mouvements spiritualistes théosophes[2] depuis les années vingt, par la libéralisation du commerce et des échanges culturels qui ont entraîné la dissémination d'informations entre les scientifiques adeptes de la méditation ou du Tai Chi, du Tao et du yoga, par les médecines orientales énergétiques qui ont acquis une notoriété même aux Nations-Unies et, finalement, par

---

1. Eliade, Mircéa. *Le yoga. Immortalité et liberté*, Payot, Paris, 1954-1983.
2. Powels, Leadbeater, Blavatsky.

les pratiques holistiques de plus en plus populaires auprès de la population générale. Aux confins de ces influences s'est effectuée la rencontre de la médecine occidentale, des techniques électroniques de pointe, de la philosophie pérenne et de la psychologie transpersonnelle. Des convergences démontrant l'effet de l'esprit sur la matière et de la matière sur l'esprit ont été cherchées et trouvées. Devant l'accumulation de ces informations, j'essaierai de m'en tenir à l'essentiel, ou du moins à ce qui me semble nécessaire à un praticien de la santé et/ou de la psychothérapie.

Tableau 11
Les sept niveaux du fonctionnement énergétique humain

Anneaux de Reich	Fonctions organiques	Glandes	Localisation	Sentiments, émotions à libérer
7.		Pituitaire	Fontanelle	Extase
6. Front	Perception	Pinéale	Tête	Émerveillement
5. Mâchoires	Ingestion	Thyroïde	Gorge	Rage, tristesse
4. Thorax	Respiration	Thymus	Cœur	Amour, empathie
3. Diaphragme	Digestion	Pancréas	Estomac, rate, foie	Jalousie, contrôle
2. Abdomen	Sexualité	Gonades	Vessie, utérus, prostate	Plaisir, sensualité
1. Pelvis	Excrétion	Surrénales	Anus, organes génitaux	Peur, colère confiance/méfiance

Ce tableau fort concis regroupe des données complexes qui nous permettent de mieux saisir les différents niveaux de fonctionnement et de les localiser physiologiquement. De plus, il facilitera les liens entre les différentes disciplines et approches pour en faire une synthèse. Pierre Weil le reprend de façon plus raffinée.

Tableau 12
Synthèse inspirée de Pierre Weil[1]
Compilation de la correspondance de certains systèmes

A. Fonctions psychologiques	B. Concepts psychologiques	C. Principaux auteurs	D. Relations inter-personnelles	E. Écoles de pensée psychologique
1. Sécurité	Stress Conditionnement Terreur	H. Selye Skinner A. Miller	Protecteur/ Enfant	Comportementale S - R
2. Sensualité	Libido Sexualité Fonction orgastique	S. Freud H. Ellis W. Reich	Amant	Psychanalyse Psychologie du désir
3. Pouvoir	Supériorité/ infériorité «self» territoire liberté	A. Adler Alport K. Lewin	Parent Patron Supérieur	Psychologie des contrôles sociaux
4. Amour	Acceptation Transformation radicale	C. Rogers R. Moss	Amis	Psychologie des liens
5. Communication	Consommation Médias Hypnose	A. Toffler McLuhan M.Erickson	Communicateur Public	Psychologie de la communication
6. Connaissance	Stades ESP, PK Sélectivité élargie États spécifiques	Piaget Rhines Bergson S. Grof Chamberlain C.Tart	Observateur Observé	Psychologie de l'intelligence Holisme
7. Relation à l'Univers	Individuation Psychosynthèse Mysticisme Sagesse	C.G. Jung R.Assagioli J.M.Bücke Durckheim	Participant Cocréateur	Transpersonnelle Transdisciplinaire Transculturelle

---

1. Weil, Pierre. *L'homme sans frontières*, L'espace bleu, Paris, 1987.

Inspiré de Pierre Weil, le présent tableau permet une vue d'ensemble de multiples travaux en psychologie qui se sont étalés sur plus d'un siècle. Nous commençons à peine à saisir leur complémentarité.

Chacun peut compléter cette tabulation et y insérer des informations propres à son domaine soit en relation avec la santé, avec diverses pathologies psycho-socio-biologiques selon la systématisation qu'en ont fait certaines écoles. Divers auteurs ont d'ailleurs fait porter leurs travaux sur plusieurs aspects majeurs. Éventuellement, toutes les facettes pourraient être étudiées et intégrées dans une vision plus englobante.

Il est bien sûr difficile de rendre justice à tous ces auteurs qui, par leur stature mentale exceptionnelle, ont couvert de multiples niveaux. Pour ne citer que l'un d'eux en exemple, je rappellerai que Freud s'est attaché à démontrer la fonction unitaire de la libido à différents stades. Il a développé une thérapeutique mentale essentiellement verbale et analytique où le contrôle de l'ego est l'achèvement couronnant l'évolution humaine rationnelle. Comme la plupart des autres auteurs, j'ai situé son apport aux stades initiaux de développement (niveaux **I**, **II** et **III**), en partie à cause de ses postulats mécanicistes, matérialistes et athées. Jung, par contre, a envisagé la libido comme une énergie psychique dont la totalité cherche à se réaliser, à atteindre le niveau du Soi, celui de l'énergie spirituelle (**VII**), par le «chemin de l'individuation», par la transformation de l'âme. Bien que la notion d'«âme» renvoie à cette partie de l'esprit qui «anime» une personne, Jung utilise fréquemment le terme pour désigner la vie intérieure personnelle, réservant à l'esprit un rôle plus large, plus impersonnel.[1]

Application en imagerie : des images de défis dans l'évolution humaine

Je présente ici un modèle d'évolution où les lames du tarot sont vues comme reflétant l'aspect profond de la vie, son sens

---

1. Vaughan, Frances. *The Inward Arc,* New Science Library Shambhala, 1986.

mystérieux, inépuisable. Dans ce labyrinthe individuel et collectif, les vingt-deux arcanes majeurs représentent les grandes expériences de l'être lui-même. Les quarante lames mineures sollicitent d'abord le niveau quotidien des pensées-sentiments-actions. Les seize lames de cour renvoient aux dynamismes complexes des liens collectifs et des rôles sociaux.

Pour la plupart des auteurs,[1] les lames majeures correspondent à un parcours de la conscience dans son cheminement évolutif à travers la vie. Les ésotéristes, dont Raymond Abellio,[2] considèrent que ces figures sont une manifestation de la «tradition primordiale» c'est-à-dire *d'une connaissance dont l'origine et le mode de transmission se perdent dans la nuit des temps. Par son caractère puissamment initiatique et de profond symbolisme, le tarot s'apparente ainsi aux idéogrammes essentiels de l'humanité.*

Un modèle de réalités psychologiques ou transpersonnelles?

Des «anneaux bioénergétiques» ou des «chakras»?

Tels quels, les tableaux précédents sont tout à fait conformes aux modèles habituels de la psychologie et de la médecine : on peut n'y voir aucun élément énergétique ou spirituel. Ce pas se franchit lorsqu'aux centres endocriniens s'ajoutent, en parallèle, une anatomie subtile qui comprend les «méridiens» ou *«nadis»* et des centres plus importants appelés *chakras*. Dans l'anatomie subtile, les *nadis* sont des micro-réseaux qui sillonnent le corps et l'enveloppent d'une robe de lumière (l'expression est de Meurois-Givaudan[3]) qui sont rarement captés par le regard parce que leur fréquence ne correspond pas à une longueur d'onde du registre visuel habituel. Si l'on se reporte au spectre des fréquences, certaines ondes sont en effet visibles, d'autres audibles,

---

1. Haig, Wang, Nichols Wanless, Berno.
2. Abellio, Raymond. *Approches de la nouvelle gnose*, article tiré de *Histoire, structure et symbolisme du tarot*, 1980.
3. Meurois-Givaudan, *Des robes de lumière*, Arista, Ruffignac, 1987.

d'autres ressenties, mais leur succession comporte des séries que nos sens ne sont pas capables de capter. Un certain type de photos kirlian, par exemple, et des enregistrements hypersensibles permettent de les détecter, d'en mesurer la direction, l'amplitude et l'intensité et d'établir la couleur correspondante.

Tableau 13
Les systèmes énergétiques du corps :
les méridiens ou *nadis*   les chakras

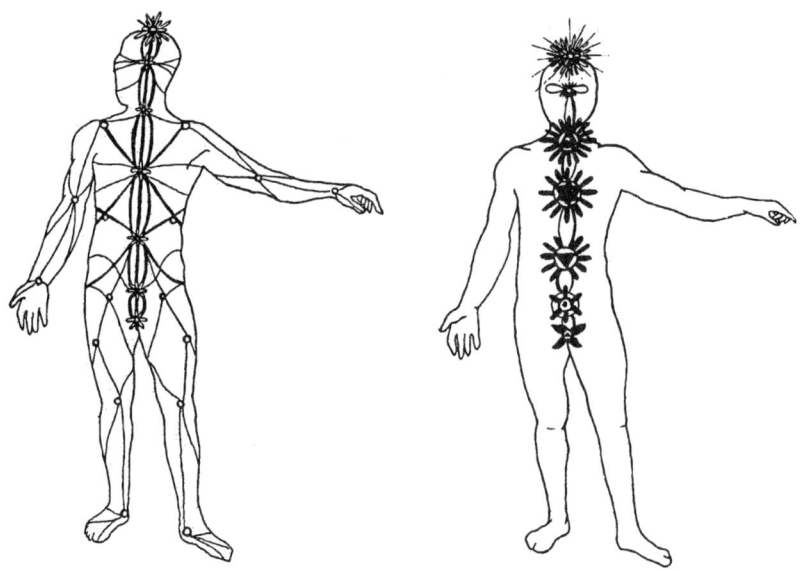

Des robes de lumière Lecture d'aura et soins par l'esprit dans A. et D. Meurois-Givaudan.
(cf Mishlove[1] et Meurois-Givaudan[2])

Cette compréhension énergétique ne devrait pas tarder à faire partie du patrimoine de la médecine puisque plusieurs opérations biologiques et médicales sont fondées sur l'usage d'appareils de type vibratoire (laser, EEG, EKG, scanner, détection des métaux dans la chaîne de l'ADN, etc.) bien qu'actuellement cette com-

---

1. Mishlove, J. *Roots of Consciousness*, Council Oaks, Ca., 1974-1993.
2. Meurois-Givaudan, *Des robes de lumière*, Arista, Ruffignac,1987.

préhension semble davantage mise en rapport avec l'usage d'appareils électroniques sophistiqués plutôt qu'en relation avec des qualités vibratoires du champ vivant lui-même et de leur signification biopsychologique. Au centre, les chakras 1 et 7 se correspondent : 1 est celui de l'inconscient et 7 celui du superconscient «ouvert à plus grand que soi». Ils se correspondent comme la racine et la couronne de l'arbre.

Si les *nadis* ou méridiens sont comme des routes subtiles semblables au réseau sanguin, il ne faut pas les confondre avec celui-ci, car elles n'ont pas sa densité matérielle. Il existe aussi des centres plus importants nommés *chakras ou centres principaux de relais* qui ont la forme de cônes tronqués, de dimensions variables, tous situés le long de la colonne vertébrale, à l'avant et à l'arrière du corps. Selon les auteurs, ces relais sont plus ou moins nombreux[1].

Tableau 14
Barbara Brennan : CHAKRAS ET VORTEX

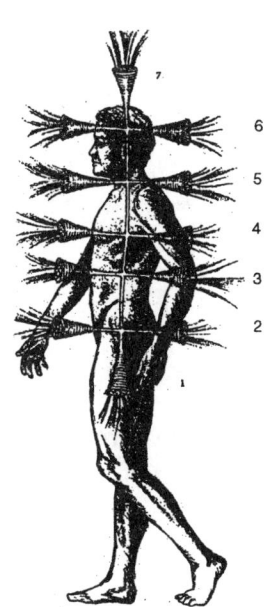

À l'avant
des centres
réceptifs

À l'arrière
des centres
de volonté

---

1. Neff, D.U. *The Great Chakra Controversy* in Yoga Journal, Nov. 1985.

Ces vortex ont des fonctions spécifiques en rapport aux glandes dont ils sont la contrepartie plus subtile, moins visible. Ces champs d'énergie peuvent être ressentis, influencés par divers facteurs. De plus, ils sont mesurables de diverses manières. Yogis, clairvoyants et chercheurs de laboratoire tombent d'accord pour décrire les *chakras* comme des capteurs et des transmetteurs d'énergie psychophysiques, une sorte de transcodeur ou d'échangeur énergétique entre un corps vivant et son milieu. En sanscrit, *chakra* signifie *roue*.

Christopher Hills[1] et Brugh Joy[2] comparent les chakras à un prisme qui capte une source de lumière et la réfracte dans un champ élargi. C'est un système d'interface, d'échange. Dans la chaîne des composantes humaines, c'est le chaînon manquant permettant de comprendre comment le corps humain peut réagir directement aux pensées, aux images et aux émotions, même lorsqu'elles ne sont pas exprimées physiquement ni par la parole ni par le geste ni par le regard, mais dans une communication immédiate, directe, en présence ou à distance.

Cette conception du corps humain comme une antenne émettrice-réceptrice est essentielle pour comprendre la transmission d'énergie d'un être à l'autre, par exemple par imposition des mains dans la guérison. Elle est aussi indispensable dans les recherches sur les phénomènes psi (télépathie, clairvoyance, etc.) puisque souvent la source des informations n'est pas localisée dans l'ici et maintenant et pourtant captée d'une façon valide.

Un modèle évolutif de la conscience par stades

La présentation de la correspondance entre les centres énergétiques et leur correspondance subtile a exigé beaucoup d'explications pour être bien saisie. Mais revenons aux caractéristiques principales du modèle choisi : un développement par stades ou

---

1. Hills, Christopher. *Nuclear Evolution*, University of the Trees Press, Ca., 1968.
2. Joy, Brugh. *Joy's Way, A map for the transformational Journey*, Tarcher, Los Angeles, 1979.

niveaux. Cela est aussi commun à plusieurs systèmes. Que ce soit celui du développement cognitif de Piaget, les phases de la libido de Freud, la socialisation d'Erikson, l'échelle des besoins de Maslow, les stades du jugement moral de Kohlberg, ceux du développement de l'ego de Loevinger, la psychologie transpersonnelle de Wilber, tous proposent une hiérarchie organisée par échelons.

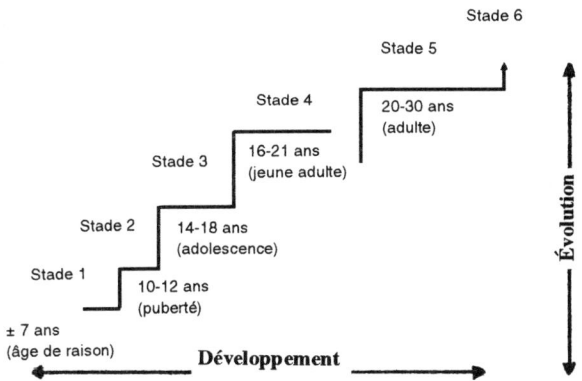

En psychologie transpersonnelle, la représentation la plus courante n'est pas mécanique et impersonnelle comme celle de l'escalier, mais prend la forme humaine suivante :

Figure : La Grande Chaîne de l'Être

Les deux lignes courbes représentent, approximativement, les courants sympathique et parasympathique dans le corps et, dans le cerveau, les fonctions hémisphériques droite et gauche. Les localisations des centres dits chakras elles-mêmes ne sont pas simplement symboliques, mais effectives. Le premier (anal) est le chakra qui représente la matière (comme la matière fécale); le second, la sexualité (les organes génitaux); le troisième, les réactions du ventre (les émotions, le pouvoir); le quatrième, l'amour et l'appartenance (le cœur); le cinquième, l'intellect discursif (l'appareil vocal); le sixième, les pouvoirs mentaux-psychiques supérieurs (le néo-cortex); le septième, au sommet et même au-delà du cerveau, la transcendance. (Wilber, tel que résumé par Andrée Viau dans sa thèse de maîtrise.[1])

Application - exemple

À quel niveau se situe la relation sexuelle ?

La même activité peut être vécue à plusieurs niveaux. Prenons un cas facile à comprendre, l'exemple de la relation sexuelle qui peut se situer à l'un ou l'autre des niveaux selon les différents moments de la vie :

– au premier niveau, ce peut être l'appel du corps, la solitude fondamentale de la chair qui cherche un semblable pour être moins seul, se sentir moins aliéné dans une ville étrangère, moins menacé en temps de guerre. La plupart des espèces vivantes dorment nichées aux creux des uns et des autres. La survie de chacun, comme de l'espèce, s'en trouve augmentée;

– au deuxième niveau, le désir de chaleur, de bien-être, de jouissance, cherche l'orgasme comme qualité de vie. Le désir sexuel rend plus léger ou plus fort ou plus audacieux : c'est l'esprit de l'amant;

– au troisième niveau, la relation sexuelle peut être désirée comme un geste d'affirmation (*Tu es à moi* ou *Je t'ai eue, etc.*),

---

1. Viau, Andrée. *Évolution, conscience et culture*, thèse de maîtrise, Université du Québec à Montréal, 1989.

de possession, de contrôle. Ce peut être une application d'un droit légal, patriarcal. C'est l'esprit du droit conjugal;

– au quatrième niveau, la relation sexuelle inclut la loyauté du cœur, la compréhension du partenaire vu comme un égal différent. L'orgasme amène la réalisation de l'intimité fusionnelle à un haut niveau : la présence des énergies d'amour sont alors une condition nécessaire à la rencontre sexuelle. L'intelligence du cœur s'approfondit et peut impliquer le pardon, ouvrir à la joie, à l'équanimité, à la paix, même en temps trouble;

– au cinquième niveau, la relation devient une communication des plus intimes, des plus significatives, un dialogue profond, verbal ou non verbal comme une sorte de code Morse qui fait sentir à l'autre l'énergie, l'état de l'autre. L'esprit de la créativité réceptive et expressive coule à flot, module le rituel;

– au sixième niveau, celui de l'intelligence verbale et intuitive, l'orgasme peut déboucher sur une compréhension quasi-infinie de soi, de l'autre. Cela peut s'accompagner d'intuitions télépathiques, d'images venant de la psyché profonde en lien avec l'inconscient collectif ou l'évocation d'expériences dépassant la réalité de l'espace-temps actuel. L'intelligence du monde s'en trouve accrue à un niveau cosmique, illimité, sans frontière;

– le septième niveau est le sommet de la relation tantrique où l'objet de la recherche est l'extase rejoignant l'énergie universelle. Le Bien-Aimé et moi ne font qu'Un avec l'univers. Cette félicité peut être atteinte avec ou sans contact physique. Les mystiques ont été observés dans des postures extatiques exprimant un ravissement et qui impliquait la totalité de leur être.

Sept organisateurs à l'œuvre

Le passage vers un stade supérieur exige de plus en plus de pratique – donc de temps – et des aptitudes de plus en plus complexes. Les premiers niveaux maîtrisés fondent et soutiennent les suivants. Par ailleurs, les stades ultérieurs ont une valeur d'attrait qui orientent et polarisent le développement des niveaux inférieurs.

Pour l'approche transpersonnelle, ces étapes débutent avec la vie embryonnaire (ou même avant), traversent l'enfance, l'adolescence, la vie adulte, la mort et aboutissent à une permanence spirituelle sous une forme ou une autre.

Existe-t-il des modèles qui conçoivent une transformation positive complète de l'être humain comprenant aussi la sénescence ? Dans la vision transpersonnelle, la totalité du parcours agit constamment pour stimuler toutes les facettes de l'essence. L'amoindrissement physique de la vieillesse cède la place à d'autres qualités de l'âme, implicites jusque-là, comme la sagesse et la contemplation. Cette dernière tranche de vie est donc très importante pour purifier les souvenirs, les attachements et parvenir à une intégration harmonieuse complète du vécu.

Application de ce modèle en imagerie

Chaque niveau se définit autour d'un principe organisateur – la libido, les besoins, une croissance physiologique, etc. – qui pousse à un comportement répété et l'étend à tous les objets disponibles.

Les sept organisateurs à l'œuvre

7- Le divin

6- L'intelligence

5- La communication

4- Les liens du cœur

3- Le pouvoir, l'affirmation

2- La vitalité

1- La sécurité

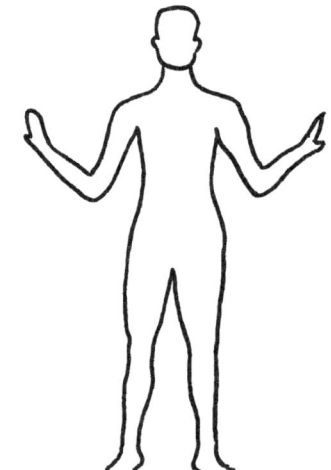

Lequel de mes dynamismes prend le relais du contrôle et domine mon organisme à ce moment-ci ? Et comment cet organisateur est-il en relation avec les autres?

À chaque image, l'aidant cherche à percevoir lequel de ces sept niveaux sous-tend la description de l'image ou le récit de vie. Une fois identifié, il est plus facile de saisir les interrelations entre les pensées, les désirs, les aspirations, etc.

Pour chaque stade, un organisateur différent prend le relais et supplante l'organisateur qui était dominant jusque-là. Y a-t-il autour de ce niveau une intégration personnelle ? L'ego fonctionne-t-il bien ? Y a-t-il aussi une intégration transpersonnelle ?

Bien que dans les sept stades de l'échelle énergétique, le niveau transcendental soit placé au sommet, et donc désirable, il peut aussi être vu comme menaçant : la peur du sublime et de la relation au divin est très répandue à notre époque et à juste titre. Peu savent le vivre et il est difficile de trouver une aide pertinente pour vivre ce niveau. Lorsqu'on a quitté les cadres religieux, l'aide spirituelle adéquate doit être choisie avec le même discernement, la même correspondance intérieure que l'on ressent dans le juste choix d'un thérapeute ou d'un compagnon intime.

De plus, l'aidant ne cherche pas à situer son travail aux niveaux les plus élevés, au contraire, puisque sur le chemin de l'évolution, les obstacles dont parlent Assagioli, Jung, Descamps, Wilber et bien d'autres, proviennent fréquemment du déséquilibre personnel des stades précédents.

Par ce modèle d'analyse, je propose que le consultant s'interroge et découvre la motivation dominante exprimée dans sa perception. Dans un travail plus approfondi, c'est la concordance des sept niveaux ensemble qui est envisagée.

La conscientisation des relations entre les niveaux est grandement facilitée par le ressenti corporel que la technique du focusing permet de connaître, de comprendre et de transformer.

Exemple : *Actuellement, je cherche à prendre plus de pouvoir, à étendre mon action sociale, mais je me juge là-dedans. Je deviens anxieuse dans ma relation de couple et je ne crois pas au soutien divin pour ma petite vérité.* - S.R. ne se rend pas compte que sa dévalorisation du niveau I compromet sa réalisation au niveau III (l'action sociale) et II (le couple).

L'accès à l'organisateur intérieur

Avec un peu d'humour, j'ai pensé illustrer la conception de diverses théories concernant cet organisateur intérieur à la racine des changements.

– exemple selon la théorie freudienne

*Qu'est-ce qui, dans ma couche ou
dans ma tête, m'a encore joué un sale tour ?*

La réponse réside dans le ça,
le réservoir des instincts,
ou le superego et ses interdits
ou encore dans la faiblesse du moi.

– exemple en théorie behaviorale : S - R

*Je réponds à quel téléguidage de la société ?
Par quoi ai-je été conditionné pour que j'agisse ainsi ?*

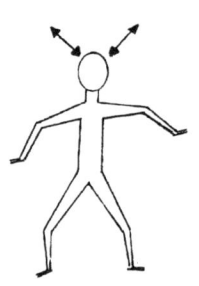

La recherche porte sur l'extérieur,
mes réflexes d'action, mon milieu,
l'hérédité.

– exemple en théorie systémique

*Le roulis et le tangage de ma vie
sont le résultat de quel sous-système ?
Qu'est-ce que je vais avoir encore à
recadrer ?* On cherche dans les façons de voir.

CHOIX D'UN MODÈLE MULTIDIMENTIONNEL ÉVOLUTIF

– exemple en théorie transpersonnelle

*En passant de l'inconscient au conscient,
qu'est-ce qui m'empêche d'atteindre
le supraconscient ?*
Aux systèmes précédents,
s'ajoute un lien transcendant.

Caractéristiques fonctionnelles du modèle

a) Polarités en diade ou en triade?

On peut se rappeler que les échelles se présentent en polarité de deux principes pour Piaget c'est l'adaptation-accomodation; Freud postule deux instincts : érotisme-agressivité; Lowen propose le haut / le bas ou l'extérieur / l'intérieur, etc.

Dans la «chaîne de l'être», selon la tradition yogique millénaire, on peut noter que les deux courants polarisateurs s'organisent autour d'un troisième vecteur central, constant d'un niveau à l'autre. Il me semble que ce fil conducteur peut être vu comme la conscience elle-même. L'éveil de l'**attention** et la prise de conscience du **témoin intérieur** constituent une assise indispensable en transpersonnel. La psychosynthèse d'Assagioli a particulièrement mis en valeur cet accès lucide à soi-même et la conciliation des opposés comme un jeu d'équilibre entre les sous-personnalités complémentaires. La psychologie transpersonnelle est la voie du dépassement et s'appuie sur ce vecteur central. Pour Jung la conjonction des opposés, leur réunion intime est la condition même de l'évolution.

b) Progrès intra-stade :
ouverture / amplification / harmonisation

À l'intérieur de chaque stade, on peut imaginer un développement horizontal : un goût, une habileté, une impulsion, un projet naît. La conscience qu'on en a peut s'ouvrir ou le combattre, mais en choisissant de vivre cet aspect de soi-même, cette habileté s'applique à des objets de plus en plus nombreux. Il y a éventuellement maîtrise et réconciliation des polarités opposées. C'est ce qu'on appelle croissance ou décroissance. Si elle est crainte ou refoulée, cette facette de soi se voit poussée hors de la conscience, habite les rêves, les regrets, les souvenirs et prend quelquefois la forme des «monstres» de nos cauchemars.

**Développement horizontal de même niveau
par expansions et contractions**

Par exemple au niveau de la sécurité, on peut observer chez le jeune enfant l'évitement des situations de danger (pôle -). Il ne s'éloigne pas de la mère ou revient à elle rapidement. Durant la même période, on peut noter aussi qu'il explore des lieux nouveaux et agrandit son territoire petit à petit. Ces deux polarités fonctionnent en équilibre. Le travail thérapeutique vise souvent à remanier cet équilibre en considérant les polarités en présence et en cherchant le sens de ces besoins.

On observe chez l'être humain un mouvement interne (inné?) qui va vers l'expansion jusqu'à sa saturation pour ensuite perdre de sa vitalité. Ensuite l'intérêt diminue, préparant ainsi la libération d'une énergie disponible pour un autre mode d'apprentissage ou d'être.

Pour le même concept, Marylin Ferguson proposait déjà, dans la *Conspiration du Verseau*, une représentation tripartite qui d'emblée implique la transcendance :

c) Le passage à un plan supérieur

Qu'est-ce qui pousse vers un stade de développement ultérieur ou supérieur ? Est-ce l'insatisfaction ou l'exigence vers un mieux, un plus? Maslow identifie la première motivation comme *un besoin de déficience,* une lutte contre la pathologie; la deuxième motivation comme *un besoin de dépassement,* une poussée vers la réalisation de soi. Les expériences de vie nous amènent à fluctuer constamment à l'intérieur d'un même stade : changements quantitatifs (par exemple, éprouver plus ou moins de confiance) et aussi d'un stade à l'autre : changements qualitatifs (régression ou dépassement). Je préfère cependant le terme de «retour» à celui de régression, car chaque stade demande à être consolidé, exploré, revu des milliers de fois. La peur profonde, par exemple, qui a pu être imprimée dans le corps et la psyché de quelqu'un au moment d'une naissance très difficile peut avoir des conséquences à très long terme et se répercuter dans le sentiment de vulnérabilité physique ou dans la crainte de s'engager dans des relations intimes. Cette particularité colorera non seulement la personnalité, mais le «terrain» de base d'où viennent ces impulsions. On peut considérer cela autant comme une richesse que comme une faille, car l'expérience générée par cette recherche peut approfondir un tel être et l'amener à une connaissance exemplaire de ce genre de difficultés par des «retours» fréquents à cette problématique donnée.

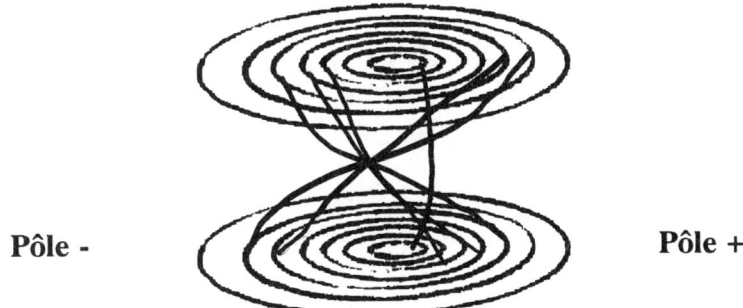

Pôle −   Pôle +

Développement horizontal par expansions/contractions suivie d'un changement de stade, en vertical

Un exemple de changement de stade

Chez un ouvrier immigrant qui était à l'aise dans son milieu d'origine, un fort sentiment de rejet a débuté par des vexations au travail pour s'étendre graduellement aux inconnus de ce nouveau milieu puis, finalement, entacher même la confiance envers ses amis intimes. En ce sens, il a régressé au stade inférieur. La thérapie et un groupe de camarades l'ont amené à rétablir progressivement cette confiance perturbée et ramener son fonctionnement au stade initial. Au bout d'un certain temps d'efforts, il parvint à développer de bons réflexes de défense contre les brimades, redevenir maître de son espace social et même agir comme meneur de groupe. Il a transcendé le problème et accédé à un stade supérieur. Les épreuves agissent comme des stimuli qui peuvent consolider les acquisitions d'un stade, les fragiliser ou amener à les dépasser.

Application en imagerie : la saisie des relations entre les stades

Au cours d'un tarot psychologique, l'aidant transpersonnel aide à percevoir quelle réalité est en cause, non pas uniquement en terme d'ego *(Je dois tenir le coup, faire face aux vexations sinon je suis fini. Ils vont m'exploiter comme une victime.)*, mais aussi en terme d'accomplissement essentiel pour soi-même *(J'ai à développer ma force devant les obstacles et à me respecter; c'est un besoin de mon être. La vie m'en fournit les occasions.)*.

Cette compréhension gagne à s'établir sur plusieurs plans :

– **au plan personnel** : comprendre mon vécu, mon besoin, ma situation;

– **au plan interpersonnel** : en saisir l'effet sur mes relations;

– **au plan transpersonnel** : sentir la poussée de mon être de fond dans le contexte de mon évolution selon le sens de ma vie et de mon identité.

Ce regard transpersonnel implique la bienveillance du cœur envers soi-même et envers l'autre. D'une certaine manière, on peut voir un retour à la position centrale que proposait Berne : «*I am OK, you are OK* et l'univers est OK !»

d) La maîtrise d'un stade : la pleine rencontre de soi-même

Maîtriser un stade, c'est nouer une boucle. Cette rencontre totale avec soi-même à un niveau s'illustre par la forme du serpent qui se mord la queue. Ce symbole est fort connu des ethnologues et désigne autant une **totalité** qu'une **renaissance**.

C'est un point de plénitude, d'équilibre, un état constamment recherché.

Souvent le bien-être passe inaperçu. Peu de gens ont ce sens d'appréciation de la journée, des plaisirs quotidiens, la gratitude des rencontres significatives. Et pourtant, la prise de conscience de ce qui est en train de s'accomplir constitue un pilier du développement, probablement un sentiment nécessaire à sa consolidation.

Application en imagerie : la verbalisation des acquis

Le guide peut contribuer à reconnaître qu'un stade a été atteint. Par exemple, à l'occasion de la représentation de l'Étoile en travaillant sur le sentiment de prestige, il peut noter que la personne ignore son impact social et recherche désespérément ce qu'elle possède par ailleurs. La confirmation extérieure doit être intériorisée pour être effective. Le repos et la psi en dépendent. *(Oui, je suis reconnue, je le sens, je l'accepte, cela m'est bon.)*

e) Franchissements de seuil : de précieux moments d'éveil

Dans la technique du «rêve éveillé», le dépassement d'un stade et la pénétration dans un niveau plus élevé ont été fort bien étudiés par Robert Desoille et George Romey[1] sous le nom

---

1. Romey, Georges. *Rêver pour renaître. Les rêves de franchissement du seuil, leur rôle dans la réconciliation psychique*, Laffont, Paris, 1982.

de *symboles de franchissement du seuil*. Ils sont importants à connaître, car ils indiquent une **transformation imminente ou déjà amorcée**. Le thérapeute et le patient ont intérêt à les identifier puisqu'un changement de niveau témoigne d'un pas important dans le développement de soi. Il est bon de sentir qu'un cap a été franchi pour faciliter la consolidation des acquis et entrer en confiance dans la nouvelle phase.

Marc-Alain Descamps,[1] un protagoniste du mouvement français, parle des changements transpersonnels en psychothérapie : *Leur effet est plus profond lorsque se produit une expérience mutative ou métanoïa comme la découverte du Soi dans la psychanalyse jungienne, celle de la lumière par le rêve-éveillé ou celle de nouveaux états de conscience dans la respiration holotropique de Stanislav Grof.*

Le focusing comme outil de conscientisation

Comment ma compréhension de chaque niveau s'est-elle élaborée ? C'est grâce à l'utilisation répétée d'approches expérientielles, surtout celle du «focusing» – ou centration que certains appellent centrage – d'Eugene Gendlin, clinicien et professeur à l'Université de Chicago. Le focusing s'est avéré une technique fort adéquate pour conscientiser un vécu et en saisir le lieu d'intégration corporelle.

Depuis les années soixante où s'est établie la collaboration entre Fernand Roussel et Gendlin, j'utilise la théorie de l'*expériencing* comme cadre référentiel. Ceci permet au vécu intime de s'articuler à travers les sensations corporelles. C'est *le corps habillé de mots* qui prend sens, grâce à l'émergence des images porteuses d'émotions. Ces métaphores servent de pont entre le corps et l'affectivité, entre le corps et les activités mentales. *Dans la plupart des théories,* dit-il, *les aspects statiques* (contenu et structure) *de la personnalité sont primordiaux; en conséquence,*

---

1. Descamps, Marc-Alain. *Les psychologies transpersonnelles*, Trismégistes, Paris, 1984.

le changement de la personnalité devient un problème particulièrement difficile. Le focusing met en valeur le changement, qu'il s'agisse d'un mouvement à peine perceptible ou d'un bouleversement profond.

J'ai constamment eu recours dans mon travail à cet outil privilégié car il augmente le dynamisme et la profondeur d'un psychotarot en reliant d'emblée la **conscience** à l'ensemble des dimensions physiques, psychologiques et transpersonnelles. Cette approche peut se greffer aux divers cadres de travail : créativité, développement, psychothérapie. Elle vise à mettre en relief les **processus**, les contenus comme des aspects du processus dans un **contexte** d'une **relation personnelle ou interpersonnelle en mouvement**. La relation soutient cette poussée plus avant et l'exprime sous forme de symboles verbaux ou préverbaux tirés du ressenti où ils étaient implicites. J'ai retrouvé dans cette théorie toutes les composantes du tarot psychologique comme technique de transformation ou, selon le mot de Descamps, *comme contexte d'une expérience mutative lorsqu'on atteint la profondeur du sacré.*

Application du focusing à l'imagerie

Selon la technique du focusing au cours de sessions de travail, j'ai demandé des milliers de fois à mes clients lorsqu'ils exposaient un problème épineux : *Qu'est-ce que tu ressens ? Où cela se passe dans ton corps ? Laisse monter une image qui exprime ce que tu vis.* Cette compréhension imaginale et affective s'accompagnait fréquemment d'un travail **thérapeutique corporel** et d'une invitation à **l'amplification émotive** comme le veut la Gestalt. (*Ouvre. Laisse aller. Permets-toi de t'exprimer à fond. Plutôt que de diminuer ce qui se passe en toi, augmente l'intensité, exagère si tu veux, mais libère-toi.*)

Cette façon de faire m'a permis de pratiquer une **psychologie transpersonnelle très enracinée** en psychothérapie comme dans les groupes de rencontre ou de développement. Les **aspects cognitifs** tiennent également une grande place dans cette approche. La technique de Gendlin facilite la saisie intelligente du vécu et explicite le jugement personnel posé dans la situation. À la fin de l'exploration, on demande *Pourquoi est-ce si important pour toi ? Qu'est-ce qui est le plus inacceptable, (dur, emballant, impliquant, effroyable, blessant..., etc.) pour toi là-dedans ? Qu'est-ce que tu recherches à travers cela ?* Ces questions invitent à verbaliser la dimension du jugement de valeur qui joue un rôle central en psychologie transpersonnelle puisque la **conscience** de soi devient le fil intégrateur de l'ensemble du fonctionnement corps-cœur-esprit.

Voici un exemple de focusing apporté par J.M. et le rappel des étapes proposées par Gendlin.

– Se centrer : «Qu'est-ce que je vis?»

Depuis environ un mois et demi, je sens qu'il y a quelque chose qui m'agace, mais je suis incapable de mettre le doigt dessus. Je me sens stressée, irritable, et je sens que je me referme sur moi-même. Je n'aime pas ce sentiment d'être dans lequel je me trouve.

– Se dégager

Aujourd'hui, je suis en pleine nature et c'est lors d'une ballade que je fais seule en forêt que mes réponses sont apparues. Je suis appuyée sur un arbre, bien à l'aise. Je ferme les yeux et je me laisse imprégner de l'odeur et des sons de la forêt. Je me demande pourquoi je n'arrive pas à être bien dans un endroit aussi enchanteur? C'est alors que me vient l'idée de mettre en pratique le focusing.

– Choisir une préoccupation

Je laisse venir les pensées et une à une je les mets à côté de moi, chacune ayant un arbre pour s'appuyer (c'est pas les arbres qui manquent ici). Évidemment, c'est la pensée que j'ai lancée derrière un arbre qui réapparaît en force. Mais, je joue à cache-cache avec elle jusqu'au moment où ça devient tellement évident que je ne peux rien faire d'autre que de la regarder en face. Comment annoncer à mon «coloc» qu'il doit déménager, car il occupe trop mon espace vital ? Je plonge alors dans mon vécu corporel.

– Laisser parler le corps

J'ai une boule dans le creux de l'estomac et un nœud dans la gorge. J'étouffe. J'ai de la difficulté à respirer. Je disparais, je m'efface. Encore une fois, je laisse la place que j'endure sans rien dire.

– Laisser venir le sens ou le référent direct

Pour montrer mon mécontentement, je bardasse au lieu de dire ce qu'il en est vraiment. Ce sont de vieux «patterns» dont je veux me défaire. Je me referme, je me fonds dans le mur. NON, ce n'est pas ce que je veux. C'est fini le temps où je donne plein pouvoir aux autres, où je les laisse décider à ma place. J'ai trop travaillé à mon évolution pour me faire encore ce coup-là. Je n'ai pas le droit de me traiter de la sorte. Le nœud dans ma gorge se desserre, je respire mieux. La boule dans mon estomac palpite un peu, mais se calme peu à peu lorsque je prends la décision qu'à mon retour, je vais lui parler. Je ne sais pas la formule exacte que je vais employer, mais je verrai lorsque je serai en face de lui.

– Prendre conscience

Un grand soupir m'échappe et je sens ma boule sortir dans cette respiration. Je me sens calme et dégagée. Je respire librement. En ouvrant les yeux, je découvre la beauté du paysage et mes oreilles trouvent le chant des oiseaux mélodieux. J'ai le cœur léger et je sais, au plus profond de mon être, que c'est la bonne décision que j'ai prise.

– Aboutir, conclure

Je poursuis ma balade en savourant chaque instant et je remercie la forêt de m'avoir assistée.

Cette expérience s'est produite en décembre et deux jours après, je donnais une date limite à mon «coloc» pour se trouver un appartement. Depuis, tout est redevenu simple et je reste détendue. (J. M.)

Commentaires

J'ai choisi cet exemple parce qu'il me paraît limpide, simple, facilement accessible même pour des gens non initiés au focusing. Jocelyne Morin, qui est infirmière, démontre un entraînement à une observation intérieure sans tricherie. Un certain sens de l'humour et de la situation spontanée en contexte «nature» ajoute de l'intérêt et nous permet d'observer toute la flexibilité de l'outil.

Chapitre VII

PREMIERS NIVEAUX DE LA CONSCIENCE ÉNERGÉTIQUE

Nous allons maintenant tenter de décrire l'aventure de la conscience, celle qui contient toutes les comédies et les tragédies, les élans et les régressions. C'est à travers ce vécu que l'âme découvre sa profondeur et le soi, son identité avec l'esprit. Frances Vaughan[1] rappelle que ce cheminement dans le langage chrétien est celui du «héros», de la quête du saint Graal, des demeures de l'âme. Dans les métaphores, à la fois modernes et orientales, cette aventure est celle du déploiement infini du potentiel intérieur, du dépouillement qui devient richesse et de l'immanence qui rejoint la transcendance.

Chacune de ces voies exprime à sa façon le passage de «la noirceur» à la lumière ou de l'ignorance à la connaissance. Ou pour reprendre l'essentiel de l'enseignement de Bouddha connu comme les *quatre nobles vérités,* chacun fera l'expérience que *tout est souffrance*, que l'origine des souffrances est *l'attachement même à nos propres désirs* et que pour supprimer la souffrance, il faut *lâcher prise*, et ce lâcher-prise s'accomplit par *la voie de l'ascèse ou de la discipline...*» Si vous avez lu *Le chemin le moins fréquenté* de Scott Peck, vous devez commencer à reconnaître des échos familiers. Encore une fois, l'Orient et l'Occident enfin se rencontrent, une certaine sagesse commence à

---

1. Vaughan, Frances. *The Inward Arc*, Shambhala, Boston, 1986.

pointer et se reconnaître mutuellement sous des visages différents. John White[1] résume bien ce lien entre l'essence spirituelle et sa manifestation à travers une évolution constante presque infinie : *Nous sommes des manifestations de l'Être, et tout comme le cosmos lui-même, nous sommes impliqués dans un processus de devenir sans cesse en croissance, en changement, en évolution d'états plus élevés en états plus élevés qui expriment par leur beauté la perfection de la Source de l'existence.*

Pour rappeler le sens général de l'évolution tant à travers les sept niveaux de conscience qu'à travers le cheminement de l'imagerie du tarot, revenons au schéma de Wilber[2] qui décrit la première partie de la vie (et des niveaux de conscience) comme tendue vers la réalisation extérieure, la seconde comme réalisation consciente pour aboutir à l'établissement de la surconscience sans coupure entre l'externe et l'interne.

le soi conscient
(niveau égoïque, mental)

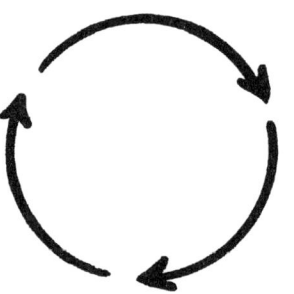

Du
subconscient
à la manifestation
extérieure

Du
surconscient
à la manifestation
intérieure

Le cycle général de la vie

---

1. White, John. *What is enlightment ?*, John White, ed., J.P. Tarcher, Los Angeles, 1985.
2. Wilber, Ken. *Up from Eden : A Transpersonal View of Human Evolution*, Doubleday, N.Y., 1981.

Cette aspiration vers «plus», vers le Tout, prend différent nom d'après les traditions : l'Absolu, Dieu, l'Ultime, l'Essence, l'Atman, l'État de bouddha, la Sagesse suprême, etc. Au départ, l'être humain se sent et se voit comme séparé du Tout. Cette essence spirituelle demeure inconsciente; chaque geste, chaque émotion ou réalisation exprimera extérieurement le potentiel inhérent à cette essence construisant ainsi la **conscience consciente d'elle-même**, – ce que nous appelons ordinairement le moi conscient – pour parvenir à une dernière identification au Tout d'où nous avons été tirés. Si nous en croyons Platon, *le désir pour le Tout, c'est ce que nous appelons l'amour*. Chaque stade exigera ainsi **l'amour de soi** pour se réaliser pleinement et accéder au stade suivant. Nous verrons bientôt comment, à chaque niveau, l'amour de soi est compris différemment.

Niveau 1 : la sécurité, la conscience corporelle, la survie

Au premier niveau, l'aventure de la conscience commence par la réalisation (au sens de *oui, c'est bien réel*) qu'elle est enfermée dans un sac de peau, localisée dans un corps qu'il lui faut apprendre à manier. C'est l'état du bébé naissant, de celui qui récupère d'une opération chirurgicale, d'un accident physique, d'un choc émotif. On ne naît pas qu'une fois : chaque retour à la réalité du petit matin, chaque recommencement de vie, chaque amour naissant ou rompu nous ramène nus, au début d'un monde, le nôtre. Cette intimité avec la substance physique doit se rétablir avec chaque transformation. Il n'est pas étonnant que Gendlin[1] ait démontré que ce retour à la conscience corporelle (*Je ressens quoi en ce moment ?*) soit une condition expresse de la réussite thérapeutique.

Dans l'ensemble, ce premier niveau assure la conservation de l'individu. Dans *la pyramide des besoins* de Maslow, il corres-

---

1. Gendlin, Eugene. *Une théorie du changement de la personnalité*, traduit par Fernand Rousel, Ph. D., Centre interdisciplinaire de Montréal, 1974.

pond aux besoins physiologiques de base qui fondent le sentiment de sécurité. Dans les stades de développement socio-émotif d'Erikson, c'est le niveau de la confiance versus la méfiance de base. En psychanalyse, cette première phase est appelée *orale* et désigne cette *succion-recrachage du monde* à travers la bouche, tout comme la relation de *fusion* avec la mère, le paradis ou l'enfer de dépendre totalement de l'autre. Cette phase est dite *océanique* parce que le moi ne s'est pas différencié encore du Tout : il est inconscient d'être lui-même. C'est précisément à partir de cette caractéristique que la psychanalyse des premières heures refusait toute noblesse au sentiment de béatitude finale, le confondant avec le sentiment régressif initial de l'Être-qui-ne-sait-plus-qui-Il-est.

Intégration personnelle

Ce premier niveau de réalité est très concret, matériel, tangible, celui du *primo vivere*, de la survie, des réflexes conditionnés. Le défi émotionnel de base à relever, c'est celui de dépasser la peur pour atteindre la confiance. Au plan des choix, les alternatives sont crues, extrêmes, et s'offrent comme un duo de vie et de mort. Tout est blanc ou noir, ami ou ennemi, «ça passe ou ça casse», tel est l'enjeu de ce niveau ou, du moins, c'est le sentiment que l'on en a.

Ce niveau peut d'abord se comprendre en terme d'état de vulnérabilité et d'âge physique, celui de la conception, de la grossesse, de la naissance et de la petite enfance. La fragilité et la robustesse particulières de la vie naissante sont bien connues. L'«amour» du fœtus et du nouveau-né passe d'abord par la voie matérielle, à travers les conditions de nourriture, de chaleur, de stimulations sensorielles et musculaires, de soins adéquats. D'après les recherches de Harlow, c'est par la peau que s'assouvit la faim de la présence humaine : être tenu au chaud contre soi, caressé, roucoulé, langé... semble aussi important que le boire et le manger. Rire, jouer, babiller, dormir paisiblement, croître et faire confiance «fondent» la vie physique au départ comme dans le sentiment de renaissance après les impasses et les coups durs.

Intégration transpersonnelle

Comment la psychologie transpersonnelle aborde-t-elle ce niveau? Le premier point à établir, c'est le fait même de l'incarnation, là où l'esprit s'allie à la matière et s'y fusionne. Si la psychanalyse parle de «libido», dont la tradition littérale est *Je désire - J'aime*, le transpersonnel parlera avant tout d'assumer qui l'on est, d'aimer son être, son essence. Ce «vouloir-être-là» dans l'incarnation s'avère être la base première de l'individu comme de l'humanité.

Qu'a donc à voir l'esprit à ce niveau? Un premier point se dégage avec évidence : le conditionnement global de la personnalité passe par cette vulnérabilité physique. Stanislas Grof[1] soutient que la grossesse et la naissance impriment une programmation initiale qui marquera tous les autres niveaux, confirmant ainsi l'intuition d'Ott Rank. Il existe un parallélisme marqué entre les traumatismes de la naissance, les fantasmes profonds et les modalités de suicide choisies en cas de gestes désespérés.

Cette pulsion initiale de devenir-qui-l'on-est marquera tous les stades suivants sous des formes multiples, mais toutes aussi radicales. Dans *Le courage de créer*, Rollo May[2] affirme que *Le courage n'est pas comparable aux autres vertus et autres valeurs personnelles. C'est la fondation même de toutes les autres. Sans lui, l'amour sombre dans la dépendance et la fidélité devient conformisme.* Il s'agit du courage d'être soi, de se permettre de créer, plus exactement de cocréer avec ce qui est là. C'est la position fondamentale envers la vie ou, dans l'analyse transactionnelle, c'est la vision positive de soi *I am ok and life is ok*. Il sera intéressant de voir comment la racine «courage» soutiendra tous les autres niveaux.

La Piste thérapeutique du niveau I :

La peur liée au sentiment de séparation et d'abandon

---

1. Grof, S. *Realms of the human unconscious*, E.P.Dutton, USA, 1967.
2. May, Rollo. *Le courage de créer*, Stock, USA, 1983.

Devant les attitudes de ce niveau, le guide doit se brancher sur sa propre sécurité et réaffirmer sa confiance en l'univers. Le praticien doit avoir travaillé lui-même sur sa propre peur, en connaître l'effet désintégrateur, sa puissance de négation, le recul viscéral devant la mort, la menace, l'oppression, la solitude, le rejet. Sa capacité d'aider à faire face avec réalisme et empathie, son courage, sa dignité dans l'adversité, son humilité devant des forces magistrales de la nature ou des hommes, tout cela tient à sa confiance consolidée à travers les épreuves.

Cette force ne nie pas la peur ni le sentiment de danger et de dévastation qu'elle entraîne, mais elle n'y cède pas. Tout comme dans la tornade, le réflexe de survie pousse à se protéger en se couchant par terre, ainsi, le besoin de sécurité provoque un retrait salutaire. En thérapie, j'ai vu crier, pleurer, hurler de rage lorsque la peur se dénouait. J'ai vu des gens se désespérer, sangloter et se demander **Pourquoi-cela-m'arrive ? Pourquoi moi ?** Après cette expression sans retenue et sans pudeur, j'ai vu ensuite le calme revenir, l'épuisement et la paix lui succéder.

Qu'est-ce que le transpersonnel peut apporter dans des émotions si viscérales? C'est aux limites de soi que se dégagent clairement les raisons de vivre et de mourir. En quoi l'âme peut avoir confiance lorsque tout s'écroule? Dans les camps de concentration, Bettelheim[1] soutient que seuls ceux qui avaient une raison profonde de vivre (**niveaux I et VII**) survivaient. Les autres mouraient plus facilement. Les racines «ciel et terre» sont les deux sources qui permettent la survie. Le reste des chakras ou «dynamismes» s'en alimente. Dans la maladie grave, l'espoir de «s'en sortir», de «passer au travers» est essentiel. En un sens, la mort même n'est plus un échec, mais une transition éventuellement incontournable.

À ce premier niveau, l'influence transpersonnelle vise à développer une meilleure sécurité existentielle par la confiance en soi et dans le soutien divin (ex. : *Le Seigneur est mon Berger, rien ne*

---

1. Bettelheim, Bruno. *The informed Heart*, Free Press, N.Y., 1960.

saurait me manquer...). Le fanatisme religieux ou l'intolérance expriment une déficience par un non développement des niveaux suivants : **niveau II, l'ouverture à la différence; niveau III, la coopération; niveau IV, la compassion; niveau V, la sensibilité à la vérité de l'autre (niveau VI, l'intelligence sans dogmatisme).** Cette évolution est le fruit d'une longue transformation.

Implications particulières

Dans ses polarités positives et négatives, **le niveau I implique la sécurité physique, l'intégrité du corps comme de la personnalité; le sentiment de former un tout ou d'être menacé de dislocation; d'être en contact avec la réalité ou de risquer la petite ou la grande folie, l'établissement ou l'écroulement de ses bases; l'abandon des parents protecteurs ou la recherche d'autres piliers, sources de sécurité.**

C'est le niveau des doubles racines, donc celui de l'appartenance à la terre, à Gaïa comme la mère nourricière, et en même temps à «l'univers, corps d'un seul Vivant»[1] en évolution. Cette conscience élargie est essentielle au transpersonnel qui ne cherche plus seulement *l'homo sapiens* au sortir de la caverne, mais *l'homo universalis,* l'homme universel. C'est aussi le niveau de **l'apaisement des blessures liées à la naissance, de la reconnaissance tranquille de ses appartenances parentales, territoriales, raciales.** L'étude des liens répétitifs transgénérationnels commence à être connue grâce aux travaux d'Anne Ancelin Schutzenberger.[2] C'est aussi celui de **la confiance de fond en soi, dans les autres, dans la protection d'en Haut.** La cote d'estime et de narcissisme joue souvent un rôle dont on est peu conscient.

La psychologie contemporaine semble la plus «biologisante» des sciences sociales, considérant le corps et les émotions comme deux modes exprimant une même réalité. Aussi est-il important

---

1. Linssen, R. *L'univers, corps d'un seul Vivant*, Libre expression, Montréal, 1990.
2. Ancelin Schutzenberger, Anne. *Aie mes aieux ! Liens transgénérationnels*, Epi-La Méridienne, Paris, 1993.

pour le psychothérapeute de se renseigner sur les aspects psychophysiologiques, hormonaux, musculaires, neurologiques, etc., d'un problème en relation avec l'expérience vécue (deuil, stress, impuissance, ménopause, infection, cancer) tout en se souvenant qu'il est trop facile d'abandonner l'espoir de changement parce que *c'est physique*.

Envisagés dans ses aspects positifs, le sens «terrien», équilibrant et tranquille de certaines personnalités, est à reconnaître et à soutenir. La confiance en sa propre valeur, en ses amis, en son compagnon de vie, l'espérance têtue d'un lien privilégié avec l'invisible sont des atouts précieux.

C'est aussi **le niveau des choix profonds** : la spiritualité devient vivante ou demeure un non sens. Le réflexe de se rattacher à la vie, de lâcher prise, de faire confiance ou de se raidir dans la négation, d'opter pour la vie ou l'autodestruction, fait la différence lors de menaces sérieuses concernant son bien-être ou ses liens essentiels : accidents, deuils, maladies, séparations.

Ce sentiment est souvent obscur, peu conscient, difficile à verbaliser. Si, comme le laissait entendre Thoreau : *La majorité des hommes mène une vie de calme désespoir*, il n'est pas étonnant que ce vécu prenne une forme biologique : malaises, maladies, incapacités chroniques.

Relations du courage avec les autres niveaux (inspiré de Rollo May)
Tableau des manifestations aux autres niveaux :

VII. le courage de créer des idées, une vision nouvelle (l'artiste, le saint, le visionnaire);

VI. la congruence des perceptions, l'acceptation de la réalité telle quelle;

V. l'authenticité dans la rencontre, la sensibilité à l'autre, à la différence;

IV. courage de la fidélité à soi, à ses engagements, la force de la paix;

III. courage moral : s'opposer à la violence et créer des formes positives;

II. courage d'appartenance : *Je suis moi et je me relie aux autres;*

I. + aller de l'avant, croire en soi = élan positif de l'éros;

- aller de l'avant en dépit du désespoir, de la mort

= agressivité saine;

0 au plan initial, la conscience est non séparée du Tout.

Exemple I-III-VI-VII

– La souffrance et l'insatisfaction de fond rongent subtilement les raisons de vivre. Ceci découle des besoins physiques de sécurité et d'affection qui n'ont pas été comblés. Pour Janov, les dépendances et les rages de consommation – cigarettes, alcool, sexe, travail, course à la gloire, à l'argent, etc. – sont des substituts pour dire *aime-moi, touche-moi, prends-moi, rassure-moi*. Comme la demande directe n'est jamais formulée, la réponse satisfaisante ne vient jamais et la compulsion s'installe. Christina Grof en parle comme d'une soif d'absolu non reconnue et déviée.

L'apprentissage de la satisfaction repose aussi sur d'autres niveaux : cesser de se trouver indigne de considération (**I**), savoir s'observer (**VI**) pour nommer ses besoins (**II**), oser les dire (**V**), défendre son territoire pour y résider en paix et en bonne intelligence (**III**). Du point de vue de la société (**III**), le besoin d'érotisme sexuel (**I**) est vu comme plus vulgaire, plus animal, plus masculin tandis qu'on considère la tendresse (**II**), l'attention amoureuse (**IV**) comme plus féminin alors que ces besoins sont yin et yang et se retrouvent chez les deux partenaires. Le travail sur des images masculines sert à élargir cette intégration du yang chez la femme, tandis que les images féminines ouvrent l'homme à son besoin de tendresse et de caresses. Certains confondent encore sexualité, ouverture du cœur et l'amour avec la tendresse amie. La vraie sexualité implique au moins les trois composantes.

Niveau II : la sexualité, la vitalité, la sensualité, la conscience émotionnelle

Pour situer ce niveau, comparons-le avec le premier.

– Au 1er niveau, *Je suis moi dans mon corps, dans l'univers matériel. Je suis l'enfant de Gaïa, la Terre Mère, et du Père dans les cieux*. La rupture de ce lien devient : *Je suis seul au monde. Je suis en danger. J'ai peur.*

– Au 2e niveau, *C'est moi et toi. Je suis un gars ou une fille dans cet univers vivant*. (Si ce lien est positif, *Je me sens près de toi, de tout ce qui vit, des plantes et des animaux.* Si le lien est négatif, *Je suis contre tout, je me défends. Les autres sont contre moi.)*

Ce deuxième niveau est celui de **l'énergie et de la qualité de la vie**. Le défi à affronter est directement émotionnel : être à l'aise dans sa peau, être bien ou mal avec l'autre, soutenir l'appartenance ou le rejet du groupe. Ses polarités sont l'anxiété ou le bien-être. Son développement repose sur la saine maîtrise de l'agressivité et l'érotisme. Situé au niveau de l'abdomen, il implique l'anneau pelvien, le système intestinal et rénal, l'appareil sexuel. Ce niveau s'établit au stade anal lorsque l'enfant apprend le contrôle des sphincters par contractions et relâchements; la parcimonie et la générosité; sa propre volonté en opposition à l'autorité; l'accumulation des biens, leur perte et le renoncement volontaire. Au sortir de ce stade, l'enfant aura formé la base de son caractère comme sec ou chaleureux, rigide ou souple, fermé ou ouvert, proche ou lointain.

L'intégration personnelle

Au plan des besoins, on peut nommer la dépendance : on tolére ou non d'être seul, la sexualité, la présence d'un partenaire, les premières appartenances affectives au groupe : mon clan, ma «gang», mon club. Les liens affectifs sont alors basés sur l'approbation, comme signe de l'amour de l'autre et se colorent fortement de la peur de perdre ce lien protecteur. L'estime de soi est fonction de la valorisation externe. On se rappellera que dans la pctitc enfance, la perte d'un parent peut menacer la vie ou en diminuer la qualité. Cette dépendance fragilise l'équilibre futur de l'enfant ignoré, mal aimé, trop peu reconnu, mis à l'écart. Si cette «seconde peau» que donne la démonstration chaleureuse lui manque, il risque de devenir un ours mal léché qui grogne ses frustrations et hurle si on envahit son intimité. Il devra peut-être apprendre à renégocier aimablement ses frontières.

Par la suite, à l'adolescence et dans la vie adulte, il est typique de ce niveau de chercher de nouvelles conquêtes sexuelles ou de nouveaux trophées d'estime publique : concours, médailles, honneurs. À l'adolescence, la tension interne de ce niveau pousse à rechercher un partenaire sexuel pour décharger cette tension et sentir que tout va bien. Dans un groupe, la pression du conformisme vise à éviter les surprises et à assurer sa place dans un territoire donné que l'on contrôle jalousement.

À ce niveau, être un homme ou être une femme prend une énorme importance : on peut se vivre comme «une moitié» qui retrouve son unité perdue grâce à l'autre. Par contre, c'est en développant en soi-même des qualités attribuées à l'autre sexe que l'on stabilise graduellement son équilibre. Grâce au yang, la femme développe sa force, l'affirmation de soi, le cran, donc son «homme intérieur». Pour sa part, l'homme cultive le yin, l'intuition, le sentiment, «le féminin intérieur».

En divisant rigidement les rôles masculins et féminins, la culture de jadis a contribué à maintenir une codépendance entre les époux. Plusieurs adultes n'ont pas été encouragés à devenir complets en eux-mêmes; ils devaient **co-dépendre** l'un de l'autre. Actuellement, on assiste à un changement valorisant l'autonomie, c'est-à-dire faire un choix personnel plutôt que de se plier à une façon unique de faire, selon une norme socialement imposée. (ex.: Dans le 1er cas, c'était *Tu gagnes l'argent, j'entretiens la maison...* Maintenant les choix sont un peu plus ouverts.)

Ce stade joue un rôle très important dans le sentiment de **force personnelle** qui servira d'assise à l'affirmation sociale (**en III**). Il permet d'implanter des routines et des attitudes qui seront très économiques lorsqu'elles sont bien établies. L'autonomie personnelle et l'identité sexuelle sont primordiales pour la santé individuelle et collective. Cela demande de savoir vivre à son rythme, de développer la certitude de pouvoir répondre à ses propres besoins, de se sentir à l'aise dans sa sexualité, de contrôler son propre territoire, d'agir selon ses propres critères, de bénéficier des ressources économiques minimales pour vivre. Dans le cas contraire, les maladies, le déséquilibre de la sexualité et des fonctions intestinales traduiront la dysharmonie intérieure. Le déni des sentiments et la suppression des émotions comportent un grand risque que l'on paye par des symptômes variés.

Intégration transpersonnelle

Le plan transpersonnel du niveau II comporte la capacité de s'abandonner avec confiance, de lâcher prise sans raideur ni ronchonnement. On peut aussi se rappeler l'intimité que saint François d'Assise avait avec la nature, parlant au soleil, au vent, aux animaux. Le nouvel âge a retrouvé un peu de cette fraternité première. La vie prend une dimension sacrée et le rapport à un Dieu bienveillant soutient la volonté en dépit des doutes ou de la honte de certaines erreurs.

C'est aussi celui de la sexualité tantrique où la relation à l'autre est vécue en liaison avec l'univers. Le souci écologique – physique, affectif, mental – s'impose comme un choix évident puisque l'autre est un autre soi-même, une partie de soi. Ce niveau a été découvert par la génération du *Flower Power* : *Faites l'amour et non la guerre*. C'est le renversement des valeurs patriarcales où l'ordre et le contrôle étouffaient la spontanéité. La valorisation du yin chez l'homme (réceptivité, sensibilité, intuition) marque – ou marquera – une grande révolution sociale. Plusieurs religions anciennes résistent à cette remise en question pourtant fondamentale.

Lorsque l'autonomie de pensée et la maturité personnelle n'étaient pas valorisées, l'antique Dieu vengeur pouvait exiger l'abdication de la volonté aux mains de l'autorité religieuse au nom du Père tout-puissant. Selon Weil[1] et Descamps,[2] l'option du renoncement à l'activité sexuelle est devenu un choix forcé chez les religieux. Sa sublimation a engendré une déviation dans la relation au corps et des névroses par culpabilisation. Ces deux auteurs considèrent que la thérapeutique du second chakra est particulièrement nécessaire en Occident par suite de nos conditionnements culturels.

---

1. Weil, Pierre. *L'homme sans frontières*, Espace bleu, Paris, 1987.
2. Descamps, Marc-Alain. *Corps et extase. Les techniques corporelles de l'extase*, Guy Trédaniel, Paris, 1992.

Travail thérapeutique du niveau II : la relation à la vie, à la santé

Implications particulières

La maîtrise du niveau II concerne de multiples aspects qui, dans la petite enfance, ont viscéralement «programmé» la relation au bonheur et à la santé définissant si l'on a le droit d'être bien dans sa peau, bien vivant, significatif pour ses proches, reconnu dans sa différence, dans son genre, dans sa sexualité. Ceci inclut, entre autres :

– le sentiment d'être approuvé comme «bon(ne) ou mauvais(e) garçon/fille»;

– le sentiment d'être justifié ou dans son tort, rebelle ou conformiste;

– l'assurance affective d'être soutenu par les personnes significatives;

– la vitalité, l'élan ou la fatigue, l'étiolement, l'épuisement professionnel;

– la relation à l'argent dans son abondance comme dans sa rareté;

– vivre «les fesses serrées» ou aller en toute aisance.

Rappelons certaines distinctions :

– *l'éros, l'amour-désir sexuel,* le bien-être dans la similitude et la différence, appartient à ce niveau;

– *l'amour-désir possessif et contrôlant* relève du troisième niveau;

– *l'agapè, l'amour-compassion*, se situe au quatrième niveau;

– *la caritas, l'amour universel,* s'épanouit aux niveaux subséquents.

En situation de vulnérabilité, le besoin de sécurité (**I**) s'exprime souvent par le besoin de contact sensuel (**II**), la personne a besoin d'être touchée, caressée, embrassée, de s'entendre dire *Je t'aime*. Il est souvent nécessaire de rassurer l'enfant ou l'adulte anxieux avant de chercher quel est son véritable problème.

Dans l'optique transpersonnelle, l'autre devient «un autre soi-même». On se rappelle le précepte: *Aime l'autre comme toi-même.* Et ceci peut désigner l'amour pour un être humain, pour un animal, pour un bout de pays ou pour la planète entière. C'est la base viscérale de l'accueil. Au plan spirituel, la séparation entre les êtres s'efface. Sans ce plaisir naturel d'échanger avec l'autre, la compassion et l'acceptation inconditionnelle d'autrui (**IV**) seront fragiles ou pénibles. Par ailleurs, une personnalité qui ne sait pas établir son territoire ou qui ne connaît pas bien son identité court de graves dangers de déséquilibre. Elle se laisse envahir ou même exploiter sous prétexte d'aider.

Certains apprentissages ne vont pourtant pas de soi. La différence entre l'ouverture et la naïveté, entre l'innocence et la crédulité, entre la pudeur et la honte toxique[1], entre l'amour et l'abus s'établissent par essais et erreurs. On peut se rappeler en exemple *Ces femmes qui aiment trop* décrites par Robin Norwood.[2]

Relations avec les autres niveaux

Les liens entre le niveau II et les autres niveaux sont multiples.

Le plus difficile, c'est de démasquer *le mensonge fondamental de sa vie,* c'est-à-dire l'illusion autour de laquelle s'est bâti le sentiment d'appartenance affective à l'autre. Pour être aimé, admiré et en sécurité, le très jeune enfant confond les désirs de ses parents avec les siens. Il s'y conforme au mépris de ses propres besoins vitaux. À moins d'un travail profond sur soi, cette distorsion personnelle et relationnelle sera reportée sur la plupart des partenaires significatifs : *Pour que tu m'acceptes, je cesse d'être moi-même... je tais ma colère... je masque mon agressivité... je cesse d'être vrai... j'exploite ta faiblesse... je me fais petit... je tremble... je suis malade,* etc. Le sentiment fondamental d'intégrité est troqué contre l'approbation de l'autre comme prix de la sécurité.

---

1. Bradshaw, John. *Healing the Shame*, Health Communicatins, Floride, 1988.
2. Norwood, Robin. *Ces femmes qui aiment trop*, Stanké, Montréal, 1986.

II-V-VI : sentir, exprimer et comprendre la souffrance cachée

Le cheminement thérapeutique reste souvent long et pénible dans les cas d'inceste, de viol, d'abandon précoce, de trahison parentale, de souffrances profondes, là où le sentiment de sécurité et d'intégrité ont été ébranlés. Souvent, le drame vécu a été refoulé. À cause de sa vulnérabilité profonde et du peu d'estime d'elle-même, une personne peut prendre un certain temps avant de saisir comment l'agresseur l'a manipulée pour lui imposer le silence : *N'en parle pas, tu vas faire mourir ta mère. Personne ne te croirait. De toute façon, il ne s'est rien passé.*

Il est bon de se rappeler ici que l'estime de soi chez Narcisse – le personnage du mythe repris par la psychanalyse – était très fragile puisqu'il était lui-même le fruit d'un viol maternel, aussi a-t-il choisi de s'autodétruire. Dans un cas d'inceste, le parent qui devait protéger (**I**) et soutenir (**II**) est celui-là même qui a abusé ou opprimé dans le mensonge. Ce silence isole cruellement et fait obstacle au sentiment de pouvoir (**III**) dans le groupe familial et/ou social. Dans un article-synthèse sur la chirurgie du côlon, le Dr Ghislain Devroede[1] démontre une certaine concordance entre les chirurgies multiples, souvent inutiles, et des abus corporels ou psychologiques non traités.

II-III-VI : le besoin d'un «reparentage»

L'absence d'une figure admirée et attachante, père ou mère, suscite souvent de la tristesse ou le sentiment «de vide», d'avoir à «s'élever seul» sans modèle inspirant. Il est parfois bon de stimuler une recherche élargie d'un bon père ou d'une bonne mère sans toutefois y mettre une dimension de dépendance directe. Cette identification heureuse sert de transition sociale, de pilier de croissance, comme l'orphelin qui décide que «seront mon père et ma mère tous ceux qui m'aimeront».

---

1. Devroede, Ghyslain. Le corps qui crie ses maux, in *Le Processus de guérison par-delà la souffrance ou la mort*, MNH, Beauport, Québec, 1994.

Niveau III : le pouvoir, l'ego, la conscience mentale

Afin de situer le pouvoir, reprenons le cheminement de la conscience :

I. *moi*, je m'affirme pour qui je suis;

II. j'apprends la relation à l'autre, *moi-et-toi*, d'une façon ressentie;

III. je fais face aux règles, aux normes, à la société, *nous-et-eux*.

Ce niveau du **pouvoir est celui du contrôle social, de la contrainte des relations en société, dans le contexte d'un groupe.** Le problème à résoudre, c'est celui de la **dominance-soumission** à l'égard d'un pouvoir plus grand que le sien; être en accord ou en désaccord avec les idées de son groupe, de sa profession, de sa religion, de son pays; savoir gérer son temps, son ambition, son succès.

Situé au plexus solaire, au niveau de la digestion, cette fonction est sensible aux malaises ou au bien-être des relations sociales. Weil rappelle que l'ulcère gastrique semble la maladie typique des cadres et des PDG des grandes entreprises. La régulation du foie semble reliée aux centres énergétiques **II** et **III** en tant qu'expression de la peur et de la colère dans les situations où le pouvoir personnel est menacé.

L'intégration personnelle

La société de consommation trouve sa base à ce niveau. Le développement technologique a complètement transformé les conditions de vie (**II**) grâce à la production industrielle de masse et à l'accès à ces produits. Impensable, il y a un demi-siècle, cette qualité matérielle devient à son tour la source des conflits mondiaux : *qui a le contrôle des ressources et des finances?* et familiaux : *la course pour gagner toujours plus d'argent*. Tant que la société ne connaîtra pas une évolution collective du quatrième niveau soit celui du partage selon le cœur, Pierre Weil, un grand militant pour la paix, soutient que les guerres feront rage. *La paix et la guerre commencent dans le cœur des hommes. Il n'y aura* *de paix que lorsque chacun connaîtra la paix en soi.* C'est même ce que reconnaît la Charte des Nations-Unies et il y a fort à faire individuellement et collectivement pour y arriver.

Pour la compréhension de ce niveau, on peut penser à certains outils et à diverses formations : l'entraînement au travail d'équipe, l'initiation aux diverses formes de *leadership,* l'étude des structures et de leur rôle régulateur comme forces sociales. Plusieurs entreprises repensent actuellement leurs relations internes sous l'aspect de la «qualité totale». Chaque service ou département se conçoit comme le client ou le fournisseur des autres et redécouvre la chaîne de l'interdépendance fondamentale comme base de la société.

Alfred Adler semble être celui qui a le mieux saisi le problème du courage et de la responsabilité de l'affirmation de soi-même malgré le sentiment de sa propre infériorité ou de son impuissance. Les notions de «pouvoir» et de «puissance» s'avèrent utiles ici : le pouvoir vise le contrôle des personnes, des biens, des objets que l'on domine à ses propres fins. La puissance marque plutôt la capacité d'accomplir quelque chose ou de se réaliser. Corporellement, l'un s'exprime par le point tendu, fermé, dans un geste d'écrasement, l'autre par le geste ouvert, fort, imprimant une direction vers... Ces deux modes, yin et yang, répondent à deux aspects complémentaires, tous deux nécessaires dans une situation de danger.

La domination de la femme par l'homme dans les sociétés patriarcales s'inscrit également dans la problématique de ce niveau, tout comme le racisme et les abus d'autorité de tous genres: l'excès dans la punition, la contrainte maritale sexuelle, l'exploitation de l'homme par l'homme déjà dénoncée par Marx.

L'intégration transpersonnelle

En jetant un regard sur l'histoire des sociétés et des religions, on ne peut éviter de mentionner l'Inquisition et les Guerres de religions comme des déviations de ce niveau tout comme le non accès des femmes aux plus hautes fonctions sacrées. La Divinité n'ayant pas de sexe, pourquoi a-t-on personnifié Dieu uniquement au masculin et n'autorise-t-on pas les femmes à être ses représentantes? Cette privation d'une référence féminine sacrée est probablement la source religieuse de la domination masculine. Riane Eisler dans *Le calice et l'épée*[1] et Merlin Stone, dans *Quand Dieu était femme*[2] relient ce phénomène aux changements sociaux. Dans les premières sociétés historiques, les femmes étaient honorées comme source de vie et symbole de fertilité. Au fil des siècles, cette coopération des premiers temps a cédé la place au primat de l'agressivité par suite de l'utilisation des armes offensives lourdes. Lorsque la domination mâle l'a emporté dans la société, la structure religieuse s'est calquée sur la société laïque.

Travail thérapeutique du niveau III

Implications particulières

Les qualités développées à ce niveau sont celles des *leaders* : une solide confiance en soi, l'affirmation de soi, la force du caractère, la clarté dans les positions, un sens du groupe qui suscite l'adhésion. C'est aussi un niveau orienté vers l'action, la recherche des défis à relever, le sens de l'industrie, de l'*entrepreneurship*, la formulation d'idées qui «changent quelque chose».

Les problèmes qui se posent à l'intervenant, c'est de savoir soutenir les motivateurs et les décideurs, de clarifier les ambiguïtés des rôles contradictoires, d'aider à rééquilibrer le temps pour soi et pour la carrière. Une femme qui devient impliquée socialement ne se définit plus comme *l'épouse de... la mère de...*, mais éprouve le besoin de contribuer à l'essor du monde.

À mesure que la maturité affine le sens du leadership, des questions plus subtiles surgissent: jusqu'à quel point les motivations de puissance sont-elles égocentriques ou altruistes? La recherche des honneurs et du pouvoir n'est-elle qu'un masque pour cacher le sentiment d'impuissance ou de nullité?

---

1. Eisler, Riane. *Le calice et l'épée*, Laffont, Paris, 1989.
2. Stone, Merlin. *Quand Dieu était femme*, Étincelle, Paris, 1979.

Finalement, les aventures scientifiques, sociales ou financières éloignent-elles une personne de sa vie intérieure... de sa vie amoureuse... de son besoin de contemplation? C'est à ce niveau que se pose plus clairement la nécessité de lâcher prise et de mettre le pouvoir au service du cœur.

Les premières grandes crises du pouvoir se manifestent souvent dans l'usage de la violence, l'impulsivité des décisions, l'intolérance à l'égard des positions différentes. L'utilisation du pouvoir peut être abusive et nuire à ceux-là même qu'elle devraient protéger.

Relations avec les autres niveaux

I-III : identité et reconnaissance sociale

Qui l'on est (**I**) ne se concilie pas toujours facilement avec ce que l'on doit faire (**III**) au plan social, dans la carrière et le rôle tenu. Par exemple, pour le jeune gradué, le professionnel en changement, la femme débutant en politique, il est essentiel de trouver un modèle positif éclairant ce nouveau rôle : *Qu'est-ce que je veux gagner/apprendre dans cette fonction? Quelles aptitudes développer? Comment respecter mes liens d'appartenance (II) et faire partager mes buts à ceux que je prive de ma présence ?*

III-V : pouvoir et vérité

Pour maintenir l'image parentale ou gouvernementale, il est tentant de nier la partie «d'ombre» en soi, de maquiller des données, de fausser l'information, etc.

III-V-VII : pouvoir institutionnel et religions

Chaque fondateur religieux, le Christ, Bouddha, Mahomet, etc., tient son pouvoir d'une expérience directe du divin, tandis que l'institution maintient le pouvoir sans bénéficier d'une communication directe avec le sacré. Le réflexe du «fonctionnaire» du sacré est souvent de maintenir la conformité plutôt que d'accepter un choix personnel juste, mais non conforme. L'étude d'Eugen Drewermann, *Les fonctionnaires de Dieu*[1] *est fort éclairante à ce sujet.*

---

1. Drewermann, Eugene. *Les fonctionnaires de Dieu,* Albin Michel, Paris, 1992.

III-VI-VII : en se questionnant sur l'autorité d'une organisation, on peut se demander si *les prédicateurs du Temple ont cessé d'être vivants pour soi*. Le problème moderne de la foi ou de l'espérance tient beaucoup au décalage entre les valeurs de la société et le sacré.

Le guide ne peut servir d'assise à l'autre que s'il a résolu pour lui, de façon harmonieuse, les problèmes liés au pouvoir, au contrôle, à l'autorité, aux structures sociales et institutionnelles. Ce n'est pas un mince défi. De fait, le pouvoir (**III**) comme aboutissement des relations (**II**) les fige en les encadrant. De plus, s'ajoute maintenant la nécessité d'une juste compréhension du rôle de la femme dans la société. Plusieurs intervenants commencent à sentir le mépris envers le féminin tant chez l'homme que chez la femme. Par exemple, l'homme qui refuse le féminin en lui ne peut se permettre de pleurer ni de laisser une large place à sa sensibilité.

Chapitre VIII

NIVEAUX SUPÉRIEURS DE CONSCIENCE

Nous continuons ici les niveaux de la conscience. Nous créons un nouveau chapitre pour marquer la transition entre le niveau d'intégration personnelle et l'entrée dans l'espace transpersonnel.

Niveau IV : l'amour, don et joie

L'ensemble des trois niveaux précédents constitue le sommet de l'intégration personnelle, le plus haut point de *l'homme naturel*, l'idéal grec *un esprit sain dans un corps sain* ou autrement dit, un individu sain, actif dans son groupe et dans la société. C'est alors que se fait sentir ce besoin d'un idéal directeur : les règles d'une société ne peuvent être qu'égocentriques s'il n'y a pas un idéal spirituel, vivant, partagé par la communauté.

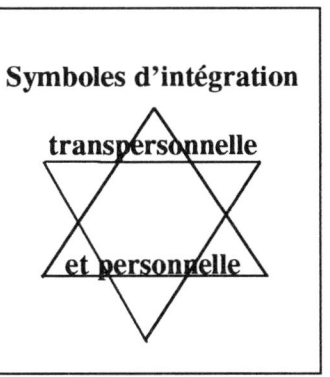

Le niveau du cœur devient le lieu de rencontre et d'unité entre le terrestre et le céleste (le plan vertical), entre soi et les autres (le plan horizontal). Au niveau corporel, la respiration en est le siège. Toutes les écoles de méditation relient le souffle à l'ouverture spirituelle.

La croix est un symbole universel[1] que l'on trouve dans les cultures

---
1. Chevalier, J.; Gheerbrandt, A. *Dictionnaire des symboles*, Laffont, Paris, 1982.

chrétiennes comme dans les cultures préchrétiennes. Les écrits des anthropologues Angeles Arrien[1] et Mircéa Éliade[2] expriment cette rencontre des quatre plans : soi et les autres, au centre des grandes forces d'en haut et d'en bas. Frances Vaughan[3] soutient que *symboliquement le diaphragme représente la surface de la terre*, et que, dans le souffle, nos aspirations s'élèvent au-dessus de tout en l'habitant par la présence de l'amour. Dans les termes de Wilber, c'est le niveau du «Centaure» : il n'y a plus de division entre le cavalier et sa monture, entre les pulsions de base et la direction de l'esprit. Comme nous l'avons vu au chapitre précédent, la psychologie humaniste-existentielle œuvre à ce niveau en posant les valeurs au centre de la problématique humaine.

En imagerie, on retrouve la croix dans plusieurs lames du psychotarot de Hurley (0, I, IV, V VII, XX). L'étoile de David que le **Tarot Nouveau** utilisera abondamment (lames XIV et XV) marque aussi cette ascension vers les plans supérieurs – triangle pointé vers le haut – qui s'imbriquent dans les plans inférieurs – triangle incliné vers le bas – et les intègrent.

Intégration personnelle

Dès qu'il y a prépondérance des centres supérieurs, plusieurs caractéristiques altruistes font leur apparition : l'intelligence du cœur, la générosité, l'idéal du service à l'humanité, l'amour inconditionnel, la compassion. La littérature occidentale fait ici référence à la mort de l'ego, c'est-à-dire que le besoin de dominer tout ce qui peut se soumettre à nous cède la place au besoin de nous mettre nous-mêmes au service d'une cause plus grande. Les rôles des prêtres, des enseignants et des guérisseurs répondent souvent à ce type d'élans. Dans la littérature psychologique occidentale, la compréhension de ce niveau est relativement récente. On doit une meilleure saisie des implications de ce niveau aux influences

---

1. Arrien, Angeles. *Sign of Life,* Arcus, Ca., 1992.
2. Eliade, Mircéa. *Mythes, rêves et mystères,* Idées-Gallimard, 1987.
3. Vaughan, Frances. *The Inward Arc,* New Science Library Shambhala, 1986.

conjuguées de Jung, de Frankl, de Betthelheim, de Rogers, de Weil, de Vaughan, de Walsh, de Joy, de Moss et d'Arrien.

Intégration transpersonnelle

L'attitude transpersonnelle prend ici son véritable point d'ancrage. *Aimez-vous les uns les autres* est la loi qui tend à s'établir à ce niveau. Lorsque le Christ ajoute *Aimez-vous les uns les autres comme je vous ai aimés*, il soulève la barre un peu plus haute, reliant la règle d'amour à ses degrés les plus élevés, à ceux de la communication (**V**) en un seul Corps, d'une seule vision (**VI**) où le bonheur «du plus petit» (**II**) est perçue (**VI**) comme nécessaire pour atteindre la béatitude du Royaume des Cieux (**VII**).

Présentant *Les thérapies transpersonnelles*, Descamps insiste sur *l'exigence de vérité*, la nécessité de la congruence, du détachement, du silence intérieur et de l'accueil comme un fondement nécessaire au transpersonnel. Il rappelle que l'on ne peut aider les autres que dans les niveaux de base (**I-IV**) que l'on a soi-même maîtrisés : *que ce soit l'alcoolisme, la toxicomanie, la dépression, les tendances suicidaires, persécutrices ou narcissiques*. La meilleure technique ne peut réussir si l'attitude intérieure n'y correspond pas.

L'ouverture aux niveaux supérieurs (de **IV** à **VII**) permet au thérapeute de s'ouvrir à «l'inspiration» en accueillant des idées et des images qui apparaissent, qui ne sont pas nécessairement les siennes, mais qui touchent juste. On doit signaler l'abus qui peut s'instaurer lorsque l'aidant n'a pas complété son travail personnel et joue au maître spirituel en prenant une position autoritaire au nom du spirituel. Cette vigilance s'impose tant chez l'aidant que chez l'aidé.

Sur la Piste du travail thérapeutique du niveau IV
Implications particulières

Le niveau «cœur» au plan personnel rencontre la plupart des valeurs mises de l'avant par la psychologie humaniste : l'acceptation de soi et de l'autre, l'empathie, la congruence, la transparence, l'authenticité. Dans une personnalité saine, ce niveau du cœur rend capable d'agir comme un aidant naturel en étant ouvert, généreux, attentif et émotionnellement stable. Une telle personne est une source de chaleur et de paix dans un groupe.

Les difficultés à traverser pour parvenir à ce stade sont :

– la maîtrise de la dépendance (*Je t'aime si tu m'aimes*);

– l'estime de soi (*Je t'aime si tu m'apprécies, car cela me valorise*);

– la capacité de discerner l'intégrité de la personne malgré ses changements ou ses erreurs (*Je t'aime même quand tu me blesses ou que tu te trompes.*)

Perls et Janov ont montré que la croissance émotionnelle passait par la capacité de reconnaître la souffrance des premiers attachements et de pardonner à ses parents. Ce niveau implique une acceptation de la douleur et de l'imperfection humaine. On a crevé l'illusion que la perfection était le standard avec lequel se mesurer. L'acceptation de la réalité «telle quelle» stimule la créativité d'un cœur ouvert. Le lien du cœur demande d'être *avec l'autre,* mais non *à la place de l'autre,* sans sombrer non plus dans la puissance ou l'impuissance du *sauveur.* Le rôle thérapeutique est plutôt celui du *transformateur* qui active la démarche d'éveil sans l'imposer.

La pleine intégration de ce niveau passe par certaines qualités que la psychologie existentielle a mises en relief : l'acceptation inconditionnelle d'autrui et le pardon. La notion de pardon, de réconciliation et de réparation est devenue particulièrement cruciale dans la guérison des blessures émotionnelles suite aux abus sexuels et à l'inceste. Dans son évolution intérieure, on ne peut dépasser la réaction d'impuissance, de blâme, d'amertume, de désir de vengeance sans atteindre ce niveau d'amour restauré par le pardon à soi-même et à l'autre, libéré des attaches du passé.

Au plan transpersonnel, un saut quantique est alors franchi: au lieu *d'être en amour avec quelqu'un* (*to be in love with*), c'est la capacité d'aimer (*loving*) tout ce qui se présente ou mieux c'est l'*état d'amour* (*being love*) qui s'installe. Plusieurs auteurs font ici référence à la conception bouddhiste[1] ou yogiste de la nature humaine comme étant essentiellement divine, donc un lieu de félicité, d'amour et de joie. Vallé discute longuement de la relation à l'autre privilégié – l'être aimé, le conjoint, le plus proche – comme une voie particulièrement exigeante et exaltante de développement : dans notre désir d'évolution, l'autre est mon miroir et moi le sien. Nous formons un duo aimant qui incarne le désir d'aimer à tous moments. Richard Bach, dans *Un pont sur l'Infini* montre les exigences d'un tel lien amoureux.

Relations avec les autres niveaux

IV-I L'absence d'identité du schizoïde le fait se confondre à l'autre.

IV-II L'absence de paix en soi engendre l'irritation, la colère envers l'autre.

La peur du rejet (**II**) peut diminuer la loyauté envers soi-même et donc fausser la relation affective. Chez une personnalité fragile, l'absence physique ou le décès du conjoint risquent de tout remettre en cause.

IV-III La confusion entre amour et pouvoir : se laisser contrôler par l'autre n'assure pas son amour.

IV-III-I-VI La maturité de ce stade dépend des niveaux précédents dont il découle. *Je te montre que je t'aime pour que j'existe à tes yeux ou aux miens.*

Faute d'avoir assumé son pouvoir personnel, un être éminemment sociable risque de s'effacer et de se retrouver dans des rôles non voulus de services compulsifs troquant l'approbation des autres contre son temps et ses intérêts. C'est un idéal (**VI**) d'amour mal compris.

IV-V Les blessures du cœur, la tristesse, le non pardon à soi-même ou à l'autre bloquent l'expression de soi. Dans sa conception de la thérapie bioénergétique (1970-1975), Lowen tente de prévenir les crises cardiaques en amenant le déblocage

---

1. Desjardins, Arnaud. *La voie du cœur*, La Table ronde, Paris, 1987.

d'un cœur fermé et meurtri. Cette ouverture peut susciter des larmes et des hurlements avant de réapprendre à se dire (**V**) et à retrouver l'aisance de fond (**II**).

IV-VI Amour et sentimentalité, cette dernière étant un désir de s'imaginer éprouver l'amour.

IV-VI Amour et romantisme. L'idéal chevaleresque dicte la courtoisie et la tendresse, l'acte posé exprime un besoin social ou personnel de se sentir héroïque, valeureux, choisi, distingué aux yeux de la personne aimée;

IV-VII le cœur amène l'ouverture spirituelle. C'est la première clé d'entrée. Selon les recherches sur les guérisseurs, l'amour est la force de transformation la plus puissante.

Un auteur québécois, Michel Rainville, fait la synthèse suivante concernant l'évolution des niveaux d'empathie. Ces niveaux ne sont pas exactement les mêmes que les nôtres, mais suivent une courbe similaire fort intéressante. Il s'agit de l'échelle des valeurs morales de Kohlberg présentée par Rainville[1].

Niveaux d'empathie selon l'échelle de Kohlberg

Niveau 1 - disposition extéro-centrée, là où la perception du pouvoir compte plus que soi-même : les parents, les autorités, les plus forts, les plus grands...;

Niveau 2 - disposition égocentrée, *moi, moi, moi,* là où ses propres besoins priment sur tout le reste;

Niveau 3 - disposition altruiste, là où les autres commencent à compter; capacité d'aider : *tout le monde en ferait autant à ma place*;

Niveau 4 - disposition sociocentrée, là où l'impartialité prend le dessus sur la sympathie par la conscience d'être un membre de la société;

---

1. Rainville, Michel. *Pour comprendre les valeurs,* à paraître, Montréal, 1993.

> **Niveau 5** - disposition autonomiste : le social cède à l'intersubjectivité; les valeurs vécues s'opposent à *l'ordre pour l'ordre, Autrui est mon miroir*;
> **Niveau 6** - disposition universalisante, justice et charité se complètent; *le bonheur de l'autre doit être le mien et le mien, le sien*;
> **Niveau 7** - disposition surcentrée, là où la transcendance est active dans l'immanence. Il y a conscience d'être un véhicule de paix et d'amour.

Niveau V : la communication, l'inspiration, la création dans l'instant

Ce niveau se situe à la hauteur de la gorge, ce qui inclut l'écoute et la parole ainsi que toutes les fonctions afférentes. Il implique la capacité de s'exprimer tout en entendant sa propre voix intérieure et celle de l'autre. Pour ce faire, le bavardage mental et la dispersion de l'attention doivent avoir cessé. C'est le lieu par excellence de la créativité interpersonnelle, de l'expression thérapeutique, de la communication vivante et directe qui s'ajuste constamment dans le vif de l'échange.

Il n'y a pas de liens sociaux sans interaction, donc sans communication. *L'existence humaine est un vaste réseau de relations interpersonnelles complexes.* Sa place intermédiaire, entre l'intelligence (**VI**) et le cœur (**IV**), situe l'enjeu de la communication. Sans l'organisation intelligente du message, la communication échoue. Sans empathie, elle risque de n'être pas reçue. Hora l'a très bien exprimé : *Pour se comprendre soi-même, on a besoin d'être compris par l'autre. Pour être compris par l'autre, on a besoin de comprendre l'autre.* Voilà qui replace cette fonction parmi les autres systèmes dont elle est interdépendante, principalement dans sa dimension affective – autrement, elle est vide – et intelligente, sinon elle est fausse. Elle multiplie le pouvoir et la portée de chacun jusqu'à atteindre des dimensions mondiales ou interplanétaires. De façon optimale, la liberté dans la communication est telle que la personne qui parle ne prévoit pas sa parole et «découvre» en même temps que l'autre quelle est la vérité de la situation. C'est ce que le focusing permet de vivre lorsque la parole est limpide et que l'écoute atteint une grande qualité de présence.

Intégration personnelle

La réception et l'expression, le donner et le recevoir participent donc de tous les autres niveaux énergétiques inférieurs et supérieurs, mais son lieu précis d'actualisation consiste dans la qualité créative de l'ici et maintenant dans l'interrelation. Comme un contre-point musical, le non verbal révèle la tonalité émotionnelle sous-jacente aux idées. Les distorsions de la communication ont fait l'objet de publications fort importantes[1] au cours des dernières années, mais négligent trop souvent la dimension viscérale ou spirituelle de la communication.

Selon Weil, Drouot, Reich, Vaughan, Walsh, les communications de masse mises au service des centres inférieurs attisent l'insécurité (**I**) tout en stimulant l'érotisme (**II**), la compétition et l'impuissance de la collectivité (**III**). À l'heure des réseaux de communication électronique, la menace subie par une nation est ressentie en écho par toutes les autres peuples. Cette primauté accordée chaque jour à l'agression et aux événements catastrophiques contribue à maintenir un vif climat d'autodéfense où les armes offensives étouffent les besoins primaires en monopolisant les budgets pour la défense alors que les ressources devraient être disponibles pour la santé, l'éducation, la communication, la connaissance, la créativité. Une orientation différente dans les communications de masse s'impose pour créer un virage dans l'économie de la planète.

Au plan personnel, la liberté d'expression authentique est une dimension essentielle à la croissance. Toutes les thérapies et techniques de développement proposent un outil d'expression comme véhicule de nettoyage et de créativité. Ce sont surtout :

– **en psychothérapie primale** le besoin de libérer les émotions profondes en mettant le corps dans la position archaïque –

---

1. Watzlawick, J.; Helmick-Beavin, D.; Jackson, D. *Une logique de la communication*, Seuil, Paris, 1972.

en fœtus, au berceau, les bras tendus vers maman... – où elles sont enfouies;

– **la Gestalt** propose le *hot seat* ou *le siège de la vérité*. Ainsi mis sur la sellette, le participant voit, entend et fait sentir le plaisir ou la blessure cachée, le besoin du cœur, la recherche du sens de sa vie;

– **en bioénergie** (ex.: la posture d'enracinement, le chevalet où se cambrer en arrière pour ouvrir le thorax...) l'accent est mis sur la circulation de l'énergie émotionnelle directement dans le corps;

– **les arts-thérapies**[1] – musique, dessin, sculpture, peinture, mime, danse, chant, etc. – apparaissent maintenant comme une voie supérieure de libération grâce à la créativité qui, après le «décoinçage», engage les forces vives vers du neuf, vers la réalisation qui était bloquée jusque-là. Dans le cadre de l'imagerie, toutes les formes d'expression sont possibles. J'utilise parfois le dessin – réinterpréter l'image –, la sculpture humaine – disposer d'un groupe pour exprimer la situation grâce aux individus qui tiennent lieu des parties – et surtout l'écriture. La tenue d'un journal selon Ira Progoff[2] est un témoin indispensable à l'évolution personnelle.

Au plan transpersonnel, la personne de ce niveau se voit et se vit comme actualisée, cocréatrice de sa vie et de celle du groupe. Il importe de signaler le lien entre la gorge et l'inspiration. En effet, la créativité et la canalisation d'idées inspirées sont un apport très apprécié au développement du cinquième niveau. C'est ainsi que le transpersonnel suscite une réinterprétation contemporaine de la révélation et de la mystique christique comme le fait, par exemple Barbara Marx Hubbard[3].

---

1. Muret, Marc. *Les arts-thérapies*, Retz, Paris, 1983.
2. Progoff, Ira. *Le journal intime intensif*, Éd. de l'Homme, Montréal, 1984.
3. Hubbard, Marx. *Teachings from the Inner Christ. A complement to the Book of Co-Creation*, Foundation for Conscious Evolution, Ca., 1994.

Actuellement, on observe aussi une prolifération du *chaneling*,[1] une méthode de clairvoyance par canalisation d'informations attribuées à des entités extérieures ou aux dons psychiques des médiums eux-mêmes. Les recherches en parapsychologie confirment la possibilité de la télépathie et de la clairvoyance, mais la qualité de la personne médiumnique influence directement le résultat et le rend parfois aléatoire. Chacun doit apporter la même vigilance devant les *chanellers* que devant la presse parlée, écrite et électronique ou devant les prédicateurs religieux.

Notons un phénomène analogue en consultation. La qualité du rapport entre les personnes en présence se répercute directement sur leur communication. Les consultants professionnels qui exercent leur métier avec finesse et maîtrise vont faire confiance dans la spontanéité de leurs paroles dès qu'ils se sentent émotivement centrés (**II**), en contrôle de leurs moyens (**III**) et en relation intuitive juste (**VI**) avec qui leur demande avis.

La Piste du travail thérapeutique du niveau V
Implications particulières

À ce niveau, le travail porte sur la qualité de l'expression, qu'il s'agisse du langage, du discours écrit, de la communication graphique et de toute forme manifeste. Un lieu, une architecture, une coutume, un vêtement, un rituel, une loi, tout sert d'expression à la civilisation. Dans la relation interpersonnelle, le thérapeute tend à faire se rencontrer la vérité de l'intelligence et celle du coeur. La communication procède des deux et ne peut se travailler qu'en saisissant le sens implicite du message, le non dit. L'aidant développe la sensibilité à la réalité matérielle des mots (**I**), au type de vérités admises ou refusées dans une société (**III**) en même temps que son impact sur la relation (**IV**) et sur les jeux de pouvoir (**III**).

L'avènement de la cybernétique a fait comprendre «les boucles circulaires» des causes en interaction. On ne peut plus cher-

---

1. Pigani, Erik. *Channels. Les médiums du nouvel âge*, L'âge du Verseau, Paris, 1989.

cher une cause unilatérale lorsque tant d'éléments agissent en même temps. Parmi les plus connus au plan intellectuel, notons la clarté et l'adéquacité du message tandis qu'au plan émotif la qualité émergente dépendra surtout de la congruence et de l'ouverture dans le rapport interpersonnel. Ceci s'insère dans un contexte de société aliénant ou accueillant.

Relations avec les autres niveaux

La communication traduit la qualité de tous les autres registres : elle permet de les ressentir et de les rendre visibles, audibles. (ex. : *Maintenant que c'est dit, c'est clair... et je vois que...*) Il est en effet connu que les émotions de peur et de tristesse, ou les malaises, coupent la parole et s'expriment alors à travers des mimiques, des gestes ou par des sons. Les cris de terreur (**I**), de colère et de rage (**II**) expriment la mobilisation des trois premiers tandis que le plaisir sexuel fait émettre des sons de jouissance et de roucoulement fort prisés des amants. Par ailleurs, la parole se relie au cœur (**IV**) comme niveau de tendresse et de compassion, à l'intelligence (**VI**) dont elle est l'expression et au ravissement spirituel (**VII**) pour lequel elle apparaît comme un instrument inadéquat. C'est l'ineffabilité dont parlent les mystiques.

Niveau VI, l'intelligence, l'intuition et la raison

Les deux modes de fonctionnement de l'intelligence correspondent globalement à des modalités différentes observées dans les hémisphères cérébraux. Ornstein, dans *La psychologie de la Conscience*[1], *semble avoir été le premier à les décrire clairement et à les rattacher à des fonctionnements psychologiques distincts et complémentaires :*

L'hémisphère gauche (relié principalement au côté droit du corps) *est à prédominance analytique, de pensée logique, spécialement apte aux fonctions verbales et mathématiques. Son mode d'opération est plutôt linéaire, produisant des informations séquentielles. Comme un rayon de lumière, il met le focus sur un*

---

1. Ornstein, Robert, E. *Psychology of Consciousness*, Freeman, Ca., 1972.

objet à la fois, excluant les autres. Il perçoit le monde comme composé de choses séparées (...). Ce mode de fonctionnement semble avoir pour but d'assurer la survie de l'espèce.

L'hémisphère droit (relié principalement au côté corporel gauche) *semble spécialisé pour assurer des processus globaux. Sa capacité linguistique est limitée. Son orientation primaire est celle de l'espace, des tâches artistiques, de l'artisanat, de l'image corporelle, de la récognition des figures. Il traite l'information de façon comparativement plus diffuse et répond immédiatement à des stimuli plus complexes, comme une danse d'énergies tourbillonnantes, complètes en elles-mêmes, sans référence au temps, ni à la durée.»*

Cette citation exhaustive semblait nécessaire pour situer le double langage du cerveau, la double connaissance intérieure de la réalité. Depuis quelques années, de multiples recherches ont nuancé ce tableau particulièrement en précisant le rôle des lobes temporaux, frontaux, latéraux, ainsi que les relations entre le cerveau lymbique et les émotions de base. Globalement, la description de ces deux modes de fonctionnement est toujours valide. C'est ainsi que James Hillman s'appuyant sur Henry Corbin propose de nommer «l'imaginal» cette forme globale de perception imagée et de la distinguer de l'imagination vue comme une source de fiction sans rapport à la réalité. Ce terme est repris par Roger Woolger[1] et adopté ici puisque la technique de l'imagerie *la Piste* vise à stimuler la fonction symbolique créatrice pour susciter une vision différente de la réalité vécue.

Intégration personnelle

Weil[2] avance que ce double fonctionnement se reflète non seulement dans l'intelligence intuitive et rationnelle, mais aussi

---

1. Woolger, R.J. Imaginal Techniques in Past-Life Therapy in *The Journal Regression Thérapy*, Vol. I, No. I, Spiring, 1986.
2. Weil, Pierre. Vers une approche holistique de la nature de la réalité dans *Médecines nouvelles et Psychologies transpersonnelles*, Albin Michel, Paris, 1986.

dans les modes prédominants de l'Orient et de l'Occident, ainsi que dans les philosophies spiritualistes et matérialistes dominantes dans les deux hémisphères de la planète. On peut aussi faire des liens avec le double comportement de l'atome, onde *et* corpuscule, ainsi qu'avec l'humain, corps *et* esprit, en interface l'un de l'autre.

Susan Schneider propose[1] une technique découlant directement d'un état transpersonnel survenu en elle après un mois intensif d'études sur la conscience en 1974 à l'Institut Esalen et qui lui a fait sentir la réalité de ces deux visions comme deux modes expérientiels distincts. Elle en a tiré une technique d'imagerie en mouvement qu'elle enseigne comme un pont entre la psychothérapie et l'interrogation transpersonnelle. Elle résume ainsi son expérience :

J'ai soudain fait l'expérience d'un changement important dans ma perception. D'un mode verbal, linéaire, rationnel de la conscience ordinaire, je passai à un mode à prédominance imagé, global, intuitif, tourné vers la perception de patterns et localisé dans l'ensemble de mon corps. Mon expérience du monde a aussi basculé. Auparavant, j'habitais un monde d'objects séparés, liés à l'espace-temps ordinaire, une conscience séculière. Soudain, je me retrouvais dans un monde semblable au premier, mais ressenti très différemment. C'était un monde d'interpénétration de champs d'énergie, imbibé de sens et de significations artistiques et poétiques, un monde sacré. (...) Quelque temps après, j'ai pu avoir accès à des écrits situant ce monde interne, grâce à Deikman, (1976) qui en fait une revue de la littérature et à Samples (1976) qui décrit cet «autre esprit».

Cette expérience capitale pour Susan Schneider est à l'origine de son enseignement universitaire et de la création subséquente de sa méthode qui comporte une certaine analogie avec la nôtre. Par le dessin, elle suscite un état modifié de conscience et «tra-

---

1. Schneider, S. in Vallé, Ronald S.; Halling, Steen. *Existential - Phenomenological Perspectives* in Psychology, Valle & Halling, Ca., 1989.

vaille» cette production tout comme nous le faisons pour l'imagerie du psychotarot. En lisant son texte, j'ai pu me rendre compte que l'état de conscience modifiée, engagée au niveau VI, contribue probablement pour une large part au succès de sa méthode comme de la mienne.

Une facette particulièrement importante de ce niveau, c'est l'interaction entre les **croyances et les valeurs**. La première est de type *cognitif,* l'autre, *affectif*, mais elles sont souvent interdépendantes : *Je trouve important de... car je crois que...* Les informations reçues, des affinités émotives, une certaine vision du monde favorisent des positions cognitives qui se refléteront dans les jugements de valeurs et dans les appartenances sociales. L'extraordinaire travail de Kohlberg présenté par Michel Rainville, dont j'ai déjà parlé au niveau IV, a mis en évidence six stades de ces jugements moraux[1]. Il les regroupe globalement en trois grands niveaux :

Tableau 17
Stades des jugements moraux

Niveau 1 préconventionnel, les normes sont détenues par autrui
stade 1 dit de la «punition/obéissance»
stade 2 dit du «donnant/donnant»
Niveau II conventionnel, là où l'on s'ouvre à autrui
stade 3 dit de la «concordance interpersonnelle»
stade 4 dit de la «conscience sociale»
Niveau III post-conventionnel, là où l'on s'affranchit
stade 5 dit «du contrat social et des droits»
stade 6 dit «des principes éthiques universels de justice»

---

[1]. Rainville, Michel. *Pour comprendre les valeurs*, Montréal, 1993.

Il est intéressant de mettre ces niveaux de jugements de valeur en rapport avec les capacités empathiques. Il semble y avoir une étroite relation entre ces deux échelles : les valeurs morales font le pont entre l'affectif et le jugement.

Au plan transpersonnel, ce sixième centre énergétique situé au milieu du front et fréquemment nommé le troisième œil, permet l'accès intuitif direct à cette réalité. En reléguant l'ego au second plan, apparaît la possibilité de connaissance noétique[1] ou connaissance directe. Le terme est d'origine grecque (noos) et signifie «qui procède de l'esprit». Theilhard de Chardin[2] l'avait employé dans le contexte archéologique, mais nous devons à Edgar Mitchell, l'astronaute d'Apollo XIV, sa réinsertion dans les sciences humaines pour désigner une approche multidisciplinaire portant sur la conscience, la technologie de pointe, la relation entre la santé et l'esprit, les sciences sociales et la spiritualité. Plus de 40 000 membres à travers les États-Unis et le monde font partie du «réseau éducatif» et travaillent à mettre au point des «projets intuitifs». Ce terme est à la fois expérimental et transpersonnel.

Dans ses réflexions pour délimiter les zones de conflits et d'accords entre la psychologie humaniste et la psychologie transpersonnelle, Mike Arons[3] fait remarquer que la première reconnaît volontiers l'existence de la créativité et de l'intuition tandis que la seconde endosse une notion plus large sous le nom de «surconscient» et de ses différentes appellations, telles la conscience «unitive» ou «universelle». Jung offre une notion plus concrète : *C'est cette fonction qui explore l'inconnu, qui pressent les possibilités et les implications non encore apparentes.*[4] C'est à partir de situations concrètes que le travail thérapeutique s'ef-

---

1. Mitchell, Edgar D. *Psychic Exploration*, Longman Canada Ltd, Toronto, 1974; *Le Livre des pouvoirs de l'Esprit*, Retz, Paris, 1976.
2. Teilhard de Chardin, Pierre. *Le milieu divin*, Seuil, Paris, 1957.
3. Arons, Mike. *Instinct, Intuition*, Communication faite à APA à Toronto, 1994.
4. Von Franz, M.; Hillman, J. *Jung's typology*, N.Y., Springer, 1971.

fectue. Même une connaissance acquise sans avoir recours aux voies de la raison doit finalement démontrer sa véracité par un contrôle logique ou factuel.

Travail thérapeutique du niveau VI
Implications particulières

Un fonctionnement optimal de l'intelligence peut se remarquer dans la liberté des réactions perceptives qui peuvent être très rapides et d'une grande acuité. La vivacité de ce niveau se traduit aussi par le plaisir intarissable d'apprendre, de s'intéresser à une grande variété de sujets significatifs. La forme yin de l'intelligence s'exprime par un côté innovateur, inventif, visionnaire. La forme yang par la pensée discursive, logique, analytique.

Le travail thérapeutique de libération de l'intelligence s'enracine dans les niveaux précédents : sans pouvoir personnel ou sans équilibre affectif, le penseur se distancie de ses émotions, se perd dans l'abstraction ou dans des détails, dans l'accumulation de faits, dans l'analyse creuse. Cette difficulté persistante trouve souvent son origine dans la dissociation affective. Cherchant une certitude dans la pensée elle-même, le discours s'enferme dans des catégories explicatives, dans des théories et saute prématurément aux conclusions. Il faut retrouver la source de la dissociation affective, les raisons peut-être lointaines qui ont amené à se méfier de l'autre, à utiliser l'intelligence principalement pour assurer la sécurité et pour détecter les menaces du milieu venant des parents et d'autres figures significatives. À l'extrême, l'attitude paranoïde cultive le secret, l'enfermement, la défense contre des ennemis potentiels qui sont vus partout ou anticipés à tous moments.

L'autre plan aussi important dans la libération de l'esprit, c'est l'accès continu aux deux formes principales d'intelligence, la raison et l'imagination, la logique et la créativité, l'analyse et la saisie globale, l'intelligence sèche des mathématiques, l'intelligence chaleureuse des relations. Il semble que les deux s'unissent pour soutenir l'intuition «qui sait, sans pouvoir dire comment elle sait».

L'accès aux réalités psychiques

Sur le même pied que l'intelligence rationnelle-analytique, mais fort différente, se trouve l'intelligence intuitive-holistique par laquelle nous avons accès à de multiples phénomènes énergétiques ou psychiques. Jung et Vaughan placent ces phénomènes au cinquième niveau s'ils apparaissent comme de purs pouvoir psychiques, mais comme ils chevauchent tous les niveaux supérieurs du développement, nous les avons arbitrairement présentés ici.

Comme l'écrivait le journaliste scientifique Collins, un seul principe devrait guider une intervention qui a pour objet les phénomènes psi : *Faites confiance à l'expérience, non à son interprétation.* Les explorateurs de la conscience se retrouvent devant des phénomènes qui, pour la science classique, sont «hors des murs des normes établies». Comme intervenant transpersonnel, ces chasses gardées du «possible et de l'impossible» doivent être revues car les catégories rationnelles sont trop étroites pour inclure les réalités qu'elles dénoncent. La science matérialiste doit «déconstruire» ses barrières pour rencontrer les réalités psychiques et spirituelles de façon juste.

Énumérons-en quelques-uns qui peuvent surprendre un intervenant s'il se limite à l'objectivité et à la rationalité. D'une façon générale, on peut ajouter ici tous les phénomènes authentifiés dans les laboratoires et décrits sous les noms de télépathie, clairvoyance, clairsentience, clairaudience, vision à distance (R. Targ, et H. Puthof, Dierkens, Tart, Brennan, Stamboliev, Krippner).

La perception psychique du ressenti de l'autre : ici, par résonance intérieure, un intervenant peut sentir en son corps l'état du consultant, son ouverture, son oppression, sa joie, son désespoir non manifeste. Cet accès psychique complète l'information entendue et l'observation physique.

L'expérience hors-corps, c'est-à-dire l'expérience de se ressentir ou de se voir dans un autre lieu ou dans un autre temps permettant d'entendre, d'observer une réalité que l'on pourra, dans certains cas, confirmer par la suite (Munroe, Tart, Schartz).

Le rêve lucide : durant le sommeil, le rêveur prend conscience qu'il rêve, devient conscient de ses images et des émotions pendant le rêve. Au lieu de provoquer le réveil, cette prise de conscience lui permet de diriger la suite du rêve, d'explorer d'autres solutions, de corriger les situations angoissantes qu'il traverse tout comme un scénariste dirige une scène et ses acteurs. Le rêve lucide indique que le rêveur a développé une certaine emprise sur sa vie psychique.

Visions et apparitions. Plus un intervenant transpersonnel élargit la gamme de ses propres expériences, plus il est susceptible d'accueillir les confidences sur des réalités non conventionnelles. Les récits concernant des entités qui se manifestent en rêve ou en état d'éveil sont de cet ordre. Le terme «entité» renvoie à plusieurs êtres souvent difficiles à classer dans une catégorie précise. Il s'agit soit d'une personne vivante ou décédée, d'un être de l'espace – un OVNI, par exemple – d'une figure spirituelle divine ou démoniaque – Jésus, Bouddha, Marie, l'ange Gabriel, le diable – ou encore des esprits de la terre : devas, elfes, fées, etc. Ces «présences» peuvent s'imposer d'elles-mêmes ou se manifester à la suite d'actions délibérées : rituels, évocations, prières, etc. Certains auteurs[1] les expliquent comme une projection hallucinatoire; d'autres[2] acceptent ces apparitions à titre purement symbolique, imaginaire; d'autres les voient comme des percées d'un monde parallèle qui s'ouvre brusquement (citons en exemple la recherche de Osis & Haraldson[3] sur la présence de parents décédés au moment de l'agonie) ou d'autres encore croient que c'est là un perfectionnement de la conscience enfin capable d'une perception élargie.

Ce monde est fort complexe. À cause de l'hostilité manifeste du courant rationaliste envers ces réalités, il est toujours délicat

---

1. Evans, H. *Visions, apparitions Alien visitors,* The Aquarian Press, Great Britain, 1984.
2. Jaffe, Aniela. *Apparitions, fantômes, rêves et mythes,* préface de C.G. Jung, Le-Mail, France, 1983.
3. Osis, K. ; Haraldson, E. *At the Hour of Death,* Avon, N.Y., 1977.

de procéder à une classification objective d'un cas. La prudence s'impose. L'image reçue est-elle hallucinatoire ou correspond-elle à un niveau subtil ? Provient-elle de l'inconscient personnel ou est-elle un archétype ? Existe-t-il de telles forces invisibles ? D'où viennent-elles ? Le transpersonnel commence sa quête de témoignages, d'expériences, de modalités d'expérimentation, mais suscite déjà une attitude de plus grande considération envers la dimension spirituelle.

Niveau VI - Relations avec les autres niveaux

VI-I L'intelligence servant à nommer la réalité, la sécurité de base se fonde sur la confiance dans la justesse de ses perceptions sensorielles.

VI-II La relation, ici, s'établit entre l'intelligence et les signaux d'alarme ou de plaisir. Instinct et raison se retrouvent en écho ou en opposition.

VI-III L'intelligence des relations sociales : la saisie des jeux de coulisse, des ficelles du pouvoir, du labyrinthe administratif, des alliés et des ennemis.

VI-IV L'intelligence du cœur, dans l'amitié; la loyauté envers la relation privilégiée.

VI-VI Intelligence et imagination : l'une et l'autre apprenant à se venir en aide.

VI-VII L'influence de l'intelligence sur la spiritualité. Même si William James a beaucoup écrit sur la diversité des expériences religieuses, l'influence et la popularité de Freud semblent l'emporter. Peu de gens, versés en psychanalyse, estiment que les racines conscientes et inconscientes de leur vécu spirituel sont valides et qu'elles résisteraient à un examen critique. La dissonance cognitive apparaît aisément (*Mes convictions religieuses, je ne touche pas à ça*).

Niveau VII : le transpersonnel, créativité et sens du sacré

Voilà que nous abordons le niveau humain ultime que la transgression peut approcher bien que la mystique bouddhiste, hindoue, chrétienne donne cette étape comme l'entrée dans le monde spirituel et non sa fin. Certains auteurs postulent, en effet, de multiples niveaux de conscience additionnels. Je n'irai pas jusque-là puisque ces niveaux ne font pas encore partie du «transgression expérimental». Dans ces informations dont j'apporte une certaine synthèse, mon intention est de faire saisir la dimension psychospirituelle de l'évolution humaine. À ces niveaux si élevés et si étrangers aux études rationalistes, «l'expérimentation directe» qui en est faite ressort davantage de la tradition ascétique que des épreuves de laboratoire, encore que de telles rencontres existent. Mon propos vise à faire connaître l'existence de ces niveaux. Laissons quelques décennies à l'approche scientifique pour les aborder de façon valide.

Résumons le périple des sept niveaux évolutifs.

L'objectif des niveaux I, II et III est d'affronter la vie, de satisfaire aux besoins physiques, vitaux et sociaux. Ils sont décrits par toutes les approches psychologiques et abordés par toutes les techniques thérapeutiques.

Les niveaux suivants impliquent la compassion (IV), l'authenticité et la sagesse dans la communication (V), la connaissance, son sens, le jugement et l'intention directrice (VI). Ils trouvent partiellement un appui dans les théories cognitivistes et plus complètement dans une perspective existentielle. Seule la vision transpersonnelle propose la transcendance comme objectif à la fois ultime et nécessaire au développement humain. Toute l'odyssée humaine tend à cette union ou réunion au Sacré.

Après la rencontre spirituelle de personne à personne, le «dialogue» proposé par David Bohm[1] où la personne tend à faire émerger l'esprit unifié d'un groupe, certains parviennent à une ouverture planétaire et cosmique (VI)[2], il semble possible d'aspirer à une rencontre directe avec le sacré, en face à face (VII), je devrais dire plus justement, absorbé en Lui ou par Lui.

---

1. Bohm, David. *La plénitude de l'univers,* 1987.
2. Bohm, David et Peat, David, *La conscience et l'univers,* 1990.

Pour d'abord situer mon propos, je recours aux écrits de l'anthropologue Mircéa Éliade qui affirme, dans *Le sacré et le profane*, que *l'homme religieux assume une humanité qui a un modèle transhumain, transcendant*. Quel est ce modèle transcendant ? S'agit-il d'une vie sanctifiée, d'un éveil de la kundalini, de l'atteinte de l'illumination, de la libération de tous les conditionnements de l'existence? De fait, c'est sous tous ces noms que ce niveau a été décrit par diverses traditions en Orient comme en Occident. C'est pour unifier tous ces héritages religieux en un seul sens fondamental que j'emploie le terme spirituel qui implique toutes et chacune des traditions.

Ce niveau peut être décrit grâce aux témoignages accumulés depuis des siècles par les mystiques de toutes appartenances, qu'elles soient religieuses ou non. Wilber propose d'expliquer cette concordance par *l'unité transcendantale des religions*. Malgré la pluralité des doctrines officielles, il existe un fonds commun dans la description de l'expérience mystique vécue, transmise par les saints et les sages de toutes les nations, hommes et femmes de n'importe quelle religion historique, de n'importe quelle époque. Andrée Viau[1] résume ainsi l'hypothèse générale de Wilber :

S'ils ont été atteints par une succession de héros passés, ces niveaux supérieurs pourraient bien encore constituer le potentiel d'actualisation de quiconque est disposé à évoluer au-delà de la moyenne de son groupe d'appartenance, mythique, rationnel ou autre (...) parce que ses structures profondes existent dans le fondement (inconscient) universel, attendant de se déployer dans tous les individus, de la même façon qu'elles ont émergé chez les chamanes, les yogis, les saints et les sages dans le passé.

Comment comprendre ces expériences mystiques ? En tant que fonctions humaines, les opérations de l'intelligence formelle

---

1. Viau, Andrée. *Évolution, Conscience et culture. Le paradigme mandalique de Ken Wilber*. Mémoire présenté à l'Université de Québec à Montréal en sciences religieuses, 1989.

adulte (VI) ont été décrites par Piaget comme les plus élevées. Un certain consensus commence cependant à s'établir autour de recherches concernant des niveaux plus complexes désignés sous le nom d'«intelligence postformelle». *Des objets de connaissance abstraite à multiples facettes, envisagés sur plusieurs niveaux à la fois, exigeraient la participation de l'intelligence raisonnante et intuitive.* Jan D. Sinnott,[1] dans sa présentation à l'APA en 1992 à Washington, mentionne une vingtaine de travaux sur le sujet dont ceux d'Arlin, de Tart, de Koplowitz et de Commons et al.

Lawrence LeShan, psychologue expérimental de New York, a déjà proposé une «théorie de la relativité générale appliquée à l'intelligence», intégrant alors les niveaux VI et VII de la présente échelle. Il met en évidence les similitudes étonnantes entre des définitions de la réalité formulées par des physiciens quantiques, des médiums et des mystiques. La similitude de ces trois visions est telle que la plupart des scientifiques consultés ne peuvent en attribuer correctement les extraits à l'une ou à l'autre source. Plusieurs y ont vu une certaine validation objective de la perspective mystique puisqu'elle rejoint tout à fait la vision de la réalité exprimée dans les travaux de pointe de la physique quantique. Cela permet tout au moins un certain rapprochement entre la science et la mystique.

En reprenant les descriptions d'Ornstein citées plus haut, on pourrait dire que l'intelligence rationnelle s'efface au profit de l'intelligence intuitive, seule capable d'appréhender les relations complexes de cette réalité que les mystiques qualifient «d'ineffable» ou «d'indescriptible». Pierre Weil dira : *L'ego se dissout dans le Tout et se vit comme le Tout. C'est la réalisation suprême. (...) Cet état transgression est l'ultime degré de l'évolution humaine.* C'est ce que Krisnamurti nomme la Source ou le

---

1. Sinnott, Jan D. *Development and Yearning : Cognitive Aspects of Spiritual Development* presented at the 1992 American Psychological Association Conference in Washington, D.C. as part of a symposium on *Ego transcendence and spirituality : The next 100 years in psychology.*

supramental». Wilber, «l'Atman», Maslow «les confins de l'expérience humaine», Assagioli «l'état de supraconscience, le Soi christique», et Jung, le Soi, le «Higher Self» ou Moi supérieur de Barbara Brennan et de Barbara Marx Hubbard que nous verrons plus loin.

Je ne résiste pas cependant à signaler ici le travail de Daniel Goleman sur les états de conscience les plus élevés, «l'état de bouddha» atteint en méditation. Il postule près de huit niveaux transcendantaux, caractérisés par la non pensée, la traversée du vide, l'équanimité du cœur, la concentration infinie et sans objet...

Counseling spirituel

Nous allons maintenant aborder ce niveau par un exemple technique, puis par une vision plus large sur les principes ou les modalités de counseling.

Graduellement, en approfondissant sa vie intérieure et le sens de l'unité avec le Tout, nous développons la certitude que la création que Dieu a faite, c'est nous, que nous sommes Lui en évolution. C'est, en tous cas, la proposition que nous fait Barbara Marx Hubbard à travers un exercice qui semble amener des répercussions intérieures incalculables. Elle suggère d'ouvrir chaque nouvelle journée par une méditation en deux temps. Dans le premier, on s'adresse à l'esprit à peine sorti du sommeil, donc à peine revenu de sa fusion avec la Transcendance qu'elle prépare en s'endormant, pour que cet esprit transcendé couvre «chaque partie du corps de sa plénitude». C'est, en somme, une bénédiction appelée sur chacun des niveaux énergétiques dont nous avons parlé en insistant sur chacun des niveaux qui ont besoin de réconfort ou de guérison.

Dans un deuxième temps, elle s'adresse au «Higher Self» – ou Moi divin – pour entrer pleinement en contact avec Lui et Lui demander de descendre, de se fusionner au Moi humain ou Moi naturel. Cette unité intérieure, une fois faite, évoque l'image du Christ, sa pleine présence pour se fondre dans son regard. Cet exercice répété jour après jour permet d'unifier tous les niveaux déjà décrits en un fonctionnement de plénitude où Transcendance et Immanence se rencontrent.

J'ai mentionné en détail cet exercice, car il illustre comment le transpersonnel cherche à créer des conditions permettant à l'être de se manifester en nous, de sorte que la vie, corps, âme et esprit, soit progressivement divinisée. Chaque grande tradition propose une voie vers cet achèvement. Le regard transpersonnel constitue à la fois un lieu d'échanges entre ces différentes voies et une recherche possible de ce qui les unit et les diversifie.

Le counseling peut maintenant se concevoir selon sept dimensions : intellectuelle, émotionnelle, physique, relationnelle, sociale, occupationnelle et spirituelle. Étant relativement nouveau, ce dernier secteur manque de clarté aux yeux de plusieurs professionnels. Jusqu'ici, le «counseling pastoral» était exercé dans un cadre religieux en accord avec les exigences dogmatiques de ce contexte. La spiritualité ne se définit plus par des références à des dogmes, à une morale, à des prescriptions organisées par un groupe religieux précis. Elle émerge de l'intérieur. Je tenterai donc de la situer d'après plusieurs auteurs transpersonnels.

Selon Wilber, la spiritualité, dans son expression la plus simple, est ce qui constitue le fonds commun de toutes les religions. Pour Maslow, la vie spirituelle, contemplative, religieuse, philosophique, ou la valeur de la vie, est (...) une partie de l'essence humaine, une caractéristique constituante de la nature humaine». Pour Assagioli, *le supraconscient, chez tous les humains, est une région où nous recevons nos intuitions les plus élevées, où se situent nos aspirations les plus hautes, qu'elles soient artistiques, philosophiques ou scientifiques et éthiques. (...) C'est la source des sentiments héroïques, de l'amour altruiste, des états de contemplation, d'illumination et d'extase.*

Je pourrais continuer longuement ces citations en tirant de Grof & Grof plusieurs extraits sur les processus d'assistance thérapeutique lors de crises spirituelles; de Kenneth Ring et de Raymond Moody, le mode d'intégration des expériences intenses de proche-mort (NDE), ou encore dans la conception de K.G.

Durkeim, lorsqu'il propose un mode de transformation spirituelle; dans l'approche de Jacques Donnars, l'art de vivre et d'utiliser la transe comme technique d'épanouissement. Au Québec, les écrits de Placide Gaboury, de Jean Bouchart d'Orval et de Roger Savoie s'inscrivent dans la même veine.

La dimension commune de cette assistance au développement spirituel a été résumée par Cynthia Chandler comme *une aide apportée à cette habileté ou tendance innée chez l'humain à rechercher la transcendance sur son point de vue égocentrique et qui se traduit par un accroissement de l'amour et de la connaissance.*

Selon cette approche, la vie spirituelle n'est pas détachée des autres secteurs de la vie, elle en est le fondement même. Cette tendance peut être l'objet de répression – *la répression du sublime* – et constituer ainsi la source de perturbations émotionnelles. Le counseling qui accepte les disciplines spirituelles telles la méditation, la prière et la contemplation, pour ne nommer que ces formes, peut contribuer à l'enracinement, au maintien et à la restauration de l'équilibre perdu.

L'issue heureuse de la thérapie transpersonnelle peut être décrite comme un sentiment élargi d'identité, dans lequel le Soi apparaît comme le contexte de l'expérience de la vie, et celle-ci, inversement, comme le contenu. Ce changement d'identité est fréquemment associé à une modification dans la motivation, passant de l'affirmation de soi au service d'autrui; cela se traduit par une réduction du besoin de satisfaire les buts propres au moi et une motivation prédominante pour la convivialité, le service au monde.

Toute expérience qu'amène la vie se voit plus facilement acceptée et une tolérance accrue pour le paradoxe et l'ambiguïté se développe. Les expériences intérieures et extérieures s'harmonisent. S'il n'existe pas d'instrument pour mesurer un accroissement de compassion, de générosité, de paix intérieure, de capacité d'amour et d'engagement pour le monde, il est mani-

feste que ces qualités apparaissent comme le fruit du travail transpersonnel.[1]

Travail thérapeutique du niveau VII
Implications particulières

Dans toute la littérature spirituelle, il est dit que le chercheur spirituel doit abandonner le seul recours à l'érudition, à l'intelligence rationnelle pour parvenir à l'illumination (niveau VII). De quoi s'agit-il en fait? Cette position n'est pas un réquisitoire pour développer la foi chez des moines ignorants, bien au contraire. Wilber a magistralement fait le point sur le sujet d'abord dans un article, puis dans un livre fort connu intitulé *Les trois yeux de la connaissance*. Il soutient que la voie de la connaissance spirituelle dépasse celle de la rationalité; elle se situe au niveau de la transcendance.

Relations entre les modes et les niveaux de connaissance (Wilber)

Pour soutenir un discours rationnellement adéquat au sujet de la transcendance, Wilber propose de comparer l'entraînement d'une grande rigueur déployée dans une discipline psychospirituelle reconnue à celui qu'apporte un scientifique à sa discipline intellectuelle. Dans l'un et l'autre cas, il faut des années pour atteindre un haut niveau objectivement reconnu par ses pairs. Le développement spirituel s'obtient par l'ascèse, par la méditation et par la contemplation des réalités supérieures. Wilber soutient que l'assentiment entre les «pairs» qui ont suivi un entraînement spirituel similaire (par exemple des années de méditation) équivaut au consensus des collègues scientifiques.

L'observation scientifique est de mise en transpersonnel, mais le fait que l'on doive se servir de la raison, processus d'un niveau inférieur pour saisir la transformation d'un processus humain supérieur, l'observateur n'y accède expérientiellement qu'en pro-

---

[1]. Wilber, Ken. *Eye to eye,* article dans Re-Vision, spring 1979, pp. 3-25; repris dans *Les trois yeux de la connaissance,* Éd. Du Rocher

portion de sa propre évolution psychospirituelle sous l'effet des pratiques similaires à ce qu'il observe.

Cette base permet une considération objective des expériences mystiques et soulève, parmi les tenants du transpersonnel, l'espoir de parvenir à mieux saisir la réalité de l'invisible, de l'infini tant dans l'immanence que dans la transcendance. La saisie du processus d'illumination – ou de l'éveil complet de tous les centres énergétiques – dépend de ces recherches à long terme.

Relations avec les autres niveaux

Ce niveau implique des difficultés fréquentes. Le consensus sur certaines questions épineuses est loin d'être atteint.

Exemples :

VII-VII : la spiritualité et les religions

– La contraception, l'avortement, l'exclusivité sexuelle, le divorce, l'euthanasie et l'homosexualité sont des sujets particulièrement controversés où les diverses positions spirituelles et religieuses peuvent manquer de concordance et s'avérer douloureuses à vivre.

– Certains auteurs expriment une attitude envers la nature où celle-ci devient un environnement esthétique, non matériel, une extension spirituelle, divine. Dieu est-il différent de la nature ou est-il le substrat même de l'évolution de l'univers?

– Un certain nombre de citoyens appartient à une religion non chrétienne, bouddhiste, hindoue, juive ou musulmane et à des groupes spirituels nouveaux. Ceci exige de leur milieu une compréhension selon des principes encore peu connus. Qu'est-ce qu'une secte? Il n'est pas du tout certain que les grandes religions historiques aient toujours échappé aux excès d'autoritarisme, d'intransigeance, de cruauté, d'intégrisme qu'elles reprochent aux sectes.

– Même si, d'après les enquêtes Gallup, environ 18% des chrétiens fréquentent les cérémonies dominicales, une remise en question importante surgit par rapport aux traditions religieuses concernant la sécularisation, l'urbanisation, le multiculturalisme et l'aspiration des femmes aux fonctions sacrées. Peu de conseillers religieux ont développé l'aisance et la culture appropriées pour répondre à ces questions dans le contexte postmoderne.

VII-III le conflit foi et raison scientifique

Il y a parfois conflit entre les informations factuelles, le raisonnement scientifique, les exigences de la société et les dogmes ou les miracles, lorsque la révélation prend carrément position là-dessus;

VII-II la disparité d'appartenance spirituelle dans une même famille

Les divergences dans la compréhension spirituelle ou religieuse d'un couple, d'une famille, d'amis intimes, soulèvent de multiples problèmes;

VII-VI le conflit intelligence-spiritualité

Il y a conflit entre l'esprit critique moderne et l'attitude d'abandon à la méditation; la tradition spirituelle exige une soumission au sacré tandis que la tradition cartésienne prône le doute systématique;

VII-III le conflit autorité externe-évidence subjective

Les expériences transcendantes – hors-corps, apparitions, vision de lumières, etc. – ne sont pas toujours en harmonie avec les positions de la foi, par exemple lorsque des «guérisons» sont accomplies par des non pratiquants.

* * *

Dans l'application de ces niveaux aux images du tarot, j'apporterai des exemples en regard de chaque lame. Ces exemples sont des condensés d'un matériel beaucoup plus complexe. Par rapport au niveau VII, certains doivent être compris plutôt comme des moments que des états transpersonnels; plusieurs personnes n'étant probablement qu'au début de ce stade.

CONCLUSION

Quelle conclusion se dégage de cette *Traversée du Miroir?*

J'ai fait ici la jonction entre deux notions : le modèle du fonctionnement humain transpersonnel et l'imagerie comme outil d'exploration de ce modèle. Ces deux filons ont sans cesse été réunis dans un périple qui s'est imposé à ma recherche personnelle et professionnelle à travers vingt ans de pratique.

Comme plusieurs de mes collègues et amis, j'ai dû chercher péniblement un passage pour relier le vécu psychologique à la dimension sacrée qui demeurait une zone obscure, non nommée pendant plusieurs années. Cet ouvrage est le fruit de ma propre transformation étroitement liée à une autre transformation, celle du mode de pensée de milliers de contemporains qui vivent sur le continent américain ou européen. Pour des raisons multiples, et sans doute fort différentes selon les milieux, un bon nombre d'entre nous a élargi progressivement sa façon d'envisager l'être humain et de vivre la relation thérapeutique. Nous appartenons à la génération où la frontière entre la science et le spirituel a éclaté ou s'est estompée. Les bases scientifiques du XIXe siècle qui se fondaient sur des postulats mécanicistes et athées ont été bouleversées, entre autres, par la physique quantique, les recherches parapsychologiques et la pénétration du multiculturalisme, spécialement de la pensée spiritualiste amérindienne et orientale. Ce changement de paradigme a donné naissance au courant transpersonnel qui, après s'être affirmé en psychologie, a rapidement gagné l'éducation, l'anthropologie, la médecine et bien d'autres champs de l'activité humaine.

Pour ma part, j'ai tranquillement cheminé d'une appartenance psychanalytique (1957-1972) à une orientation humaniste (1972-1977), pour finalement aboutir à une compréhension transpersonnelle de la réalité. C'était pour moi une nécessité impérieuse que d'intégrer à mon mode d'intervention professionnelle les découvertes personnelles venues de mes expériences et de mes lectures. Je dois aussi beaucoup à une large portion de ma clientèle qui demandait d'être accueillie dans ses questionnements spirituels, tels le sens de la vie, l'existence d'un Au-delà, les valeurs à redécouvrir dans les situations désespérées, un sens à la souffrance qui ne soit pas masochiste, la recherche de la sainteté hors des religions officielles, etc.

À mesure que se développait ma propre maturation, des compagnons de route se présentaient sur la même voie. Le besoin d'intégrité intellectuelle me poussait à trouver des modèles scientifiques qui rendent compte de ces nouvelles dimensions. Comme beaucoup d'intervenants actuels, je me suis longtemps heurtée aux deux domaines tenus à l'écart par les sciences humaines : celui des phénomènes psychiques et celui de la spiritualité. Divers séminaires spécialisés, des formations *ad hoc* et de multiples congrès scientifiques internationaux m'ont été d'un grand ressourcement à cet égard. Mon éducation post-doctorale en psychologie transpersonnelle s'est accomplie sur plusieurs années tant aux États-Unis qu'en Europe. En 1992, au Congrès transpersonnel international de Prague, j'ai pu mesurer jusqu'à quel point j'étais devenue familière avec toutes les notions présentées dans les diverses communications. C'est alors que j'ai décidé de mettre sur pied une formation en ce sens et d'achever le présent ouvrage en guise de synthèse.

Le modèle transpersonnel

Dans ce volume, j'ai partagé ma recherche d'un modèle du fonctionnement psychologique dépassant les besoins de l'ego, ou besoins de base, si bien décrits par Maslow et la psychologie humaniste. Mon choix s'est finalement porté sur un modèle multidimensionnel où la correspondance entre le psychologique et le spirituel pouvait se faire aisément. La bioénergie contemporaine permet cette ouverture sur une compréhension spiritualiste de l'humain. Cette convergence est appuyée de l'intérieur par Lowen, Pierrakos, Keleman et, de l'extérieur, par le travail d'érudits en psychologie transpersonnelle tels que Ken Wilber aux États-Unis, Pierre Weil au Brésil, John Rowan en Angleterre et Marc-Alain Descamps en France. Même si les mystiques d'Orient et d'Occident postulent l'existence de plusieurs niveaux additionnels encore plus subtils, ce schéma en sept niveaux satisfait les besoins actuels de ma recherche.

Ces niveaux de fonctionnement psychologique sont désignés comme ceux de la sécurité, de la vitalité, du pouvoir, du cœur, de la communication, de l'intelligence et de la spiritualité. Chacun comporte un aspect réceptif et expressif. Sur ce continuum, chacun des niveaux englobe le précédent et le relance sur un plan plus vaste. Conformément aux diverses théories fondées sur des stades de développement, chaque niveau sera sollicité à des moments particuliers, comme dans une spirale où la consolidation des acquis antérieurs est achevée ou menacée par l'expérience suivante. J'ai tenu à présenter chacun de ces niveaux en détail parce qu'ils serviront ensuite de grille de lecture pour permettre d'interpréter les diverses réponses d'un tarot psychologique.

Pour décrire le fonctionnement de la psyché, les psychologies non transpersonnelles se contentent de deux zones principales : le conscient et l'inconscient, en admettant parfois le subconscient comme zone intermédiaire. Pour expliquer le besoin de dépassement, les expériences-sommets décrites par Maslow, l'éveil spirituel et les transformations parfois subites et spectaculaires chez certaines personnes qui témoignent être en contact direct avec le divin, le transpersonnel recourt à une troisième instance psychique. Certains l'appellent le supraconscient, le Soi, l'Essence divine, le Moi supérieur ou l'Intelligence première inhérente à la matière. Plusieurs auteurs utilisent ces notions, mais les psychothérapies transpersonnelles se rattachent principalement à Roberto Assagioli qui a créé l'approche de la psychosynthèse et à Carl Gustav Jung, fondateur de la psychologie analytique. Ken Wilber parvient à renouveler la psychologie, la sociologie et l'anthropologie en proposant un modèle mandalique transpersonnel basé sur les états modifiés de la conscience. Il se sert de l'analogie du spectre de la lumière où les divers niveaux de vibrations donnent lieu a des réalités très diverses qui vont des rayons invisibles très pénétrants à la gamme du visible, aux sons, etc. En psychologie, les sept niveaux de conscience engendrent des états très différents quant à l'identité, aux émotions, aux modes de pensée, à l'échelle des valeurs et même à la définition de la réalité.

Le tarot psychologique

La discussion de tous ces modèles demeurerait un sujet théorique passionnant, mais fort abstrait si je n'y joignais une technique exploratoire précise, le *tarot psychologique*. De fait, le raffinement du tarot psychologique allait de pair avec cette recherche de modes d'interventions transpersonnelles facilitant la créativité comme source de santé mentale. En 1984, je proposais de comprendre le tarot psychologique autour de trois concepts : la **projection**, l'**archétype** et la **synchronicité**. Ces notions sont incorporées dans le présent travail, mais elles ne suffisent plus à rendre compte de ce qui se passe lorsqu'un intervenant utilise l'imagerie à des fins transpersonnelles.

La projection est prise dans son sens le plus fondamental, celui d'un mécanisme de base où ce qui est entré dans la conscience humaine en ressort extériorisé et lui donne une forme. Tout comme la caméra, le microscope, le télescope vont rendre les impressions reçues selon les modalités qui leur sont propres, ainsi l'être humain découvre, dans ce qu'il dit, exprime, reconnaît, sa propre vie intérieure. La description ou le récit du consultant «habille» de mots une image, et ce faisant, traduit son monde particulier.

Les images qui servent de «crochets» à cette projection proviennent d'un matériel ancien, issu de la culture indo-européenne et retransmise de génération en génération depuis la Renaissance, si ce n'est depuis le Moyen âge. Les tarots sont, en effet, un grand livre de situations humaines typiques. Jung a proposé la notion d'**archétype** pour nommer ce type de représentations communes à toutes les civilisations, par exemple, le feu, la mère, la maison, le chef, etc. Les archétypes sont donc des constellations d'énergie qui englobent et dépassent chaque expérience individuelle tout en permettant à celle-ci de s'y greffer.

L'autre notion formulée également par Jung, en collaboration avec le physicien Wolfgang Pauli, est celle de la **synchronicité** décrite comme une «relation a-causale», soit une relation de concordance si précise qu'elle défie le hasard alors que pourtant aucune cause pertinente ne peut être invoquée pour expliquer l'apparition de deux phénomènes qui semblent s'appeler l'un l'autre. Tout récemment, la notion de synchronicité a été reprise[1] par le physicien David Peat, l'astrophysicien Hubert Reeves, le neurologue, théoricien du cerveau, Karl Pribram. Ils font appel à un ordre plus profond, sous-jacent à la matière. Lors de ma première expérience significative du tarot psychologique, j'ai dû comprendre comment ou pourquoi j'avais pu prédire l'apparition de certaines images précises alors que les possibilités étaient de 78^{13} soit un choix parmi 78 cartes distribuées en 13 positions. Dans ce cas, la notion de hasard et de chaos est écartée pour y substituer la notion d'un ordre sous-jacent, d'une certaine interaction entre la matière et l'esprit, l'une et l'autre se conjuguant pour engendrer des événements autrement inexplicables.

Ceci n'est qu'un exemple parmi bien d'autres qui m'ont, en quelque sorte, «éduquée» à reconnaître la réalité des phénomènes psychiques qui apparaissent soit sous forme de synchronicités, de communications télépathiques ou de rêves prémonitoires. Bien que d'envergure modeste, ces expériences avaient, à mes yeux, un caractère authentique difficilement récusable. J'ai donc employé quelques années de ma vie à en comprendre la validité

---

1. Cazenave, M., Fetter, H., Pribram, K., Reeves, H., Solié, P., von Franz, M.-L. *La synchronicité, l'âme et la science*, Albin Michel, 1995.

scientifique objective et le sens psychologique personnel avant de les situer sous l'angle de l'évolution d'une conscience qui accède à une réalité élargie. Un jour, cet intérêt a débouché sur la perspective spirituelle, la reconnaissance de l'âme, du Soi jungien et de cette dimension non limitée par le temps et l'espace. Les phénomènes psi ont alors pris la place secondaire qu'ils conservent depuis lors. Je les considère maintenant comme la lumière visible du seuil d'un lieu beaucoup plus lumineux, c'est-à-dire comme un passage vers la spiritualité. Ce livre ne relate pas ma démarche personnelle en ce sens. Il vise à partager les notions et la nécessité d'agir au plan professionnel selon des règles et un code d'éthique qui tiennent compte de ces dimensions.

La Piste ou le passage à l'approche transpersonnelle

Du tarot psychologique, j'ai insensiblement glissé à **la Piste,** c'est-à-dire à l'utilisation psychologique de l'imagerie comme moyen de rechercher une santé transpersonnelle énergétique. En posant comme objectif d'intervention la santé transpersonnelle ou santé intégrale du corps, des émotions, du mental et de l'esprit, j'ai dû chercher et trouver un modèle scientifique qui tiennent compte de tous ces niveaux. Dans les limites de ce travail-ci, je ne peux que présenter les grandes lignes du modèle bioénergétique en sept paliers et sa correspondance subtile appelée «les chakras». Je m'attache surtout à faire ressortir les dynamiques psychologiques de chaque niveau. Ces dynamismes opèrent en opposition jusqu'à ce que se fasse la rencontre des opposés (*Oui, je suis capable de violence et de douceur*) d'où naîtra un troisième terme qui assure la transcendance. Dans les mots de Wilber, je dirai *l'évolution est la réalisation de soi par la trancendance*. On peut les comparer à des niveaux de gouvernement dont chacun exerce une autorité sur un territoire de plus en plus grand selon des modes de plus en plus complexes. Ces niveaux sont relativement autonomes, mais pourtant interreliés et subordonnés selon une hiérarchie connue. L'ensemble forme «l'arbre de vie» et à chaque partie du corps humain correspond un fonctionnement particulier, une symbolique distincte, une santé ou un malfonctionnement articulés différemment.

Les images puisent à une symbolique universelle, mais la perception que chacun en a est éminemment personnelle. Ces images suscitent, en effet, l'expression de sentiments, de conflits, d'aspirations ou d'expériences variées. Par la technique que je propose, il est alors possible de passer de cette projection au retour sur soi-même, à la prise de conscience grâce au «focusing» ou technique expérientielle de centration développée par Eugene Gendlin. J'aime faire ressortir la position centrale du «je» conscient qui devient le point focal de la coordination et de l'intégration personnelle. En reconnaissant les niveaux psychiques et spirituels, la théorie transpersonnelle élargit la compréhension habituelle de la personnalité. Elle suppose un inconscient supérieur source d'inspiration, d'intuition, d'illumination. Dans ce contexte, à la suite de Jung et d'Assagioli, je propose l'utilisation de l'imagerie pour explorer et transformer les patterns nocifs de la personnalité (patterns névrotiques, psychotiques ou délinquants) en prises de conscience bénéfiques. Pour Assagioli, la tendance naturelle de l'être humain vers une synthèse signifiante était telle qu'il a nommé sa méthode, la «psychosynthèse». On retrouve donc là une conception de l'organisme humain qui a un besoin naturel de dépassement pour accéder au sens de l'existence et, par là, à la réalisation spirituelle de soi.

Ce schéma en sept paliers devient la grille de lecture que l'on rerouvera appliquée dans le volume II de *la Traversée du Miroir - le Tarot Transpersonnel, étude des arcanes majeurs.* Ce schéma devient la clé pour situer les réponses que l'on peut obtenir avec ma technique sur chacune des lames majeures du psychotarot. Dans le volume III, le *Tarot Transpersonnel, étude des arcanes mineurs,* je poursuis de façon plus simple l'analyse psychologique des thèmes et des réponses obtenues sur plusieurs années de pratique. J'y présente aussi des nouveaux schémas ou tirages. Le tout comporte une systématisation technique et une intégration théorique que le précédent livre *Le Tarot Psychologique, Miroir de soi* ne pouvait apporter dans le cadre d'une innovation encore trop récente.

Liste des Tableaux

Tableau n° 1 : schéma corporel : p. 59

Tableau n° 2 : composantes de l'interaction psychologique : p.73

Tableau n° 3 : présence, lieu de communication : p. 76

Tableau n° 4 : démarches au tarot psychologique : p. 80

Tableau n° 5 : les quatre grands modèles de la psychologie : p. 143

Tableau n° 6 : les besoins de Maslow : p. 146

Tableau n° 7 : les stades de développement humain : p. 148

Tableau n° 8 : les stades de développement humain modifié : p. 149

Tableau n° 9 : le spectre de la conscience selon Wilber : p. 165

Tableau n° 10 : le cheminement de l'énergie humaine et ses blocages selon Lowen : p. 173

Tableau n° 11 : les sept niveaux du fonctionnement énergétique humain : p. 176

Tableau n° 12 : la compilation de la correspondance psychologique : p. 177

Tableau n° 13 : les méridiens ou nadis : p. 180

Tableau n° 14 : chakras et vortex : p. 181

Tableau n° 15 : manifestations aux autres niveaux : p. 206

Tableau n° 16 : les niveaux d'empathie selon l'échelle de Kohlberg : p. 224

Tableau n° 17 : le niveau préconventionnel : p. 232

Liste des dessins

Dessin n° 1 : l'esprit, l'intellect, les émotions, le corps : p. 31
Dessin n° 2 : des figures de gestalt : p. 35
Dessin n° 3 : emboîtement des systèmes psychologiques : p. 108
Dessin n° 4 : idéogramme grec – représentation de la conscience – représentation du lotus comme image de la réalisation : p. 138
Dessin n° 5 : la personne et ses dynamismes : p. 142
Dessin n° 6 : représentation du transpersonnel en double triangle : p. 153
Dessin n° 7 : les crêtes : p. 155
Dessin n° 8 : notre psyché : p. 156
Dessin n° 9 : le Soi, la psyché, la personnalité : p. 159
Dessin n° 10 : la conscience selon Jung : p. 160
Dessin n° 11 : l'escalier des stades : p.183
Dessin n° 12 : la grande chaîne de l'être : p. 183
Dessin n° 13 : les sept organisateurs à l'œuvre : p. 186
Dessin n° 14 : l'accès à l'organisateur intérieur p. 188 et 189
Dessin n° 15 : le développement horizontal : p. 190
Dessin n° 16 : la torsade : p. 190
Dessin n° 17 : l'évolution verticale : p. 191
Dessin n° 18 : la maîtrise d'un stade : p. 193
Dessin n° 19 : le franchissement du seuil : p. 193

Dessin n° 20 : le soi conscient : p. 200

Dessin n° 21 : symbole d'intégration personnelle et transpersonnelle : p. 219

Liste des lames présentées

1. la Reine de deniers : p. 32
2. l'As de coupes : p. 34
3. l'As de deniers : p. 42
4. les arcanes majeurs : p. 61
5. les lames de cour p. 63
6. les arcanes mineurs : p. 65
7. le 8 de bâtons : p. 74
8. le Cavalier de coupes : p. 85
9. le 4 de deniers : p. 86
10. les Amoureux (VI) : p. 87
11. l'Ermite (IX) : p. 90
12. la Roue de fortune (X) : p. 91
13. les Amoureux (VI) : p. 93
14. la Tour (XVI) - l'Étoile (XVII) : p. 99
15. la Reine de bâtons : p. 112
16. la Prêtresse (II) - le 6 de bâtons : p. 114
17. la Tempérance (XIV) : p. 115
18. la Justice (VIII) inversée : p. 117
19. les Amoureux (VI) inversée : p. 119
20. le Monde (XXI) : p. 120
21. la Lune (XVIII) : p. 121
22. le Roi de coupes - la Reine d'épées - le 9 de deniers : p. 123

23. le 2 de deniers : p. 124
24. le 2 de bâtons : p. 125
25. le 2 de deniers : p. 126
26. le Diable (XV) : p. 127
27. le Cavalier de coupes : p. 130
28. le 2 de coupes : p. 131
29. bilan de l'exemple : p. 134
30. le Roi d'épées : p. 159
31. l'As de coupes : p. 160

BIBLIOGRAPHIE

ABELLIO, Raymond. *Approches de la nouvelle gnose*. Article tiré de Histoire, structure et symbolisme du tarot, 1980.

ADAMS, Linda et LENZ, Einor. *Effectiveness training for women E.T.W.*, Wyden books, N.Y., 1979.

ANONYME. *Méditations sur les 22 arcanes majeurs du Tarot*, Paris, 1984.

ARRIEN, Angeles. *The Four-Fold Way*, Harper, San Francisco, 1992.

ARRIEN, Angeles. *The Tarot Handbook*, Arcus, Ca., 1987.

ARRIEN, Angeles. *Sign of Life*, Arrien, Sonoma, Ca., 1992.

ARLIN, P. *Cognitive Development in Adulthood : A fifth stage ? Development Psychology, 11*, pp. 602-606, 1975.

ARONS, Mike. *Instinct, Intuition and Supraconscious : De-alienating Reflections Communication* in *The Humanistic Psychologist*, Summer, 1993.

ASSAGIOLI, R. *Psychosynthesis : A manual of Principles and Techniques*. Viking Penguin, N. Y., 1965.

BERTON, William. *La Vie énergie, santé et connaissance de soi par les couleurs et l'écoute du corps*, Paris, 1989.

BERNO, Simone. *Tarot et psychologie des profondeurs*, Dangles, France, 1995.

BOLEN, Jean Shinoda, *The Tao of Psychology; Synchronicity and the Self,* Wildwood House, London, 1979.

BOUTIN, Marcel. *Dires*, Cégep St-Laurent, printemps, 1984.

BRADSHAW, John. *Healing the Shame*, Health Communication, Floride, 1988.

BRUGH, Joy W. *Joy's Way, a Map for the Transformational Journey*, N.Y., 1979.

BRY, Adelaïde. *Visualization*, Narnes & Noble Books, N. Y., 1979.

BUCKE, Richard Maurice. *Cosmic Consciousness*, Citadel, N.J., 1982.

BUTLER, Bill. *Dictionary of the Tarot*, N. Y., 1975.

CAMPBELL, Joseph. *Puissance du mythe* (titre original : *Power of Myth*), N. Y., 1988.

CHANDLER, Cynthia K. et HOLDEN, Janice Miner et KOLANDRE, Cheryl A. *Counselling for Spiritual Wellness : Theory and Practice.* Journal of Counselling & Development, November/December 1992, Vol. 71, p. 168 et 174.

CAPRA, F. *The turning point : Science, Society and the Rising Culture,* Bantam, N.Y.,1983.

CHEVALIER, Jean et GHEERBRANT, Alain. *Dictionnaire des symboles,* Laffont, Paris, 1982.

CHOPRA, Deepak Dr. *La Guérison ou «Quantum Healing»,* Stanké, Québec/ N. Y., 1989.

COHEN, Henri et LÉVY, Joseph J. *Les états modifiés de conscience. Une introduction à la psychonautique,* Méridien, Montréal, 1988.

COMMONS, M. & ARMON, C. & KOHLBERG, L, & RICHARDS, F. & GROTZER, T. & SINNOTT, J. D. *Beyond formal Operations III : Models and Methods in the Study of Adult and Adolescent,* Praeger, N.Y., 1989.

COMMONS, M. & RICHARDS, F. *A general Model of Stage Theory,* in *Beyond formal Operations: Late Adolescent and Adult Development.* M. Commons, F. Richards & C. Armon, Praeger, N.Y.,1984, pp. 120-140.

COQUET, Michel. *Les chakras. L'anatomie occulte de l'homme,* Dervy-livres, Paris, 1982.

CORBIN, Henry. *Mundus Imaginalis or the Imaginary and Imaginal,* Spring, 1992.

COVEY, Stephen R. *The 7 Habits of Highly Effective People, Powerful Lessons in Personal Change,* Simon & Schuster, A Fireside Book,1989.

CRAMPTON, Martha. *An Historical Survey of Mental Imagery Techniques* in Psycho-therapy, Quebec Center, 1974.

CULBERT, Samuel A. *The Interpersonal Process of Self-Disclosure : It Takes Two to See One,* NTL Institute for Applied Behavioral Science, Renaissance, N.Y., 1968.

DESCAMPS, Marc-Alain. *Les psychothérapies transpersonnelles,* Trismégistes, Paris, juin 1984.

DESCAMPS, Marc-Alain; de COULON, Jacques; DIERKENS, Christine; CONSTANTIN, Fotinas. *L'Éducation transpersonnelle,* Trismégiste, Lavaur, 1993.

DESCAMPS, Marc-Alain; ALFILLE, Lucien; NICOLESCU, Basarab. *Qu'est-ce-que le Transpersonnel ?* Trismégiste, Paris, 1987.

DESJARDINS, Arnaud. *Les chemins de la sagesse* (tome 1), La Table ronde, Paris, 1972.

DESJARDINS, Arnaud. *À la recherche du soi,* La Table ronde, Paris, 1978.

DESJARDINS, Arnaud. *La voie du cœur,* La Table ronde, Paris, 1987.

DESOILLE, R. *Théorie et pratique du rêve éveillé dirigé,* Mont-Blanc, Genève, 1961.

DEVROEDE, Ghyslain. *Le corps qui crie ses maux* dans *Le processus de guérison par-delà la souffrance ou la mort,* MNH, Beauport, Québec, 1994.

DONNARS, Jacques. *La place de la conscience humaine dans l'appareil cosmique,* Le corps à vivre, France, avril 1993.

DONNARS, Jacques. *La Transe, technique d'épanouissement,* Sand, France, 1985.

DREWERMANN, Eugen. *Les fonctionnaires de Dieu,* Albin Michel, Paris, 1993.

DRUOT, Patrick. *Guérison spirituelle et Immortalité,* éd. du Rocher, Paris, 1992.

DÜRCKHEIM, K.G. *L'homme et sa double origine,* Cerf, 1983.

DÜRCKHEIM, K.G. *Le don de la grâce,* éd. du Rocher, Paris, 1992.

EHRENWALD, Jan. *Le lien télépathique,* Laffont, Paris, 1981.

ELIADE, Mircéa. La maîtrise du feu in *Mythes, rêves et mystères,* Gallimard (Coll. Idées), 1957, p.118.

ELIADE, Mircéa. *Le sacré et le profane,* Gallimard (Coll. Idées), 1965.

ELIADE, Mircéa. *Le yoga. Immortalité et Liberté,* Payot, Paris, 1954.

EISLLER, Riane. *Le calice et l'épée,* Laffont, Paris, 1989.

EMMONS, Michael L. *The Inner Source : A Guide to Meditative Therapy,* San Luis Obispo, Ca., 1978.

ERIKSON, Erik H. *Enfance et société,* Delachaux & Niestlé, Lausanne, 1959.

FERGUSON, Marilyn. *Les Enfants du Verseau - Pour un nouveau paradigme,* Calmann-Lévy, France, 1981; *The Aquarian conspiracy,* 1980.

FERRUCCI, Piero. *La psychosynthèse,* Centre de psychosynthèse de Montréal, 1985.

FINN, Édouard. *Tarot, gestalt et énergie,* éd de Mortagne, Boucherville, 1980.

FRAGER, R. *What is Transpersonal Psychology ?* Association for Transpersonal Psychology Newsletter, 1979.

FRANKL, Viktor E. *The Unconscious God*, Simon & Schuster, N.Y., 1975.

FRANZ, M.-L. Von. *The Process of Individuation* in Carl G. Jung : *Man and his Symbols*, Doubleday, N. Y., 1964.

FRANZ, M.-L. Von. *Nombre et synchronicité*, dans *Synchronicité Correspondance du psychique et du physique* in *Cahiers de psychologie jungienne*, n° 28, 1er trimestre 1981, pp. 37-48.

FRETIGNY, R.; VIREL, A. *L'imagerie mentale : Introduction à l'onirothérapie*, Mont-Blanc, Genève, 1968.

FROMM, Erich. *L'art d'aimer*, Épi, Paris, 1968.

GABOURY, Placide. *Le Voyage intérieur, notes pour accompagner ceux qui cherchent*, éd. de Mortagne, Boucherville, 1979.

GAWAIN, Shakti. *Techniques de visualisation créatrice*, Soleil, Genève, 1989.

GENDLIN, Eugène T. *Une théorie du changement de la personnalité*. Traduit par Fernand Roussel, Ph. D., Centre Interdisciplinaire de Montréal, 1974.

GENDLIN, Eugène. *Au centre de soi*, Actualisation, Le Jour, Montréal, 1982.

GORDON, Thomas. *Devenir un enseignant efficace : enseigner et être soi-même*, Institut de Développement Humain, Québec, 1977.

GORDON, Thomas. *Enseignants efficaces*. Le Jour, Montréal, 1979, p. 502.

GORDON, Thomas. *Parents efficaces*. Actualisation, Le Jour, Montréal, 1976, p. 445.

GRAY, Eden. Mastering The Tarot, *Basic Lessons in an Ancient, Mystic Art*, N. Y., 1971.

GREEN, Elmer E.; GREEN, Alyce M. *Biofeedback and States of Consciousness*. in *Handbook of States of Consciousness*, Wolman & Ullman, Van Nostrand Reinhold Co. , N.Y., 1986, pp. 553-589.

GREEN, Elmer E.; GREEN, Alyce M. *On the meaning of transpersonal : Some Metaphysical Perspectives*, Journal of Transpersonal Psychology, 1971.

GROF, Stanislav. *Psychologie Transpersonnelle*, éd. du Rocher, Paris, 1984.

GROF, S.; GROF, C. *Spiritual Emergency*, Stanislav Grof and Christina Grof Ed., N. Y., 1989.

GROF, S.; BENNETT, Hal Zina. *The Holotropic Mind*, Harper Collins, 1992.

GROF, S. *Les nouvelles dimensions de la conscience.*, éd du Rocher, Paris, 1989.

GROF, Stanislav. *Realms of the Human Unconscious : Observations from LSD Research,* E. P. Dutton, N. Y., 1976.

GROF, Stanislav. *Beyond the Brain,* Albany, N.Y. State University, 1985.

GROF, Stanislav. *Adventure of Self-discovery : Dimensions of Consciousness and New Perspectives in Psychotherapy and Inner Exploration,* Albany, N.Y. State University, 1988.

GUILLÉ, Étienne; HARDY, Christine. *L'alchimie de la vie,* du Rocher, Paris, 1983.

HAICH, Elisabeth. *Sagesse du tarot, les vingt-deux niveaux de conscience de l'être humain,* Lausanne, 1972.

HALIFAX, Joan; GROF, Stanislas *La rencontre de l'homme avec la mort,* du Rocher, Paris, 1982.

HARARI, C. *Transpersonal psychology : A bridge between Eastern and Western psychology,* Journal of Indian Psychology, 1981.

HARARI, C. *Transpersonal Psychology defined,* PDTP News, August 1986.

HARARI, C. *Developments in Transpersonal Psychology : Promise and Prospects.* In *Existential Phenomenological Perspectives in Psychology : Exploring the Breath of Human Experience,* R. S. Valle & S. Halling Ed., Plenum, N. Y., 1989.

HARDY, Christine. *La science et les états frontières,* éd. du Rocher, Paris.

HARLOW, H.F.; HARLOW, M.K. *Social Deprivation in Monkeys,* Scientific American, Nov. 1972, pp. 136-146.

HASTINGS, A. C. *Report of the 5th International Conference of Transpersonal Psychology,* Association for Transpersonal Psychology Newsletter, 1979-1980.

HILLMAN, James. *Archetypal Psychology,* Spring Books, Dallas, 1983.

HILLMAN, James. *An imaginal Ego,* in *Inscape 2,* British Association of Art Therapists, London, 1970.

HILLMAN, James. *Anima Mundi : The Return of the Soul to the World,* Spring 1982.

HILLMAN, James. *Le mythe de la psychanalyse,* Imago, 1977, pp. 98-149.

HILLS, Christopher. *Nuclear Evolution,* University of the Trees Press, Ca., 1977.

HEIDER, John. *Catharsis in encounter,* Humanistic psychology, vol. 14, n° 4, 1974, p. 32.

HUBBARD, Marx. *Teachings from the Inner Christ. A complement to the Book of CoCreation,* Foundation for Conscious Evolution, Ca., 1994.

JONATHAN, Marie-Paule. *Tarot test. Des cartes pour leur identité,* Psychologies.

JOURARD, Sidney. *La transparence de soi,* St-Yves, Québec, 1972.

JOY, W.B. *Joy's Way. A Map for the Transformational Journey,* Tarcher, Los Angeles, 1979.

JUNG, C. G. *Word and Image,* Princeton/Bollingen, 1979.

JUNG, C. G. *Unus Mundi.*

JUNG, C. G. *Synchronicity,* Bollingen/Princeton, 1979.

JUNG, C. G. *Métamorphoses de l'âme et ses symboles,* Genève, 1953.

JUNG, C. G. *Man and his Symbols.* Aldus, London, 1964.

JUNG, C. G. *Commentaire sur le mystère de la fleur d'or,* Albin Michel, Paris, 1979.

JUNG, C. G. *L'énergétique psychique,* Librairie de l'Université Georg & Cie S.A., Genève, 1981.

INHELDER, B. & PIAGET, J. *The growth of Logical Thinking from Childhood to Adolescence,* Basic Books, N. Y., 1958.

IRVING, John. *L'œuvre de Dieu, la part du Diable,* Seuil, Paris, 1986; *The Cider House Rules,* Garp Entreprises, N.Y., 1985.

JAFFE, Dennis. *Healing from Within,* Simon & Schuster, N. Y., 1986.

KAPLAN, Stuart. *La grande encyclopédie du tarot,* Tchou, Paris, 1978; Vol. 2, 1984.

KELLY, Sean. *Individuation and the Absolute. Hegel, Jung and the Path Toward Wholeness,* Paulist Press, N.Y., 1981.

KOPLOWITZ, H. *A Projection Beyond Piaget's Formal Operational Stage : A General Systems Stage and a Unitary Stage* in *Beyond Formal Operations: Late Adolescent and Adult Cognitive Development.* M. Commons, F. Richard & C. Armon, Praeger, N.Y., 1984, pp. 272-295.

KRIPPNER, S. *Viewpoints on Transpersonal Psychology,* PDTP News, January 1987.

KRISHNA, Pandit Gopi. *Kundalini. The Evolutinary Energy in Man,* préface de J. Hillman, Shambhala, Boston/London, 1970.

LABORDIE, Gene. *The Tarot as a Hook for Consciousness* in *New Realities,* Ca., 1989.

LAJOIE, D. J.; SHAPIRO, S.I. *Definition of Transpersonal Psychology : The First twenty-three Years,* Vol. 24, n° 1 in *The Journal of Transpersonal Psychology,* 1992.

LESHAN, L. *The Medium, The Mystic and The Physicist,* N.Y., 1992.

MALLASZ, Gitta. *Les dialogues ou l'enfant né sans parents,* Paris, 1986.

MASLOW, A. *Une théorie de la métamotivation : les racines biologiques de la vie signifiante* dans le livre *Au-delà de l'ego* de R. Walsh et F. Vaughan, La Table Ronde, Paris, 1984, p. 170.

MASLOW, A. *Vers une psychologie de l'être,* Fayard, Paris, 1971.

MAY, Rollo. *Le courage de créer,* Stock.

MERCIER, Sarah. *La mort transfigurée,* préface d'Edgar Morin, L'Âge du Verseau, Paris, 1992.

METZNER, R. *Maps of Conciousness,* Collier Macmillan, N. Y., 1971/1986.

MEUROIS, GIVAUDAN, *Des robes de lumière,* Arista, Ruffignac, 1987.

MISHLOVE, J. *Roots of Consciousness,* Council Oaks, Ca., 1974/1993.

MITCHELL, Edgar D. *Psychic Exploration,* Longman Canada Ltd, Toronto, 1974.

MORIN, Edgar. *Entretien avec Edgar Morin.* Revue de réflexion philosophique et interdisciplinaire, vol.6, n° 2, vol.7, n° 1, avril 1985, p. 5, 6 et 16.

MOSS, RIchard. *Le papillon noir,* Le souffle d'or, Barret-le-Bas, 1988.

MURET, Marc. *Les arts-thérapies,* Retz, Paris, 1983.

NEEDLEMAN, J. & EISENBERG, R. *States of consciousness* in Mircéa Eliade The encyclopedia of religion, Vol. 4, Macmillan, N.Y., 1987.

NEWMAN Kenneth D. *The Tarot a Myth of Male Initiation,* N. Y., 1983.

NICHOLS, Sallie. *Jung and Tarot-An archetypal Journey,* S. Weiser, Maine, l984.

ORNSTEIN, Robert E. *The Nature of Human Consciousness,* Robert E. Ornstein Ed., Ca., 1973.

ORNSTEIN, Robert E. *Psychology of Consciousness,* Freeman, Ca., 1972.

PEARSON, Carol S.. *Le héros intérieur,* éd. de Mortagne, Boucherville, 1992.

PEAT F. David. *Synchronicité. Le Pont entre l'esprit et la matière,* Le Mail, N.Y., 1987.

PELLETIER, Denis. *L'arc-en-soi,* Laffont/Stanké, Montréal, 1981.

PELLETIER Kenneth R. *Toward a Science of Consciousness,* N. Y., 1978.

PERROT, Maryvonne. *Le symbolisme de la roue* dans *Synchronicité Correspondance du psychique et du physique,* Cahiers de psychologie jungienne, n° 28, 1er trimestre 1981, pp. 68-70.

PIERRAKOS, John. *Core Energetics,* Life Rhythm Publication, 1975.

PIGANI, Erik. *Channels. Les médiums du Nouvel Âge,* l'Âge du Verseau, Paris, 1989.

POLLACK, Rachel. *Le Tarot de Salvador Dali,* Seghers, Paris,1985.

POULIOT, Élise. *Au-delà de l'intelligence humaine, la réalisation du soi*, Montréal, 1983.

POULIOT, Élise. *Colloque Transformation et évolution de la conscience*, ACFAS, Montréal, 1993.

PROGOFF, Ira. *Le journal intime intensif*, éd. de l'Homme, Montréal, 1984.

RAINVILLE, Michel. *Pour comprendre les valeurs*, Notes de cours, Montréal, 1993.

REEVES, H.; CAZENAVE, M.; SOLIÉ, P.; PRIBRAM, K.; ETTER H.-E.; VON FRANZ, M.-L. *La synchronicité, l'âme et la science*, Albin Michel, Paris, 1995.

ROBERTS, Richard. *Tarot and You, The First Book of Taped Tarot Card Readings*, New-York, 1975.

ROBERTS, T. *An Ovottine of Transpersonal Psychology; its Meaning Relevance for Education* in Four Psychologies, 1975.

ROGERS, Carl. *Le développement de la personne*, Épi, Paris, 1967.

ROGERS, Carl. *La relation d'aide et la psychothérapie*, Éditions sociales françaises, Paris, 1970.

ROMEY, Georges. *Rêver pour renaître. Les rêves de franchissement du seuil : leur rôle dans la réconciliation psychique*, Paris, 1982.

ROUSSEL, Denise. *Le Tarot psychologique, miroir de soi*, éd. de Mortagne, Boucherville, 1983.

SALLMANN, Jean-Michel. *Chercheurs de trésors et jeteuses de sorts, La quête du surnaturel à Naples au XVIe siècle*, Paris, 1986.

SAVOIE, Roger. *La vipère et le lion*, Libre expression, Montréal, 1993.

SCHUTZENBERGER, ANCELIN Anne. *Aïe mes aïeux! Les liens transgénérationnels*, Épi/Méridienne, Paris, 1993.

SHEIKH, Anees. *Anthology of Imagery Techniques*, Marquette University, Milwaukee, Wis.

SHELDRAKE, Rupert. *La Mémoire de l'Univers*, Paris, 1988.

SIEGEL, B. *L'amour, la médecine et les miracles*, Laffont, Paris, 1989.

SIMONTON, Carl; SIMONTON Stéphanie. *Getting Well Again*, Bantam Books, 1978.

SINNOTT, Jan D. *Development and Yearning : Cognitive Aspects of Spiritual Development* presented at the 1992 American Psychological Association Conference in Washington, D.C. as part of a symposium on *Ego Transcendence and Spirituality : The Next 100 Years in Psychology.*

SMITH, Huston. *The Religions of Man*, N. Y., 1986.

SOUZENELLE, Annick de. *De l'arbre de vie au schéma corporel : le symbolisme du corps humain,* Albin Michel, Paris, 1977.

STAUDE, John-Raphael. *Consciousness and Creativity,* John-R. Staude Ed., 1977.

STONE, Merlin. *Quand Dieu était une femme,* Étincelle, Paris, 1979.

TART, Charles T. *States of Consciousness,* Psychological Process Inc., San Rafaël, Ca., 1983.

TART, Charles T. *Growing Wise Hearts, Bodies and Minds,* Perspective Association for Humanistic Psychology, 1988.

TART, Charles T. *Transpersonal psychologies,* Charles T. Tart Ed., Harper Colophon Books, 1977.

THIERENS, A. E.. *La Pratique du Tarot, une approche moderne d'une tradition millénaire,* Amsterdam, 1976.

TREMBLAY, Ghislain. *Initiation au tarot humaniste, connaissance du tarot et transformation personnelle,* Ottawa, 1984.

ULLMAN, Montague; ZIMMERMAN, N. *Working with Dreams.* Delacorte Press, N. Y.,1979.

VALLE, Ronald S.; HALLING, Steen. *Existential - Phenomenological Perspectives in Psychology,* R. Valle & S. Halling Ed., 1989.

VALLE, R. S.; HARARI, C. *Current Developments in Transpersonal Psychology,* Humanistic Psychologist, 1985.

VAUGHAN, Frances. *The Inward Arc.* New Science Library Shambhala, Boston/London,1986.

VIAU, Andrée. *Évolution, conscience et culture. Le paradigme mandalique de Ken Wilber.* Mémoire de maîtrise en sciences religieuses, UQAM, Montréal, 1989.

VICH, M. A. Announcement regarding the Journal's Statement of Purpose, *Journal of Transpersonal Psychology,* 1983.

WALSH, Roger; VAUGHAN, Frances E. *Au-delà de l'ego, Le tout premier bilan en psychologie transpersonnelle,* La Table ronde, Paris, 1984.

WALSH, R. N.; VAUGHAN, F.E. *Beyond Ego. Transpersonal Dimensions in Psychology,* Tarcher, London, N. Y., 1980.

WALSH, R. *Pour survivre à l'an 2000,* éd. de Mortagne, Boucherville, 1991.

WANG, Robert. *Tarot Psychologie, Manuel pour le Tarot jungien,* Durach-Bechen, Allemagne fédérale, 1988.

WANLESS, James. *Voyager Tarot,* Merrill-West, Ca., 1989.

WATZLAWICK, J.; HELMICK-BEAVIN, D.; ACKSON, D. *Une logique de la communication,* Seuil, Paris,1972.

WEIL, Pierre. *Vers une approche holistique de la nature de la réalité* dans le livre *Médecines Nouvelles & Psychologies Transpersonnelles*, Albin Michel, 1986, pp. 11-57.

WEIL, Pierre. *L'homme sans frontières*, Espace bleu, Paris, 1987.

WESTON, Walter L. *Healing, Reason & Miracles*, Advocate Pub., Ohio, 1991.

WESTON, Walter L. *Pray Well, A Holistic Guide to Health and Renewal*, Transitions Press, USA, 1994.

WILBER, Ken. *Foreword* in J. E. Nelson, *Healing the Split, Madness or Transcendence ? A New Understanding of the Crisis and Treatment of the Mentally Ill*, J. P. Tarcher, Los Angeles, 1980.

WILBER, Ken. *Up from Eden. A transpersonal View of Human Evolution*, New Science Library Shambhala, Boston, 1986.

WILBER, Ken. *A Sociable God. Toward a New Understanding of Religion*, New Science Library Shambala, Boston/London, 1983.

WILBER, Ken. *No Boundary, Eastern and Western Approaches to Personal Growth*, New Science Library Shambala, Boston/London, 1979-1985.

WILBER, Ken. *The spectrum of Consciousness*. A Quest Book, The Theosophical Pub. House, Ill., U.S.A., 1985.

WILBER, Ken. *The Atman Project*. A Quest Book, The Theosophical Pub. House, Ill, U.S.A., 1980.

WILBER, Ken. *Les trois yeux de la connaissance,* éd. du Rocher, Paris, 1987.

WIRTH, Oswald. *Le Tarot des Imagiers du Moyen âge*, Tchou, Paris, 1966.

WHITE, John. *Kundalini, Evolution and Enlightment ?*, Anchor Books, N. Y., 1979.

WOOLGER, R. J. *Imaginal Techniques in Past-Life Therapy* in *The Journal Regression Therapy*, Vol.1, Number 1, Spring 1986, p.28.

WOUDHUYSEN, Jan. *Tarot Therapy, A Guide to The Subconscious*, Ca., 1979.

YEOMANS, Thomas. *Les trois dimensions de la psychosynthèse.* Centre d'intégration de la personne, Québec, 1989.

ZIEGLER, Gerd. *Tarot Miroir de tes relations,* Urania Verlags AG, 1988.